굴욕을
대하는
태도

굴욕을
대하는
태도

역사를 움직인
16인의 굴욕 연대기

공원국·박찬철 지음

위즈덤하우스

일러두기

• 이 책은 2009년 출간한 《장부의 굴욕》의 개정증보판이다.

• 인명, 지명 등 외래어 표기는 국립국어원의 외래어 표기법과 용례에 따라 표기했으며, 최초 1회 병기를 원칙으로 했다. 단 필요할 경우 다시 병기했다.

• 전집, 총서, 단행본 등은 《 》로, 개별 작품, 편명 등은 〈 〉로 표기했다.

도약하는 인간은 위대하다

반복되는 위기, 흔들리는 인간성

경제 위기니 정치 위기니, '위기'라는 말이 일상이 된 지 오래입니다. 게다가 시간이 흐를수록 위기는 더욱 다양해지고, 심화합니다. 바로 지금 우리가 겪는 지구온난화와 코로나바이러스감염증-19가 그 예입니다. 이러한 환경 위기는 다양한 경제적·사회적 문제를 일으킬 뿐 아니라, 말 그대로 우리의 목숨 자체를 위협합니다. 상황이 이러하니 안타깝게도 적지 않은 사람이 희망이 없다는 말을 서슴없이 합니다. 어떤 이들은 휘청거리고 어떤 이들은 쓰러집니다. 그리고 어떤 이들은 다시 일어나지 못하기도 합니다.

　무엇보다 위기는 반복됩니다. 《굴욕을 대하는 태도》는 2009년 출간된 《장부의 굴욕》의 개정증보판입니다. 새 꼭지를 추가하는 등 내용을 보완했습니다. 초판이 출간된 당시는 미국발 금융 위기로 전

세계가 신음했습니다. 20세기 초반의 '대공황Great Depression'에 빗대어 '대침체Great Recession'라고 부를 정도로 2009년의 경제 위기는 파멸적이었습니다. 이후 10여 년이 지나 2020년 우리는 '대봉쇄Great Lockdown'의 한가운데에 있습니다. 위기의 반복은 그 자체로 삶을 대하는 교훈이 되기도 하지만, 또한 삶의 의지를 꺾기도 합니다.

하늘과 땅 사이에 난 인간으로 매일 웃기만 하는 사람이 몇이나 될까요. 또 지금 웃고 있는 사람 중 10년 후에도 웃을 사람이 얼마나 될까요. 생각하면 두려움이 몰려듭니다. 그렇다면 불행은 끝이 없는 걸까요. 오늘 어려움을 겪는 사람들은 내일도 당연히 어려움을 감수해야 할까요. 쉽게 단정할 수 없는 일입니다. 어쨌든 우리는 모두 웃고 싶고 행복해지고 싶어 합니다.

성리학에서는 인간이 하늘의 기氣를 타고나 땅의 기와 조화하며 살아간다고 합니다. 부처는 인간 세상에서만 해탈할 수 있다고 합니다. 괴로움이 없는 곳에 사는 천인天人은 기쁨에 겨워 해탈할 수 없다는 겁니다. 그리고 《성경聖經》에는 신이 자신의 모양을 따라 인간을 만들었다고 쓰여 있습니다. 동학은 인간의 마음이 하늘의 마음이라고 합니다.

그렇습니다. 우리가 사는 이 세계에는 당연히 부조리도 있고 고난도 있습니다. 그러나 부조리와 고난이 영원한 것은 절대 아닙니다. 처절한 고통 속에서도 사람들은 가끔 웃기 마련입니다. 그런 고통이 있기에 인간은 더 높은 수준으로 비약할 수 있습니다. 인간이란 이 세상의 모든 좋은 기운을 받은, 존귀한 신을 닮은, 해탈할 수 있는, 또는 하늘의 마음에 닿을 수 있는 귀중한 존재입니다.

이 책은 크고 작은 어려움과 좌절 그리고 굴욕을 극복한 사람들의 이야기를 소개합니다. 이들에게 어떤 특별한 재능이 있다고 생각할 수 있지만, 가만히 살펴보면 좌절에 슬퍼하고 굴욕에 분노하는 보통 사람들과 다르지 않습니다. 사람은 누구나 어려움이 다가오면 두려워하고 실수하며, 분노하고 실패합니다. 세상 그 누구도 살면서 이런 어려움을 피할 수 없습니다. 그러나 이 책의 인물들은 모두 하나의 궁극적 가치를 믿었습니다. 바로 사람은 위대하다는 것입니다. 지금 스스로 한없이 초라해 보이거나, 어찌할 수 없는 환경에 처해 두려움을 느끼고 있다면 다시 한번 자신을 돌아봅시다. 고난이 없다면 사람은 위대해질 수 없습니다. 예수Jesus가 십자가에 못 박히는 일이 없었다면 과연 오늘날처럼 존경받을 수 있었을까요. 석가모니釋迦牟尼가 끝없는 환락에 휩싸인 천인이었다면 해탈할 수 있었을까요. 우리가 위대한 인간이라는 것을 자각하는 순간 어려움은 오히려 우리를 두려워하기 시작할 것입니다. 우리는 위대한 인간이니까요.

폭풍이 거대할수록 함께 저항하라

수영을 못 하는 사람이 물에 빠졌다고 생각해봅시다. 팔다리를 마구 휘둘러보지만, 점점 더 깊은 물속으로 끌려 들어갈 뿐입니다. 그가 두려워하고 있음을 물이 정확히 알고 있는 듯합니다. 반대로 몸이 물보다 가볍다는 것을 굳게 믿는다면 콧구멍만 물 밖으로 내밀고 있어도 살 것입니다. 물은 원래 사람을 끌고 들어갈 수 없습니다. 인체는 물보다 약간 가볍기 때문입니다. 물은 그저 겁을 주었을 뿐입니다. 처음 수영 배울 때를 생각해봅시다. 먼저 물보다 몸이 가볍다는 것을 반복해서 확인합니다. 그리고 움직이지 않고 가만히 물 밖으로 코 내미는 연습을 합니다. 그러면 일단 익사하지 않을 것입니다. 그 다음은 물의 저항을 이용하는 것을 배웁니다. 그러면서 서서히 물의 양면성을 자기도 모르게 터득합니다. '아, 물은 나를 질식시킬 수도 있지만 위로 들어 올리는 작용도 하는구나.' 그리고 좀더 생각해보면 이런 깨달음을 얻게 됩니다. '아, 나를 끌어당기는 것은 중력이고, 물은 오히려 나를 위로 밀어 올리고 있었어!'

세상 사는 이치도 아마 이럴 것입니다. 고난은 사람을 고통으로 몰고 가는 듯하지만, 사실은 더 높은 수준으로 이끄는 것입니다. 물론 이렇게 반문할 수도 있습니다.

"도저히 견딜 수 없는 고난이 찾아오면 어떻게 합니까. 마치 살아 있는 것을 모두 삼켜버리는 폭풍 같은 고난이 다가온다면요."

그렇습니다. 세상에는 그런 고난도 분명 있습니다. 정말 모든 것을 한 번에 끝장내버리는 위기 말입니다. 그러나 이 질문을 다시 한 번 곱씹어봅시다. 그런 위기는 정말 '폭풍' 같은 것이겠지요. 그런데 그 폭풍이 나 한 사람에게만 다가옵니까. 아닙니다. 폭풍은 모두를 향합니다. 위기가 거대할수록 수많은 사람이 함께 휘말립니다. 요즈음 우리가 겪고 있는 환경 위기처럼 말입니다. 그럴 때는 주위를 한 번 둘러봅시다. 많은 사람이 나와 함께 있음을 곧 발견할 것입니다.

고난이 클수록 저항도 커지기 마련입니다. 바로 집단적 저항을 말합니다. 파도가 칠 때는 함께 배를 저어야 합니다. 고난이 커질수록 함께하는 것이 안전하기 때문입니다. 함께 배에 돛을 달고 노를 저어 폭풍에서 벗어나야 합니다. 폭풍이 이는 날보다 잔잔한 날이 더 많다는 것을 알기에 포기할 이유가 없습니다. 에너지가 집약되면 폭풍이 발생합니다. 이는 역으로 에너지가 빠져나가면 평화로운 세상이 다시 온다는 것을 반증합니다. 집약된 에너지가 덜 집약된 곳으로 이동하면 폭풍은 소멸합니다. 원래 폭풍은 에너지를 골고루 퍼뜨리기 위해 발생한 것이기 때문이지요. 급격한 에너지의 집약이 폭풍을 부르고, 폭풍이 생겨야 다시 안정되는 것이 자연의 법칙입니다.

인간 세상에도 이런 법칙이 적용될까요. 고난을 극복하면 다시 안정이 찾아올까요. 우리보다 앞서 살다 간 인생 선배 열여섯 명의 삶에서 이 사실을 확인할 수 있습니다. 분명 고난은 끝이 있기 마련입니다. 중요한 것은 고난을 대하는 태도입니다.

역사, 지혜 있는 사람의 도

우리는 고난과 좌절을 극복한 사람들에게서 희망을 봅니다. 그런데 왜 옛날 사람들의 이야기를 해야 하나요. 지금 당장 써먹을 수 있는 기술을 배워야 하는 것 아닌가요. 우선 궁형宮刑을 당하고도 천고의 사서《사기史記》를 완성한 사마천司馬遷의 말을 들어봅시다. 그는 친구 임안任安에게 보내는 편지에서 궁형을 당한 비참한 마음을 이렇게 술회합니다.

집은 가난해 형벌을 면할 돈이 없었고, 벗들과 황제의 측근들은 (화가 자기에게 미칠까 봐 두려워) 누구도 저를 변호하지 않았습니다. …… 이제 제가 벌을 받는다고 해도 아홉 마리 소에서 털 한 오리기 뽑는 것과 마찬가지일 터인데, 저는 땅강아지나 개미 같은 미물과 다를 바 없는 몸입니다.

면식도 없는 이릉李陵이라는 젊은 장수가 억울하게 비난받는 것을 막으려다가 도리어 참혹한 형을 받게 되었는데, 황제의 측근은 물론이고 친구들도 도와주려 하지 않습니다. 정말 하늘은 정의로운가요. 그러나 사마천은 이내 이렇게 말합니다.

문왕文王은 갇혀서 《주역周易》을 썼고 공자孔子는 곤란한 처지를 당해 《춘추春秋》를 편찬했습니다. 굴원屈原은 쫓겨나서 〈이소離騷(불행을 만나 짓다)〉를 지었고, 좌구명左丘明은 실명한 뒤에 《국어國語》를 썼습니다. 손자孫子는 발이 잘린 채 《병법兵法》을 썼습니다. …… 저는 이 책(《사기》)을 명산에 숨겼다가 남에게 전해 촌락과 큰 도시에 유통시킨다면 치욕을 보상받을 것이니, 만 번 주륙誅戮당한들 무슨 후회가 있겠습니까. 이는 지혜 있는 사람의 도道라 할 수 있는 것으로 속된 사람들이 쉽게 말할 바가 아닌 것입니다.

사마천이 거의 모든 것을 말해주었다고 생각합니다. 궁형을 당한 처참한 마음으로 희망을 접고 분노에 매몰되었다면 《사기》가 탄생할 수 있었을까요. 그는 고난을 겪은 선인先人들에게 의지해 다시 일어섰습니다. 문왕은 주周나라, 즉 중국을 세운 사람이고, 공자는 그 중국의 학문을 세운 사람입니다. 굴원, 좌구명, 손자는 모두 해당 분야의 최고봉에 오른 사람들입니다. 그 최고봉이 고난의 결과라는 것은 역사가 증명합니다.

어떤 일은 먼지가 가라앉기 전까지 결과를 알 수 없습니다. 사마천의 말을 빌리자면 "속된 사람들이 쉽게 말할 바"가 아닙니다. 비근한 예로 1944년 8월 15일 조선에 1945년 8월 15일이 오리라 생각했던 친일파들이 얼마나 있었을까요. 창씨개명과 내선일체를 부르짖으며 호의호식하던 그들은 스스로 성공했다고 자신했을 것입니다. 그러나 역사는 정반대의 결과를 보여주었습니다.

고난을 극복하기 위해서는 긴 안목으로 과거를 살펴야 합니다. 그러면 자연스레 긴 안목으로 미래를 살피게 될 것입니다. 오늘 유행했다가 내일 휴지 조각이 되는 지침들에 귀중한 인생을 맡기지 말고, 꿋꿋하게 서서 과거와 미래를 유유히 살피며 어려움을 헤쳐나가는 것이 훨씬 즐겁고 가치 있는 일입니다. 누군가 이런 태도를 비웃는다면 속으로 이렇게 답해줍시다. '지혜 있는 사람의 도는 속된 사람들이 쉽게 말할 바가 아닙니다.' 우리도 문왕과 공자처럼 고난을 극복하면서 유유히 높은 곳을 향해 갈 것입니다.

굴욕을 딛고 일어선 평범하고도 위대한 사람들

이 책은 고난을 극복한 사람들을 소개하는데, 구체적인 방식과 행동에는 조금씩 차이가 있습니다. 이번 개정증보판에서 추가된 두 인물, 발해를 건국한 대조영大祚榮과 칭기즈칸成吉思汗보다 먼저 중앙아시아를 제패한 야율대석耶律大石은 굴욕의 순간 과감한 판단으로 새로운 기회를 만들어낸 사람들입니다. 이들은 발상의 전환과 이를 현실화한 용기로 당대 범인들은 생각하지 못한 일을 해내니, 참으로 '과감한 인간'입니다.

《명이대방록明夷待訪錄》을 쓴 혁명적 유학자 황종희黃宗羲와 초라한 농민군을 이끌고 전 중국을 장악한 초대 인민해방군 원수 주더朱德는 인생이 완전히 실패한 순간에 마음을 다잡고 다시 시작한 사람들입니다. 황종희는 아버지도 잃고, 나라도 잃고, 집도 잃은 순간 붓을 듭니다. 주더는 아편쟁이의 삶을 떨치고 혁명가의 길을 걷습니다. 이들은 '다시 시작하는 일의 힘'을 몸소 보여줍니다.

임진왜란의 소용돌이에 휘말려 일본으로 잡혀가나 우여곡절 끝에 탈출, 명明나라를 거쳐 조선으로 귀향한 노인魯認과 일제강점기 치열하게 무장투쟁을 한 대한독립군 사령관 홍범도洪範圖는 낙관적인 태도로 굴욕을 이겨낸 사람들입니다. 확고한 목표를 세우고, 그것이 반드시 이루어지리라 믿으며 시도하고, 또 시도한 이들은 '긍정적 인간'입니다.

중원 변방의 월越나라 구천勾踐을 패자로 만든 범려范蠡와 병자호란의 전란을 극복한 최명길崔鳴吉은 뜻을 이루기 위해 스스로 굴욕을 받아들인 사람들입니다. 이들은 대의를 위해서라면 무엇이든 감수하는 '인내하는 인간'입니다.

19년의 망명 생활 끝에 춘추시대의 패자霸者가 된 진晉나라 문공文

公과 후한後漢을 세운 광무제光武帝는 사람 얻는 방법을 알았습니다. 이들은 아무리 어려운 상황에서도 자기 자신보다 남을, 사익보다 대의를 생각합니다. 이에 때가 이르자 많은 추종자를 거느리게 되니, 이들은 '신뢰형 인간'입니다.

시의 성인이라고 불리는 두보杜甫와 조선 중기 당시唐詩의 수준을 최고로 끌어올린 가난뱅이 시인 이달李達은 모두 구차한 삶 속에서 예술혼을 불사릅니다. 이들은 현실을 살면서도 시라는 또 하나의 세계를 창조합니다. 그리고 그 시는 당대의 헐벗고 굶주린 백성의 삶을 반영합니다. 전쟁부터 자연재해까지 가시밭길을 걷는 백성의 절절한 마음을 시로 쓴 것입니다. 이처럼 측은지심을 발휘, 시대의 아픔을 위로함으로써 '인정 넘치는 인간'의 모범을 보여줍니다.

사대부 관리였지만 왕의 심문을 피해 유배지에서 탈출, 백정이 사는 곳으로 숨어들었다가 후에 당상관으로 복귀한 이장곤李長坤과 실학의 거두 이익李瀷은 사상의 핵심에 사랑을 둔 사람들입니다. 이들은 정치 세계의 비정함으로 권력의 주변부로 밀려나 죽음을 강요받거나, 죽지 못해 사는 백성의 삶을 경험합니다. 이 과정에서 인명의 소중함과 백성 사랑하는 마음을 깨우치니, 이로써 '애민愛民하는 인간'으로 다시 태어납니다.

동양 문화의 정수라 할 수 있는 선禪의 문을 연 혜능慧能과 조선 왕조의 기틀을 닦은 정도전鄭道傳은 굴욕을 당하는 와중에도 자기 자신을 믿고 어려움에 정면으로 맞섭니다. 이로써 글도 읽지 못하는 나무꾼 혜능은 선종禪宗의 기풍을 세우고, 변변치 않은 가문에서 태어난 정도전은 조선 건국에 앞장섭니다. 가히 '확신형 인간'입니다.

이들 열여섯 명은 큰 파도가 덮쳐올 때조차 마음속에 희망을 잃지 않고 더 나은 미래를 꿈꾸며, 고난과 굴욕을 견디고 줄기차게 전진했습니다. 어찌할 수 없는 고난과 좌절을 겪으면서도 당당하게 자신의 길을 걸어간 선인들의 이야기에서 힘과 용기를 얻고 행복한 세상을 만들어갔으면 합니다.

전진하는 자의 벗

책을 쓰면서 다음 몇 가지를 주의했습니다. 우선 책에 등장하는 인물들을 시기적·공간적으로 다양하게 구성하고자 최대한 노력했습니다. 그래서 우리가 잘 모르지만, 대단히 매력적인 노인이나 황종희 등에 관심을 두었던 것입니다. 사실 인물을 고르고 빼는 일에 많은 시간을 할애했습니다.

또 이 책이 학술서는 아니지만, 학술 자료를 최대한 참고하려고 노력했습니다. 그러다 보니 기존의 학술적 성과와 글의 결론이 일치하는 때도 있었습니다. 가령 정도전을 서술할 때는 학술적이면서도 내용이 풍부한 서울대학교 한영우韓永愚 명예교수의 글을 벗어나기 어려웠습니다. 이 책의 성격을 고려해 일일이 인용 부호를 넣지 않은 것을 선학들이 용서하시리라 믿습니다.

원전은 모두 새로 옮겼습니다. 기존 해석과 다른 부분이 있을 수 있지만, 큰 틀에서는 거스르지 않았으리라 생각합니다.

개정증보판의 출간을 앞둔 지금 환경 위기와 경제 위기라는 이중고 앞에 여기저기서 신음이 터져 나오고 있습니다. 또 얼마나 많은 사람이 고통당할지 생각하면 마음이 착잡해집니다. 아무쪼록 이 책이 힘이 되었으면 합니다. 작업을 마치니 마음이 담담해집니다. 살면서 고난과 역경에 처한 사람들이 도약하는 것을 종종 봐왔습니다. 다시 한번 말하지만 모든 어려움에는 끝이 있습니다. 큰 배가 있으면 파도를 두려워할 필요가 없습니다. 이 글을 읽는 모든 사람이 큰 배를 만들어 험난한 파도를 힘차게 헤쳐나가길 기원합니다.

공교롭게도 책의 인물들은 모두 남자입니다. 하지만 보이지 않는 곳에서 마음 졸이며 열심으로 도운 여자들의 이야기이기도 합니다. 특히 항상 맑은 얼굴로 격려해준 왕환, 조현주 두 여인에게 고마움을 전합니다.

마지막으로 독자들을 응원하는 의미에서 프리드리히 니체Friedrich Nietzsche의 잠언을 소개하며 〈머리말〉을 마칠까 합니다.

인생의 목적은 끊임없는 전진에 있다. 앞에는 언덕이 있고 시내가 있고 진흙이 있다. 걷기 좋은 평탄한 길만 있는 것은 아니다. 먼 곳으로 항해하는 배가 풍파를 만나지 않고 조용히 갈 수만은 없다. 풍파는 언제나 전진하는 자의 벗이다. 풍파 없는 항해는 얼마나 단조로운 것인가. 고난이 심할수록 나의 가슴은 뛴다.

2020년 9월

공원국·박찬철

차례

1장

과감한 판단은 굴욕을 뛰어넘는다

굴욕을 대하는 첫 번째 태도: 과감함

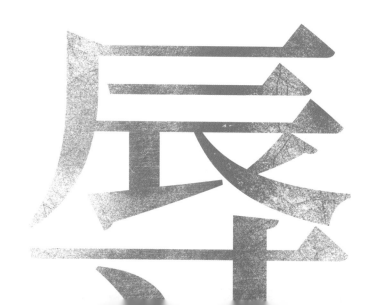

새 술은 새 부대에 부어야 썩지 않는다

대조영

—

묶여 있지 않은 사슴이 숲속에서 먹이를 찾아 여기저기를 다니듯이, 지혜
로운 이는 독립과 자유를 찾아, 무소의 뿔처럼 혼자서 가라. 어깨가 떡 벌
어진 얼룩 코끼리가 무리를 떠나 자유로이 숲을 거닐듯이, 무소의 뿔처럼
혼자서 가라.

-《수타니파타經集》

대조영 大祚榮(645~719)

발해의 건국 군주다. 고구려가 멸망한 후 당唐나라로 강제로 이주당해 변
방을 지킨다. 하지만 당나라가 이민족을 도구처럼 사용하다가 팽하는 것을
보고는 고구려 유민을 이끌고 탈출한다. 이후 동쪽으로 가 동모산東牟山 부
근에 발해를 건국하고, 쫓아온 당나라 군대를 천문령天門嶺에서 크게 이겨
완전히 독립한다. 대조영의 영향력이 만주 전역에 미치자 당나라도 유화적
으로 나와 군왕의 칭호를 내린다.

—

나라 잃은 민족의 서글픔

한반도에 사는 사람들에게 7세기 말은 잊기 어려운 시기다. 중국 왕조의 침입을 한 번도 허용하지 않던 삼국이 하나씩 무너진 것이다. 백제가 넘어지자 고구려도 넘어졌다. 중원의 왕조가 그토록 집요하게 한반도를 공략하리라고 아무도 생각하지 못했다. 그러나 당시 중원에는 당나라라는 이상할 정도로 무력이 강한 나라가 있었다. 망국의 유민流民들이 부흥 운동을 일으키기도 했지만, 한반도 북부와 만주는 완전히 당나라의 차지가 되었다. 당나라를 끌어들인 신라는 한반도 중부 이남을 차지하는 데 만족해야 했다. 유민들의 삶은 피폐했다. 일부는 서쪽의 고산으로, 일부는 남쪽의 더운 지방으로 끌려갔는데, 산 다르고 물 다른 곳에서의 삶이란 얼마나 혹독했겠는가. 당나라에 성공적으로 편입한 사람들의 삶도 다를 바 없었다. 아무리 능력이 뛰어나도 멸망한 나라의 백성은 운명이 서글프다.

흑치상지黑齒常之라는 무장을 기억하는가. 한때 백제 부흥 운동의 선봉에 섰다가 지도 세력이 항복하자 당나라에 건너가 무장이 된 사람이다. 그는 당나라가 서북부 청해青海고원에서 토번吐蕃(오늘날의 티베트) 세력을 상대로 연전연패할 때 거의 유일하게 승리했다. 그의 무명이 매우 높아 중국인들도 그를 흠모했다. 그러나 조회절趙懷節이라는 무장이 모반을 일으켰다는 무고에 연루되어 죽임당한다.

당나라가 이민족을 방어하는 데 투항한 이민족을 쓴 이유는 단순하다. 투항한 이민족에게 마치 기회를 주듯이 군권을 맡겨 복종하게 하려는 속셈이었다. 투항한 이민족은 별다른 기반이 없기에, 군권에만 의지해 쉽게 반란을 일으키지 못했다. 그런데 변방을 떠돌며 군무에만 힘쓴 사람을 죽인 까닭은 무엇일까.

당시 당나라를 다스리던 측천무후則天武後는 음흉하기가 비길 데 없는 사람이었다. 꼭두각시들이 바람을 잡아 피바람을 일으키면 뒤늦게 나타나 몇몇을 복권해주는 식으로 선심을 썼다. 이미 죽은 사람이야 하소연할 데가 없으리라. 아들 흑치준黑齒俊이 구명운동을 벌여 죽은 지 오래 지나 흑치상지는 복권된다. 측천무후가 내린 복권의 제문은 이렇다.

> 근래에 이를 검토해 살펴보니 일찍이 모반했던 증거가 없고, 오로지 그런 것만은 아니라는 생각을 하게 되니 실로 한탄스럽기 그지없도다. 마땅히 분함을 씻고 죄를 면하게 해 무덤 속의 영혼을 위로할 수 있기를 바라니, 총애하는 표시로 관작官爵을 더해 삼가 죽은 이를 영광스럽게 하노라.•

흑치상지의 운명은 국가의 패망, 당나라의 정치 체제와 이민족 지배 정책, 욕망을 좇는 군상이 함께 만들어낸 것이다. 묘비명에는 그가 항상 근신하는 사람이었다고 쓰여 있는데, "삼가고 근신했다"라는 글귀가 수도 없이 나온다. 그런 그도 죽음을 피할 수 없었다. 그의 열전이 포함된 《신당서新唐書》는 '오랑캐'를 이렇게 평한다.

"오랑캐들의 성품은 두텁고 견고하다. 자질과 의지가 있는 자들은

• 송기호, 《역주 한국고대금석문》, 가락국사적개발연구원, 1992.

용맹하고 곧아서 (어떤 수단으로도) 바꿀 수가 없으니, 기교의 부족을 덮고도 남는다."

이 말은 칭찬일까, 무시일까. 결국 이민족의 성공은 성공이 아니다. 필요해서 쓰이다가도, 무명이 높아지면 높아질수록 정치적으로 고립된다. 내부에 그를 견제하고 질투하는 세력은 많지만, 지지해줄 세력은 없기 때문이다. 남에게 부림 받는 사람의 운명은 이렇게 고달프다. 그러나 어떤 사람들은 좀더 강골이어서 운명에 자신을 맡기지 않는다. 발해의 건국자 대조영이 바로 그런 사람이었다. 물론 대조영도 성품이 두텁고 견고했다. 그리고 용맹했다. 동시에 그는 특이하게도 기교가 부족하지 않았다.

유목 세계와 정주 세계의 충돌

역사적으로 중국은 이민족 지배 정책으로 이이제이以夷制夷를 활용했다. 오랑캐로 오랑캐를 다스린다는 뜻이다. 중국의 의도대로 정책이 통했으면 좋았겠지만, 사실 전혀 그렇지 못했다. 실제로는 아주 특정한 시기에 제한적으로만 효과를 발휘했다. 더 정확히 말해 중국에서 최초의 통일국가가 성립된 이래 군사적으로 강한 북방과 인구가 많은 중원의 대결은 언제나 호각지세였다. 다만 정주 세계인 중원이 유목 세계인 북방보다 상대적으로 안정적인 국가를 운영할 수 있었다. 근대 이전 사회에서 농업 생산력과 인구는 국력과 동의어다. 끊임없는 혹한과 가뭄, 내부의 쟁탈전을 겪어야 하는 북방의 유목민보다는 중원의 농경민이 좀더 생업을 이어가기 쉬웠다. 이에 북방은 끊임없이 움직이는 공격 체제를 갖추었고, 중원은 도성都城을 중심으로 견고한 방어 체제를 갖추었다. 이 둘은 항상 대립했다.

그런데 당나라는 야심 있는 국가였다. 한漢나라가 진秦나라보다 장수했듯이, 당나라는 수隋나라가 남긴 유산을 고스란히 물려받아 장수할 만한 조건을 갖추었다. 따뜻한 남방에서 수확한 곡식이 대운하를 따라 끊임없이 운송되어 재정이 안정되고, 때마침 북방은 분열되어 힘이 흩어진 상황이었다. 당시 북방은 오늘날의 내외몽골 전체를 지배하던 동돌궐과 흔히 중앙아시아라고 부르는, 알타이산맥부터 아랄해까지의 초원을 지배하던 서돌궐로 나뉘어 있었다.

이 좋은 조건을 잘 활용한 사람이 당나라 태종太宗이었다. 그는 유목민에 대한 우위에 만족하지 않고, 630년 돌궐의 본류라고 할 수 있는 동돌궐을 속령으로 만들었다. 진나라 이래 유목민에게 실질적인 승리를 거둔 이는 아마 그가 처음일 것이다. 동돌궐이 무너진 바로 그때 서돌궐 내부에서는 권력투쟁이 한창이었다. 이로써 약해진 서돌궐은 타림분지에서 당나라에 어이없이 패하고 만다. 당나라 태종은 유목민의 거대한 제국을 무너뜨리고 영토를 확장한 전무후무한 황제가 된다. 중국 역사에서 유목민에게 그런 대승을 거두기까지 다시 1,000년을 기다려야 했다.

두말할 여지 없이 유목 세계의 종주국이었던 돌궐의 붕괴로 당나라는 상당한 자신감을 품게 되었다. 660년 백제 멸망과 668년 고구려 멸망도 세계사적 맥락에서 당나라의 돌궐 복속과 무관하지 않다. 여러 원인이 있겠지만, 수많은 신하가 반대하는데도 고구려 침공을 개시한 데는 당나라 태종 개인의 야심도 작용했음이 틀림없다. 그가 늘어서 시작한 전쟁은 아들 대에서 마무리된다. 동북아시아에서 유목 세계 전체를 제패한 최초의 정주 세계 제국이 등장할 뻔한 '역사적' 순간이었다. 그러나 상황은 곧 역전된다. 당나라가 돌궐을 복속하고 21년째 되던 해, 즉 고구려를 무너뜨렸을 때 몽골고원에서 아쉬나쿠틀룩阿史那骨咄祿이라는 인물이 등장해 예전 돌궐의 힘을 급속히 되찾은 것이다.

청해고원에서 설인귀薛仁貴가 토번의 군대에 패한 게 몇 년인가. 바로 669년 아닌가. 즉 7세기 말이 되면 당나라는 태종 때의 공세적인 변경 정책을 더는 유지하기 힘든 상황을 맞는다. 즉 북쪽에서는 돌궐에, 남서쪽에서는 돌궐 못지않게 강력한 토번에 시달리고 있었다. 드디어 서쪽과 북쪽의 말들이 질주하기 시작하니, 동북쪽의 말이라고 고분고분할까. 당시 당나라의 황제는 측천무후였다.

동북쪽의 세력 중 유목 세계와 정주 세계의 충돌을 감지한 사람은 이진충李盡忠이라는 거란의 수령이었다. 거란은 동북쪽 변방의 몽골계 유목민들이 형성한 세력으로, 이진충이 난을 일으켰을 때는 매우 크고 강대해져 있었다. 당시 동북쪽의 가장 중요한 기미주羈縻州 (전략적으로 이민족의 자치를 허용한 지역)인 영주營州의 도독都督 조문홰趙文翽는 상당히 탐욕적인 인간이었다. 그에게 불만을 품은 이진충은 696년 돌궐의 움직임으로 당나라의 군사력이 분산되었다고 판단, 난을 일으킨다. 그러나 이 상당히 문명화된 유목민 집단의 기의起義는 실패하고 말았다. 문제는 당나라가 아니라 돌궐이었다. 돌궐이 당나라에서 전략적으로 중요한 하서河西(황하黃河 만곡 남쪽의 서부) 지역을 할양받는 조건으로 거란의 배후를 공격한 것이다. 초원의 정치란 이런 식이다. 이익을 따라 움직이니 도대체 믿을 수가 없다. 측천무후의 승리였다. 이리하여 이진충의 난은 실패했으나, 영주에는 그만 있는 것이 아니었다. 바로 대조영이 있었다.

도구의 삶을 거부하다

대조영은 어떤 사람인가. 《구당서舊唐書》는 그를 고려의 별종이라고 하고, 《신당서》는 속말말갈粟末靺鞨이라고 한다. 그의 인종이 무엇인지를 놓고 논란이 벌어지고 있지만, 고구려의 군인으로 속말말갈을 이끌고 있었음은 분명하다. 정황상 고구려의 서북쪽을 방어하되 중앙과는 독립된 세력을 지닌 대추장의 가문에 속했던 것으로 보인다.

668년 신라와 연합해 고구려를 멸망시킨 당나라는 고구려 유민 2만 8,000여 가호를 중국 땅으로 강제 이주시켰는데, 이때 대조영도 아버지 걸걸중상乞乞仲象과 함께 영주로 간다. 이곳에는 고구려 유민을 비롯해 말갈, 거란 등 여러 민족이 뒤섞여 있었다. 대조영 부자도 이곳에서 당나라의 변방을 지켰던 듯하다. 하지만 이는 어디까지나 멸망한 국가의 유민으로서 이이제이라는 당나라의 정책에 따른 것일 뿐으로, 그들은 도구나 다름없었다. 사실 당나라가 고구려를 멸망시켰다고 하더라도 고구려가 지배하던 모든 지역이 순순히 당나라에 귀속될 리 없었다. 단지 만주의 패자가 고구려에서 당나라로 대체되었을 뿐, 그 지역의 모든 세력이 당나라에 귀의한 것은 아니었다. 이런 상황에서 나라가 망해 어쩔 수 없이 당나라로 끌려온 대조영 부자가 속민으로 계속해서 충성할 수 있었겠는가. 앞서 보았듯이 충성의 결과야 뻔한 것 아닌가. 게다가 그들의 군사적 기반은 유목민인 말갈인데, 한곳에 정주하며 귀속되는 것을 좋아했겠는가. 때마침 거란이 반란을 일으키니, 대조영 부자는 기회를 틈타 새로운 도전에 나선다.

《구당서》와 《신당서》는 발해 건국 과정을 약간 다르게 서술한다. 《구당서》는 이진충이 난을 일으켰을 때 대조영과 말갈의 걸사비우乞四比羽가 "동쪽으로 망명해" 수비 체제를 굳혔다고 한다. 이후 이진충이 죽자 측천무후가 항복한 거란의 장수 이해고李楷固를 시켜 (고구려의) 남은 잔당을 토벌하게 하는데, 먼저 걸사비우를 죽이고, 천문령을 넘어 대조영을 압박했다고 한다. 그때 대조영은 고구려와 말갈의 군사를 이끌고 이해고를 크게 이긴다. 마침 거란이 돌궐에 항복하자 당나라 군대는 길이 막혀 대조영을 칠 수 없게 된다. 이에 대조영은 "동쪽으로 무리를 이끌고 가" 계루부桂婁部(고구려를 형성한 여러 부족 중 핵심이 된 오부五部의 하나)의 옛 땅을 차지하고 동모산에 성을 쌓아 웅거한다.

《신당서》의 서술은 순서가 거꾸로다. 이진충의 난이 일어났을 때 걸사비우와 걸걸중상, 고구려의 잔당들이 동쪽으로 도주해 요하遼河를 건너 태백산의 동북쪽에 세력을 형성, 오루하奧婁河를 방어막으로 삼아 성을 쌓았다고 한다. 즉 걸사비우와 걸걸중상이 천문령을 넘어 동모산 근처에 요새를 구축했다는 것이다. 이에 측천무후가 걸사비우에게 허국공許國公, 걸걸중상에게 진국공震國公의 작위를 내려 포섭

하려 한다. 그러나 걸사비우가 이를 받지 않자, 이해고를 불러 그를 치게 한다. 이때는 걸걸중상이 이미 죽은 뒤였는데, 이해고는 걸사비 우를 잡아 죽이지만, 대조영에게 패배한다. "해고가 끝까지 추격해 천문령을 넘었으나, 조영이 고구려와 말갈 병사를 데리고 해고를 물리치니 해고는 패해서 돌아왔다"라고 기록되어 있다.

정리하자면 《구당서》는 대조영이 천문령에서 이긴 후 다시 동쪽으로 이동해 발해를 건국했다고 서술한다. 반면 《신당서》는 걸사비우와 걸걸중상이 동모산에서 세력을 구축한 후, 즉 발해를 건국한 후 싸움이 벌어졌다고 서술한다. 천문령은 동모산의 서쪽에 있으므로 《신당서》를 믿는다면 발해는 이해고에게 대항하기 위해 동모산에서 천문령으로 방어군을 보낸 것이다. 이때 방어군의 선두에 섰던 걸사비우는 패하고, 뒤따라온 대조영은 이겼다. 이진충의 난이 697년에 끝나고 천문령전투는 698년의 일이므로, 《신당서》의 기록이 덜 극적이기는 해도, 더 개연성 있어 보인다. 천문령에서 크게 패한 당나라는 추격하지도, 돌궐을 이용해서 발해를 압박하지도 못한다.

나만의 방식으로 타개하라

그런데 대조영은 왜 달아났을까. 왜 성을 쌓고 당나라에 저항했을까. 사료는 달아났다고 하지만, 그것은 중국 사가들의 기록이다. 그는 호시탐탐 기회를 엿보고 있었을 것이다. 이미 고구려는 망했고 부흥운동도 저물었지만, 그렇다고 당나라의 변방을 지키고 있을 수만은 없었다. 그가 불과 몇 년 전에 죽은 흑치상지의 소식을 모를 리 없었을 것이다. 당나라는 영원히 함께할 상대가 아니었다. 더욱이 흑치상지와 달리 독자 세력을 보유하고 있던 그가 그런 길을 따라갈 이유는 전혀 없었다.

그러던 중 거란이 울타리 지키는 역할을 먼저 거부한다. 기회가 온 것이다. 지금은 요동과 화북이 완전히 농경 지대이지만, 당나라 이전 시기의 상황은 달랐다. 위도상으로 오늘날 평양 이북은 유목민들의 터전이었다. 고구려 멸망 후 북쪽으로 도주한 고구려 유민을 비롯해 말갈의 다수가 그곳에 거주했다. 이들은 불과 30년 전에 당나라에 대항해 전쟁을 치렀다. 당나라가 고구려를 멸망시키고 잠시 이 지역의 패자로 등장했다고 해서 이들이 당나라의 지배에 쉽게 동조하기는 힘들었을 것이다. 기록에 따르면 이진충의 난이 일어나자 세력이 순식간에 10만여 명으로 늘었다고 하고, 발해가 일어나자 고구려와 말갈의 유민들이 속속 모여들었다고 한다. 이것만 보아도 당나라가 동북아시아에서 지나치게 과식한 것이 틀림없다. 한마디로 당나라의 지배를 받아들이지 않은 거대한 세력이 존재했던 것이다.

그런데 이진충은 무엇을 믿고 난을 일으켰을까. 그는 돌궐이 개입하지 않으면 영주부터 요동까지의 땅을 차지해 당나라에 대항할 수 있다고 생각했을 것이다. 그런데 바로 그 지역에 광범하게 살았던 말갈을 어찌 끌어들이려 하지 않았겠는가. 반대로 당나라는 거란을 제압하는 데 고구려와 말갈의 유민들을 어찌 이용하려 하지 않았겠는가. 여하튼 대조영은 이들의 싸움에 말려들 수밖에 없는 처지였다. 만약 이 싸움에서 승리한다면 무엇을 얻는가. 당나라에 붙어 승리하면 현재의 위치를 지킬 것이고, 거란에 붙어 승리하면 주인이 바뀔 것이다. 물론 개국공신이 될 수도 있었겠다. 하지만 두 경우 모두 위험은 크고 얻을 것은 적었다. 무엇보다 돌궐이 어디에 붙을지 알 수 없는 상황이었다. 무엇 하나 확실한 것이 없었다. 그렇다면 어떤 선택을 해야 하는가.

대조영은 고구려 유민이다. 그는 고구려 패망과 이후 부흥 운동의 경과를 잘 알고 있었다. 고구려가 왜 패망했는지도 잘 알고 있었다. 당나라는 안시성전투에서 패배한 후 북쪽에서 고구려의 주력을 견제하면서 먼저 백제를 무너뜨렸다. 백제가 무너지면 평양성은 지척이다. 입술이 없으면 이가 시린 법이다. 백제가 무너지고 남북에서 협공하니 고구려로서도 견딜 수가 없었다. 대조영은 후방의 중요성을 잘 알고 있었다. 그래서 거란이 당나라와의 전투에서 이겼다고 하더라도 돌궐을 자기편으로 끌어들이지 못하면 최종적인 승리는 어려울 것으로 판단했으리라. 이진충의 난이 성공해 요동과 요서를 장악하더라도 한반도의 후방은 여전히 적의 수중에 있지 않은가. 이런 상황에서 대조영은 결단을 내려야 했다.

또 하나 주목할 점이 있다. 백제가 멸망한 후 대규모의 부흥 운동이 일어났던 것처럼 고구려 부흥 운동도 줄기차게 일어났다. 그러나 대부분 실패하고 만다. 힘이 부족하기도 했지만, 무엇보다 구심점이 없었기 때문이다. 고대 사회의 권력은 군주를 중심으로 부챗살처럼 퍼지는 것인데, 누가 군주가 될 것인지 불분명했다. 고구려가 무너진 후 기존 세력이 분산했음은 틀림없다. 수많은 집단이 신라, 돌궐, 거란, 말갈로 분산해 망명한 것을 보아도 쉽게 짐작할 수 있다. 고구려의 마지막 왕 보장왕寶臧王의 부흥 운동도 여러 세력을 규합하지 못했고, 한반도에서 일어난 부흥 운동은 두 지도자가 반목해 안승安勝이 검모잠劍牟岑을 죽이기까지 했다. 백제 부흥 운동이 한창일 때 복신福信이 도침道琛을, 부여풍扶餘豐이 복신을 죽였던 일과 무척이나 유사하다. 동북아시아에서 고구려의 공백을 대체하기 위해서는 뭔가 새로운 요소가 필요했다. 대조영은 그런 상황을 잘 알고, 자기만의 방식으로 타개했다.

흐름을 읽는 사람

처음부터 대조영은 당나라의 울타리가 될 마음이 없었다. 그렇다고 거란을 돕는 것도 너무 위험했다. 게다가 고구려 부흥 운동을 일으킨다고 해도 그는 고구려의 적자가 아니었다. 그렇다면 도대체 어떻게 해야 하는가. 그저 이진충을 철저히 진압하는 데 전력을 다해 당나라에 인정받을 것인가. 대조영은 그렇게 하지 않고 과감히 떠나 새로운 나라를 세우기로 마음먹는다. 그렇다면 요동과 요서를 다 잃은 지금 어디에 나라를 세운단 말인가. 바로 당나라도 오지 못하고 신라가 후방을 공격하기도 어려운 땅, 혹독한 추위 탓에 큰 세력이 형성되지 못한 땅, 북만주부터 연해주까지의 땅이다. 이 땅은 척박했지만, 그만큼 안전했다.

'왜 궁지에 몰려 가만히 있어야 하는가. 백두산 근처 지역은 성을 만들 수 있고, 여의치 않아 연해주까지 물러나면 적들이 어떻게 쫓아올 것인가. 고구려처럼 협공당할 위험도 없다. 돌궐은 이권을 노리므로 화해하면 움직이지 않을 것이다.' 이는 대단히 혁신적인 생각이었다. 서로 갖겠노라고 싸우는 땅 대신 완전히 새로운 땅을 찾아 개척하겠다고 나선 것이다. 오늘날 발해 유적은 연해주 북부에서도 발굴되고 있다. 당시 이곳은 대조영에게 신천지나 다름없었다. 결정적 순간에 발상의 전환으로 새로운 왕조를 연 것이다.

발해는 고구려 유민들을 대거 흡수함으로써 순식간에 강국으로 부상한다. 고구려 유민들이 발해에 온전히 흡수된 이유는 무엇일까. 여러 정황으로 보아 발해에 흡수된 고구려 유민들은 상위층이었다. 사서에는 이들이 대조영의 지위를 위협했다는 기록이 없다. 백제와 고구려의 부흥 운동은 지도부의 분열로 막을 내렸다. 하지만 발해 건국은 달랐다. 대조영의 말은 남아 있지 않지만, 충분히 상상할 수 있다. 불과 몇십 년 전 고구려의 깃발을 들고 대조영과 함께 당나라에 대항한 사람들, 이후 계속해서 핍박하는 당나라를 물리칠 지도자를 원한 사람들, 그들에게 발해는 믿고 의지할 수 있는 나라였다. 물론 대조영 개인의 인품에도 많은 세력을 통솔할 만한 무언가가 있었을 것이다.

당나라 사서는 대조영을 이렇게 평한다.

조영은 성품이 용맹하고 군사를 잘 썼다. 말갈과 고구려의 남은 세력이 점점 그에게 몰려들었다. 성력 연간에 진국왕振國王이 되어 돌궐에 사자를 보냈다.

중국의 사서를 읽을 때는 주의할 점이 있다. 쓰일 때의 정치적인 상황에 따라 관점이 바뀌므로 그다지 객관적이지 않다는 점이다. 대조영이 군사를 잘 쓴다고 한 것은 당나라가 천문령에서 그에게 크게 패했기 때문이다. 상대를 칭찬해야 자신들의 패배가 정당화된다. 물론 대조영 개인의 자질도 뛰어났으므로 단기간에 발해를 건국할 만큼의 세력을 모을 수 있었을 것이다. 그런데 왜 그가 당나라를 떠나 새로운 나라를 건국했는지, 또 그가 어떻게 단기간에 그토록 큰 세력을 형성할 수 있었는지는 설명하지 않는다. 《구당서》와 《신당서》가 쓰인 시기는 발해가 건국되고 250~300년 정도 지나서다. 당시 거란 등 북방 유목민에게 끊임없이 시달리던 송宋나라 사관들로서는 중국의 지배를 거부하고 들어선 새로운 나라의 이야기는 별로 다루고 싶지 않았을 것이다.

여하튼 기록은 적고 대조영의 말도 남아 있지 않다. 그러나 몇 가지 역사적 사실은 남아 있다. 서쪽, 북쪽의 말들이 움직일 때 항상 동쪽의 말들도 움직였다는 것이다. 당시 중원은 동아시아를 아우를 만한 구심점이 되지 못했고, 따라서 유목 세계와 고구려의 원심력이 작용했다. 대조영은 당나라의 변방에서 이런 정치적 흐름을 읽었음이 틀림없다. 그래서 그는 당나라와의 싸움을 마무리하고 발해를 건국하자마자 돌궐에 사신을 보낸다. 이것은 당나라와 대치하는 상황에서 고구려가 애용한 외교 전략이다. 당나라도 물론 돌궐을 이용해 발해를 견제하려고 했다. 하지만 그가 선수를 친 것이다.

흐름을 읽는 눈이 뛰어나다고 해도 배경과 지위가 대단치 못했던 대조영은 어떻게 건국에 성공했을까. 새 술은 새 부대에 부어야 썩지 않는다. 그가 새 땅을 찾은 것은 그야말로 혜안이었다. 백제의 부흥, 고구려의 부흥 등은 모두 왕족을 내세웠지만, 그들은 이미 항복한 사람들이었다. 고대에 얼마만큼의 애국심이 있었는지는 아무도 모른다. 최소한 지금보다는 훨씬 특정 세력(귀족)의 이익에 따라 움직였을 것이다. 대부분의 부흥 운동이 내부 분열로 실패한 이유다. 귀족들은 돌궐, 신라, 당나라 중 자기 이익을 보존할 수 있는 세력을 후원자로 선택했다. 하지만 대조영은 과거의 권위에 의존하지 않고 새로운 땅에서 스스로 건국했다. 그가 성공한 이유다. 당나라와 돌궐이 함부로 못 건드리는 연해주를 기반으로 삼은 점도 그의 지혜가 번뜩이는 부분이다. 결국 당나라도 어쩔 수 없이 발해를 인정하게 된다.

벌판을 가는 코끼리의 심장으로

중국 최초의 공인 사서인 《사기》는 고대 민족들의 이동을 수없이 언급한다. 흉노匈奴가 남하하자 월지月支는 서쪽으로 이동했다고 한다. 완전히 증명되지는 않았지만, 이들이 인도의 쿠샨왕조를 세웠다는 주장은 상당히 설득력 있다. 오손烏孫이라는 민족도 흉노에 밀려 오늘날의 중국 신장新疆과 카자흐스탄에 실력 있는 나라를 세웠다. 진나라에 핍박받은 강족羌族은 서쪽으로 이동했다. 중국 서남부의 수많은 소수민족은 뛰어난 문명을 이뤘는데, 이는 강족의 이동과 상관있다고 한다. 주몽朱蒙과 온조溫祚도 모두 핍박을 피해 한반도를 터전으로 삼았다. 이들이 이동한 데는 유목민의 기질이 영향을 미쳤을 것이다. 유목민들은 예속을 쉽사리 받아들이지 않는다. 약할 때 제휴할 수는 있어도 기본적으로 자유롭게 움직이려는 속성이 강하다. 격변기에 충돌을 마다하지 않은 유목민은 이기든 지든 싸움의 결과에 따라 이동하고, 그러지 않은 유목민은 평화를 찾아 이동한다. 일부는 성공했고 일부는 실패했지만, 이들의 이동은 새로운 역사를 만들었다. 역사는 이렇게 움직이는 사람들로 풍부해졌다.

남에게 묶일 수 없는 사람들은 떠나야 한다. 대조영은 고구려의 유민이다. 그러나 그는 순식간에 재기했다. 그는 온갖 세력의 욕망이 얽히고설킨 땅을 떠나 기회의 땅을 찾았다. 당시 새로운 땅을 개척하겠다고 생각한 사람이 몇이나 있었을까. 강단 있는 사람이라면 과거의 모습에 속박된 채로 눈물 흘릴 필요가 없다. 위기는 새로운 도약을 위한 발판이다. 떠날 때는 미련 없이 떠나야 한다. 그리고 새로운 곳으로 가야 한다. 새 술은 새 부대에 부어야 한다. 결과론이지만 이미 힘을 잃은 고구려와 백제의 권위에 의존한 부흥 운동의 실패는 대조영의 성공과 대비된다. 유명한 경전 《수타니파타》에 이런 내용이 있다. 부처가 새로운 길을 찾아 떠나는 사람에게 단호하게 말한다. "집은 좁고 지저분한 곳, 수행자는 넓은 들판에서 고행을 기꺼이 받아들인다."

부처의 표현처럼 '넓은 벌판에서 얼기설기 얽힌 수풀을 밟고 지나가는 코끼리'의 심장이 있다면 익숙한 속박을 떠나 새로운 세계에서의 도전을 즐길 수 있을 것이다. 7세기 말 모험심을 불태운 대조영을 생각하면서 말이다.

떠나는 자가 역사를 만든다

야율대석

부귀로도 마음을 음란하게 할 수 없고, 빈천으로도 뜻을 옮길 수 없고, 위
협과 완력으로도 굽힐 수 없는 이, 그를 바로 대장부라 부른다.

-《맹자孟子》〈등문공하滕文公下〉

야율대석耶律大石(1087~1143)

요遼나라 태조太祖(야율아보기耶律阿保機)의 8대손으로 서요西遼의 초대 황제
다. 금金나라와 송나라의 협공으로 황제 천조제天祚帝가 도망가는 상황에서
도 끝까지 요나라를 지키기 위해 분투한다. 하지만 결국 요나라의 국운은
다하고, 이에 200명의 부하와 서쪽으로 이동한다. 여행길에 유목민 부족들
을 흡수해 1만 명으로 세력을 늘리고 사마르칸트Samarkand에서 이슬람 세력
을 격파, 나라를 세우니 바로 서요다.

두드릴수록 강해지는 철

1189년 칭기즈칸이 즉위하면서 사가들의 머릿속에 몽골이라는 다루기 까다로운 존재가 자리 잡았다. 서쪽의 군주들이 몽골을 비웃으며 야만인 취급할 때 칭기즈칸의 군대는 알타이산맥과 천산天山산맥을 넘어 사마르칸트에서 이슬람 국가들을 꺾고 카스피해까지 진출했다.

몽골고원부터 시작해 카스피해까지 닿는 칭기즈칸의 진격로를 따라가다 보면 기이한 풍경들을 마주하게 된다. 황량한 사막과 가파른 산들로 가득한 그 길은 언뜻 보면 사람이 살 수 없을 것 같은데도 사이사이에 오아시스와 초원들이 널려 있다. 천산산맥의 삼림과 계곡 사이로 난 길은 유목민에게 혈관과 같다. 끊어질 듯하면서 이어진 산등성이를 보고 있노라면 '그 너머에 무엇이 있을까' 하는 생각이 절로 든다. 천산산맥을 넘으면 트란스옥시아나Transoxiana(오늘날의 우즈베키스탄, 타지키스탄, 카자흐스탄 남서부 지역)라고 불리는 중앙아시아의 금싸라기 땅이 나온다. 바로 아랄해로 뻗는 두 개의 큰 강, 시르다리야강Syr Dar'ya과 아무다리야강Amu Dar'ya 사이의 초지다. 또 천산산맥의 동쪽에는 칭기즈칸의 둘째 아들 차가타이察合台가 다스린 차가타이칸국이 있었다.

그런데 칭기즈칸 말고도 알타이산맥과 천산산맥을 넘어 중앙아시아와 중국 사이에 거대한 제국을 만든 인물이 또 있다. 그가 차지한 땅은 칭기즈칸의 제국보다 작았고, 그래서인지 칭기즈칸만큼 유명해지지 못했다. 그러나 칭기즈칸만큼 담력이 센 사람이었다. 그리고 칭기즈칸만큼이나 고난을 겪었다. 그의 삶은 선조들이 세운 나라의 이름처럼 두드리면 더 강해지는 '철[鐵]'을 떠오르게 한다.● 무엇보다 칭기즈칸보다 불과 두 세대 정도 전에 태어난 그는 칭기즈칸보다 훨씬 덜 '파괴적인' 인간이었다. 칭기즈칸의 대정복은 그에게 배운 바가 컸다.

그는 강했지만, 매우 유연했다. 칭기즈칸은 대항한 사람들에게 '죽음', 또는 '항복'이라는 단 두 개의 선택지만 주었다. 하지만 그는 적들에게 좀더 많은 여지를 허락했다. 특히 칭기즈칸처럼 패배한 적을 무참하게 죽이는 대신 그의 제국으로 끌어들였다.

이 사람이 서방에는 '카라 키타이Kara Kitai', 즉 검은 거란이라고 알려졌으며, 중국의 사서에는 서요라고 기록된 대제국의 초대 황제 야율대석이다. 서요의 영토는 당시 한족이 차지하고 있던 모든 땅보다도 컸다. 그러나 그가 이런 대제국을 건설한 배경은 기구하다. 원래 그는 망국의 신하였다.

위기의 상황에서 야율대석은 부하들에게 물었다. 황금의 땅을 찾아 나설 것인가, 아니면 몰락한 나라의 백성으로 고난을 감내할 것인가. 야율대석은 비록 수는 적지만 충성심이 굉장한 부하들과 함께 황금의 땅에 새로운 대제국을 세웠다. 불과 수만 명밖에 안 되는 무

● 《금사(金史)》에는 "요나라는 빈철(鑌鐵)의 견고함을 좇아 나라 이름을 지었다"라고 나온다. 빈철은 토번에서 생산한 단단한 철이다. 이 빈철을 중앙아시아에서는 '키타이(Kitai)'라고 불렀는데, 키타이는 또한 '거란'을 의미하기도 했다. '빈철-요나라-거란'이 키타이로 연결되는 것이다. 실제로 야율아보기는 요나라를 건국한 후에도 거란(키타이)을 공식적인 국호로 사용했다.

리를 이끌고 천산산맥부터 아랄해까지의 광대한 영토를 차지한 것이다. 지도자로서 그는 '희망의 전도사' 역할을 자처했다.

최강자 요나라의 몰락

최초로 중국을 통일한 진秦나라 이래 중원은 명목상이나마 한족이 다스리는 땅이었다. 삼국을 통일한 진晉나라가 멸망하자 북쪽에 선비鮮卑가 세운 북위北魏가 들어서기는 했지만, 중원을 정복했다고 보지는 않는다. 북위는 유목민이 중국 내지에 '침투'해 세운 나라다. 즉 중국을 다스리고 있던 기존 왕조와 대결해 중원을 정복한 것이 아니다. 진정한 의미의 정복 왕조는 유목민이 국가를 형성한 후 만리장성 이남으로 남하해 기존 왕조를 몰아낸 경우를 말한다. 그야말로 민족 간의 대규모 전쟁에서 승리해야 하는 것이다.

19세기까지 북방의 중심은 몽골고원이었다. 고원의 주인들도 중원의 주인들처럼 부침을 거듭했다. 840년 위구르가 멸망하면서 고원은 주인을 잃고, 약 70년 후 중원에서는 당나라가 멸망한다. 남북 모두 바야흐로 군웅들이 할거하는 혼란한 시대가 시작된 것이다. 당나라 말기는 무인들의 시대였다. 이들은 모두 새로운 나라를 세우고자 하니, 그 결과 오대십국五代十國의 혼란기가 도래한다.

중원이 혼란에 빠져 있을 때 만주에서 한 민족이 일어나 몽골고원을 서서히 통일하기 시작한다. 역사는 이들을 거란이라고 부른다. 이들은 무척 특이한 종족이다. 몽골어의 방언을 사용한 듯한데, 건국 후에 곧장 자신들의 문자를 만든다. 이들은 또 중원의 혼란을 피해 떠도는 많은 한족을 받아들였다. 이로써 북방의 민족인데도 중원의 문화를 이해했다. 다시 말해 문화적으로 매우 수준 높은 '야만인'들이었던 것이다. 907년 야율아보기가 화북의 연운십육주燕雲十六州를 얻고, 요나라를 건국하자 중원에서 이들을 당할 세력이 없었다. 중국 북방에서 최초의 정복 왕조가 들어선 것이다.

그때 중원의 상황은 어떠했을까. 960년 후주後周의 장군 조광윤趙匡胤이 스스로 황제가 되어 송나라를 건국했다. 그의 아들 대에 송나라는 중원을 모두 차지한다. 바야흐로 남쪽의 송나라와 북쪽의 요나라가 대치하게 된 것이다.

대치 상황은 그리 단순하지 않았다. 또 하나의 변수가 있었으니, 요나라와 송나라 사이에서 힘의 균형추 구실을 하던 서하西夏였다. 서하는 당나라 말기의 혼란한 때에 정치적 입지를 굳힌 당항黨項계 이민족 군사 세력이었다. 이들은 송나라가 건국되자 잠시 신속臣屬된다. 그러나 이원호李元昊라는 걸출한 인물이 등장하면서 상황이 달라진다. 서하는 원래부터 강한 군사력을 자랑하던 세력이라 송나라나 요나라 모두 쉽게 상대할 수 없었다. 즉 요나라, 송나라, 서하의 삼파전이 벌어진 것이다.

그러나 전성기의 요나라는 명실공히 동아시아의 최강자였다. 서하는 거란의 기병들과 정면으로 맞붙기를 피했고, 송나라의 화북 수복 계획은 조선 효종孝宗의 북벌 계획만큼이나 공허했다. 송나라의 도발에 격분한 요나라는 공세로 전환해, 993년 동쪽의 강국인 고려를 신속시킨 후 남쪽으로 몰아쳐 송나라 군대를 완전히 분쇄한다.

1004년 이후 송나라는 요나라에 조공을 바친다. 여기까지가 요나라의 전성기다.

문제는 거란보다도 '더 야만적이고, 더 강인한' 민족이 동쪽에서 성장하면서부터 시작된다. 옛날 고구려에 속해 있던 여진이 독립적인 세력으로 등장한 것이다. 요나라에 이들은 '야만인'이었다. 이 야만인들은 거란보다 더 혹독한 환경에서 생활한지라 적응력이 강했다. 이들은 사냥, 목축, 농경을 모두 아울렀는데, 그래서 유목 민족의 기동력, 산림 민족의 인내력, 농경 민족의 조직력을 두루 갖추고 있었다. 특히 완안아구다完顔阿骨打라는 영웅이 야심을 드러냈다.

《송사宋史》는 완안아구다의 영웅적인 풍모를 이렇게 전한다. "(그는) 인재 등용, 경제와 행정 정책, 군사 작전 등 거의 모든 부분에서 탁월했다." 마치 500년 후 등장하는 누르하치努爾哈赤(청淸나라 태조太祖)와 홍타이지皇太極(청나라 태종太宗)를 합쳐놓은 듯한 모습이다. 그는 1113년 여진의 수장이 된 후 요나라와의 전쟁을 개시, 2년 뒤에는 스스로 황제를 칭하고 금나라를 세운다. 당시 요나라는 과거 몽골고원을 호령한 강대한 기상을 잃은 터였다. 요나라나 송나라나 모두 새롭게 떠오르는 신흥 강국에 맞서기에는 역부족이었다.

엎친 데 덮친 격으로 몇 해 지나 송나라가 연운십육주의 일부를 수복할 요량으로 요나라를 공격하기로 한다. 1118년 송나라는 금나라와 요나라를 협공하기로 맹약한다. 요나라의 운명은 풍전등화의 위기에 놓인다.

황제가 도망가니 새 황제를 세우다

1122년 송나라와 금나라는 연운십육주를 차지하기 위해 본격적으로 경쟁하기 시작한다. 이때 최전선에서 싸운 장수가 훗날 서요의 초대 황제가 되는 야율대석이다. 그는 매우 개성이 뚜렷한 인물이다. 《요사遼史》는 이렇게 전한다.

> 야율대석은 자가 중덕重德으로, 요나라 태조의 팔 대손이다. 거란어, 한자에 모두 능통하고, 말타기와 활쏘기를 잘했다. 진사시進士試에 합격해 한림원翰林院의 승지承旨로 승진하고, 태주泰州와 상주商州의 자사剌史, 요흥군遼興軍 절도사節度使 등을 역임했다.

할아버지나 아버지에 관한 기록이 없는 것으로 보아 야율대석은 왕족이나 최고 족벌은 아니고, 오직 개인의 실력으로 승승장구한 듯하다. 한림원 승지, 자사, 절도사라는, 문사文事, 행정, 군사를 대표하는 직위들을 두루 거쳤다는 데서 그의 빼어난 능력이 잘 드러난다.

1122년 금나라가 중경中京을 공격하자 요나라 천조제는 저항을 포기하고 서북쪽으로 달아난다. 중원(남쪽)부터 몽골고원(북쪽)까지 모두 장악하고 있던 대제국 요나라의 황제가 달아나다니, 명백한 망조의 조짐이었다. 남쪽의 농업 생산력과 북쪽의 군사력이 요나라라는 제국의 요체인데, 남쪽을 포기함으로써 경제 기반을 버린 것이다. 그러나 야율대석은 쉽게 물러나지 않는다. 그는 대담하게도 천조제의 조카 야율순耶律淳을 새 황제로 추대하고 금나라와 송나라의 연합군에 맞서려 한다. 기록에 백관들이 야율순을 황제로 추대하는 대목이 나오는데, 야율대석이 이에 앞장섰음을 생각한다면 다음 말은 그가 했다고 보는 것이 타당할 것이다.

"주상은 몽진하고 중원은 소란한데, 왕을 세우지 않으면 백성은 어디에 몸을 맡긴단 말입니까."

야율대석은 위급한 순간에 구심점의 중요성을 잘 인식하고 있었다. 결국 야율순은 그와 백관들의 요청을 받아들여 황제가 되니, 곧 순종宣宗이다. 그러나 요나라의 운명은 나아지지 않았다. 금나라가 순식간에 요나라의 중경, 서경西京, 남경南京을 점령한 것이다. 농업이라는 요나라의 경제 기반이 완전히 무너지는 순간이었다. 순종은 야율대석에게 군권을 맡기고 송나라와 화친하고자 하나, 송나라는 기회를 놓치지 않고 계속 밀어붙인다. 전형적인 기회주의자의 속성을 그대로 드러낸 것이다. 이런 송나라의 도전을 야율대석이 쳐부순다. 그는 순종의 처 덕비德妃를 섭정으로 하는 비상 체제를 가동해● 수도 연경燕京에서 금나라와 송나라의 연합군을 상대한다.

기록을 종합하면 이때 야율대석은 두 가지 작전을 쓴다. 우선 송나라가 오랜 맹약을 어긴 것을 비난하는 동시에 기병대로 기습한다. 그는 송나라를 이렇게 꾸짖는다.

"그대들이 서하에 연전연패할 때 우리는 그대들을 무너뜨릴 수도 있었다. 그렇지만 그렇게 하지 않은 것은 우리가 약속을 중하게 여

● 순종은 황제가 된 그해 바로 병사한다. 이에 그의 아들 야율정(耶律定)이 황제(은제隱帝)가 되나 너무 어려 어머니인 덕비가 실권을 잡고 섭정에 나선다.

기기 때문이다."

즉 요나라는 함께 송나라를 공략하자는 서하의 유혹을 뿌리쳤는데, 송나라는 요나라를 공격하자고 오히려 금나라를 유혹했다는 것이다. 송나라는 이후 금나라에 약속한 전쟁 비용을 지급하지 않아 다시 한번 전쟁을 부르는데, 이처럼 송나라는 세 나라 가운데 언제나 가장 의리를 지키지 않았다. 오히려 유목민들이 신의를 더 잘 지켰다. 야율대석은 한창 전쟁 중인 상황에서 대담하게도 신의를 내세운다.

이러한 꾸짖음에도 아랑곳하지 않고 송나라는 연경을 공격한다. 하지만 야율대석이 배치해놓은 소수의 정예군을 당해내지 못하고 크게 패한다. 이어서 금나라의 대군이 몰려왔다. 송나라 군대는 가까스로 막을 수 있었지만, 금나라 군대는 차원이 달랐다. 결국 금나라에 최후의 방어선인 거용관居庸關을 내준다. 다급해진 요나라는 조공을 바치겠노라 하지만, 묵살당한다.

야율대석은 어쩔 수 없이 연경을 버린다. 이제 의지할 곳은 달아난 천조제뿐이다. 그에게 받아달라고 청하니, 이때의 대화가《요사》에 남아 있다. 노한 황제는 덕비를 죽이고 야율대석을 추궁한다.

"내가 있는데, 네가 어떻게 감히 야율순을 세울 수 있는가."

그러자 야율대석이 답한다.

"폐하께서는 온 나라의 세력을 가지고도 단 한 번 적을 막지 못하시고, 나라를 버리고 멀리 도피해 백성을 도탄에 빠뜨렸습니다. 야율순도 모두 태조의 자손인데, (새로운 왕을) 세우는 것이 남에게 목숨을 구걸하는 것보다 못할 것이 무엇 있습니까."

이에 천조제가 답하지 못하고 죄를 사하는 의미로 술과 음식을 내렸다고 한다. 그가 야율대석을 죽이지 않은 이유는 분명하지 않다. 다만 야율대석의 행동이 상당히 정당했고, 군사력 또한 만만치 않았기 때문이었을 것이다. 물론 그를 죽일 수도 있었지만, 금나라에 대항하는 데 다른 대안이 없었다. 그러나 황제가 엄연히 살아 있는데 또 다른 황제를 세운 것은 절대 살려둘 수 없는 죄다. 황제의 존엄을 위해 그는 언젠가 제거되어야 할 사람이었다.

200명을 1만 명으로 늘리는 희망의 힘

이미 요나라의 운명은 기울었다. 야율대석 자신의 운명도 불안했다. 그는 야반도주를 결심한다. 물론 송나라나 금나라에 투항할 수도 있었을 것이다. 그러나 그는 그릇이 큰 사람이었다. 그의 눈앞에는 저 멀리 드넓게 펼쳐진 서쪽 초원이 아른거렸다. 그런데 도주하는 방법이 걸작이다. 움츠리기는커녕 스스로 직위를 올려 측근들을 규합한다. 급기야 스스로 왕이라 칭하고 무리 200명과 함께 3일을 달려 흑수黑水에 도착한다.

흑수는 흑룡강 일부를 말하므로 야율대석은 일단 북쪽으로 도주한 듯하다. 거기서 그는 유목민 부족 백달달白達達의 상고아床古兒를 만나 말 400마리, 낙타 20마리, 양 몇 마리를 얻는다. 여기서 더 북쪽으로 가지 않고 서쪽으로 이동하며 부족장들을 회유한다.《요사》는 이때 그가 한 연설을 소개한다.

태조께서 창업하신 이래 아홉 임금이 서고 역사는 이백 년이 되었소. 금나라가 신하의 신분으로 우리나라를 핍박하고, 백성과 마을을 도륙해 천조제를 몽진케 하니, 원통한 마음을 가눌 수 없소. 지금 내가 대의를 가지고 서쪽으로 가면서 제 번들의 힘을 빌려서 원수를 갚고 옛 땅을 다시 찾고자 하오. 오직 그대들이 나의 국가를 그리워하고, 사직을 걱정하며, 함께 군부君父를 구하고, 백성을 구하고자 한다면 어려울 것이 무엇이오.

연설의 위력인지 정예군 1만여 명이 모이니, 작은 정부를 구성한다. 도대체 야율대석은 추종자들에게 어떤 존재였기에 도망치면서도 이렇게 사람들을 끌어모을 수 있었을까.

초원에서 세력을 얻는 방법은 오직 하나다. 부족장들에게 충분한 대가를 지급하는 것이다. 그래서 초원의 지배자들은 갖은 수단을 동원해 재원을 마련한다. 그러나 야율대석이 가진 것이라곤 수백 명의 측근밖에 없었다. 그런 그가 세력을 규합한 것은 거의 불가사의라고 할 만하다. 그것이 어떻게 가능했을까. 그는 돈도 권력도 그렇다고 든든한 배경도 없는 망한 나라의 신하였다. 하지만 그는 꿈을 품고 있었다. 재물 대신 '희망'을 팔았던 것이다. 이런 면에서 그는 황제들보다 더 능란하다. 초원의 대장이 중원의 이념전을 펼쳤으니 말이다.

그다음 해에는 하늘에 제사 지내고 천산 위구르 왕국의 빌게칸Bilge Khan에게 친서를 보낸다. 그 내용 또한 명문으로, 소략하면 이렇다.

우리 태조가 나라를 세우고 위구르가 몽골로 돌아와 나라를 세우게 하려고 했음을 기억하시리라 믿소. 그때 그대들의 힘이 부족해 그렇게 하지 못했지만, 그 우정은 하루 이틀이 아니오. 지금 내가 대식大食(아랍)으로 가는데, 그대들 나라의 길을 빌리려 하니 의심하지 마시오.

이렇게 말하자 빌게칸은 야율대석을 크게 위무하고 말 600마리, 양 3,000마리를 내어준다. 서쪽으로 가는 길에 항복하는 자는 편안히 대접해 받아들이고 대항하는 자는 치는데, 1만 리를 행군하면서 귀순하는 국가가 수 개요, 얻은 가축은 수를 헤아릴 수 없었다고 한다. 이렇게 길을 갈수록 군세는 커지고 사기는 드높아진다.

"나의 장수들이 반드시 이긴다"

그러나 천산산맥 넘어 사마르칸트에 이르자 서역의 이슬람 국가들이 10만 명의 병사를 일으켜 야율대석을 저지한다. 중국의 사료는 이 싸움을 자세히 전하지 않는다. 그러나 이 싸움이 중앙아시아와 서구에 미친 영향력은 컸다. 멀리서 온 소수의 불교도가 위대한 페르시아 문화와 이슬람의 수호자를 자처하던 셀주크Seljuk제국의 술탄을 자극했기 때문이다. 당시 술탄 산자르Sanjar는 천산산맥을 넘어온 이 작은 부족을 없애는 일은 시간문제라고 생각했다. 그러나 그가 상대한 적은 만만치 않았다. 야율대석의 소수 정예군은 10만 명의 대군을 전혀 두려워하지 않았다. 싸움에 앞서 그는 휘하를 위무하며 이렇게 말한다.

"적은 수가 많지만, 계략이 없다. 공격하면 전후가 서로 호응하지 못하니 나의 장수들이 반드시 이긴다."

야율대석은 병사들을 세 부대로 나누고 동시에 공격토록 해 적을 일거에 무너뜨린다. 이 승리로 그는 부하들에게 신적인 존재로 거듭난다. 그가 말한 대로 되었기 때문이다. 그가 더 나아가니 카스피해까지 닿던 대국 호라즘Khorezm도 조공을 바쳤다.

야율대석은 발라사군Balasagun에 이르러 서요를 세우고 즉위하니, '구르칸Gur Khan', 즉 우주적 칸이 된다. 그의 중국식 존호는 천우황제天祐皇帝다.《요사》의 내용은 중의적이다. 우선 천조제가 살아 있을 때 황제를 세운 일을 극렬히 비난한다. 그러면서도 마치 요나라 조정의 회의에 직접 참여한 것처럼, 또 이슬람 국가들과의 전쟁에 종사관으로 참여한 것처럼 그의 언행을 생생하게 전한다. 결론은 '대단한 영웅이 어쩔 수 없이 나쁜 일을 했다'는 것이다. 중국의 사서는 이런 모순을 안고 있다. 황제는 항상 한 명이어야 하지만, 그렇지 않은 현실을 설명해야 하기 때문이다.

《요사》의 사관은 서요가 얼마나 큰 나라였는지 몰랐다. 하지만 천산산맥 서쪽의 이슬람 국가들은 서요 때문에 떨었다. 셀주크제국의 처절한 패배가 얼마나 치욕적이었던지, 이슬람 사료는 이 패배를 직접 언급하지 않고 서요의 위력만 우회적으로 설명한다. 시르다리야강과 아무다리야강 사이의 기름진 초지를 완전히 제패한 유목민 부족은 그들이 처음이었다. 게다가 그들은 1만 명도 채 되지 않았다. 서요는 칭기즈칸이 오기 전까지 그 지역에서 터를 닦는다.

이제 중국 남쪽에서 일어난 일을 간단히 살펴보자. 1125년 요나라가 멸망하자 송나라는 금나라가 쓴 전쟁 비용을 분담하겠다는 약속을 저버린다. 예교禮敎의 나라라는 송나라가 이런 짓을 저지르다니, 금나라는 분개해 곧장 공격한다. 이에 송나라는 태도를 완전히 바꿔 황급히 강화를 청한다. 이것이 바로 힘없고 기회주의적인 나라의 전형이다. 이후 송나라 내부에서는 강화의 치욕을 씻어야 한다는 강경파가 득세한다. 이것이 바로 탁상공론에 매진하는 사대부들의 전형이다. 전란을 겪는 와중에 조선의 사대부들이 어떻게 행동했는지 떠올려보면 된다. 결국 송나라는 금나라를 상대로 전쟁을 시작하고, 그 결과 요나라가 멸망한 지 2년 만에 화북을 금나라에 내어주고 남쪽으로 도망친다. 이른바 '정강의 변靖康之變'이다. 실력 없이 말만 요란한 송나라다운 운명이었다.

1141년 서요가 셀주크제국을 사마르칸트 부근에서 격파하던 그 때 송나라의 주전파主戰派 장수 악비嶽飛가 죽음을 맞는다. 결국 이듬해 주화파主和派 진회秦檜의 주도로 강화를 체결한다. 송나라와 요나라의 운명은 이렇게 뒤집힌다. 송나라의 외정은 실리와 명분의 충돌로 어지러웠고, 지배층은 그 간극을 메울 능력이 없었다. 안으로는 약하면서 겉으로만 강한 척했던 것이다.

떠나야 찾을 수 있는 황금의 땅

서요는 정복지 전체를 다스릴 능력이 없었다. 사람이 너무 적었기 때문이다. 그래서 정복지의 문화와 종교를 그대로 남겨두되 서요의 핵심 세력이 봉건 지배층 역할을 맡는다. 정복지를 완전히 다스리려다가 이슬람권 전체를 들쑤시는 것보다는 훨씬 합리적인 방법이었다. 그로부터 수십 년 후 몽골고원 동쪽에서 칭기즈칸이 일어나 서쪽으로 향한다. 서요도 이 물결을 피할 수 없었다.

하나 기억할 것이 있다. 칭기즈칸은 사마르칸트를 완전히 폐허로 만들었다. 그러나 한 세기 전의 서요는 달랐다. 그들은 지배자인 동시에 문화의 보호자였다. 오늘날의 카자흐스탄, 우즈베키스탄, 타지크스탄, 키르기스스탄, 중국의 신장 거의 전 지역을 지배했던 유목민족이 있었다는 것이 실로 놀랍다. 이들이 보는 세계는 중국 사가들이 보는 세계보다 훨씬 넓었을 것이다. 지금도 중앙아시아와 러시아 사람들은 중국을 키타이라고 부르는데, 과거 그들의 조상에게 중국은 송나라가 아니라 거란, 즉 서요(카라 키타이)였던 것이다.

야율대석은 땅을 빼앗을 줄도 알았지만, 유지할 줄도 알았다. 그의 곁으로 사람들이 모여들었고, 그는 이들의 힘을 이용했다. 만주에서 천산산맥 너머까지 먼 길을 이동하며 가는 곳마다 사람들을 끌어모은 이가 그 외에 또 있을까.

야율대석은 희망의 전도사였다. 그는 "황금의 땅을 찾아 나서겠는가, 노예가 되겠는가"라고 묻는다. 소수가 그를 따라나선다. 그는 옛 동맹에 신의를 지키라고 청한다. 옛 동맹은 그의 말을 따른다. 대군과 부딪혔을 때 그는 "적은 수가 많지만, 규율이 없다. 우리가 반드시 이긴다"라고 부하들을 격려한다. 부하들은 그를 믿고 몇 배나 많은 적과 한판 붙는다. 그리고 결국 승리해 황금의 땅에 정착한다.

한때 중국 신장부터 타르바가타이산맥까지 야율대석이 움직인 길을 따라간 적이 있다. 사막 가운데로 난 초원을 따라, 천산산맥과 타르바가타이산맥 사이의 분지를 따라 난 길을 걸으며 야율대석이 어떤 희망을 품었을지 상상해보았다. 초원과 물줄기는 이어지다가도 끊어지기를 반복하는데, 어떻게 그 많은 사람을 이끌고, 또 포기하지 않고 서쪽으로 계속 이동했을까. 험난한 행군길에서도 부하들은 그를 의심하지 않았다. 그는 적군이 코앞까지 진격해 황제가 도망간 상황에서도 끝까지 자기 자리를 지킴으로써 신뢰를 얻었고, 그 신뢰를 바탕으로 추종자들을 이끌었다. 나라는 망하고 아무것도 가지지 못했지만, 서쪽의 푸른 초원에 대한 희망과 그를 따르는 부하들의 신뢰로 결국 대제국을 건설할 수 있었다.

극소수의 인원으로, 그것도 비非이슬람권 민족이, 중앙아시아의 광활한 지역을 다스렸다는 것은 실로 놀라운 일이다. 처음 야율대석이 요나라를 탈출할 때 거느린 사람은 고작 200명이었다. 이 200명이 1만 명이 되고, 종국에는 10만 명의 대군을 격파한 것이다. 결전을 앞에 두고 "나의 장수들이 반드시 이긴다"라고 한 당당함은 평범한 장수가 부하들을 격려할 때 쓰는 말과는 근본적으로 달랐다. 그가 살아오면서 부하들에게 보여주었던 책임감과 카리스마가 응축된 한마디였다.

만약 야율대석이 푸른 초원을 찾아 야반도주하지 않았다면, 불확실한 미래와 기약 없는 행군의 고통에 희망을 버렸다면, 10만 명의 대군 앞에 겁먹고 돌아섰다면 우주적 칸이 다스리는 제국은 없었을 것이다. 어려움 가운데서도 희망과 용기를 잃지 않은 사람에게는 항상 신천지가 기다리고 있다.

2장
다시 시작하는 사람에게 굴욕은 기회다

굴욕을 대하는 두 번째 태도: 불굴

집도 절도 없지만, 다시 든 붓

황종희

—

밝음이 상하니, 어려움을 만나 바름을 잃지 않음이 이롭다.

-《주역》〈명이괘明夷卦〉

황종희黃宗羲(1610~95)

명나라 말기와 청나라 초기의 개혁사상가다. 절강성 여요餘姚의 학자 집안에서 태어났다. 아버지 황존소黃尊素가 환관 세력인 엄당閹黨의 탄압으로 옥사한다. 이 사건을 계기로 명나라의 정치 개혁에 뜻을 두나, 청나라가 중원을 장악하자 유교적 도리에 따라 의용군을 조직해 저항한다. 명나라든 청나라든 전제주의 국가 자체에 대단히 비판적으로, 현명한 군주가 나타나기를 바라며 쓴《명이대방록》은 청나라 말기의 개혁사상가들에게 큰 영향을 미친다. 왕부지王夫之, 고염무顧炎武 등과 함께 3대 거유巨儒로 불린다.

—

내 운명은 내가 정한다

역사는 왜 읽는가. 가장 실용적인 목적은 선례를 탐구하는 것이다. 일하면서 실수를 줄이려면 지금과 비슷한 문제를 예전에는 어떻게 처리했는지 참고하는 것이 제일 손쉬운 방법이다. 나아가 사회의 변화는 각 개인이 짧은 일생에서 겪는 변화보다 완만하므로 긴 시간에 걸친 추이를 살펴볼 수 있다. 물론 역사 자체가 재미있기 때문에 읽기도 한다.

연대순으로 정리된 역사를 읽다 보면 인간의 인식이 어느 순간 도약하고, 그것이 사회의 보편적 시대정신으로 자리 잡는 것을 볼 수 있다. 물론 한 번의 도약을 위해 물밑에서 많은 것이 준비되었을 테다. 이러한 인식의 도약을 찾아보는 것이 역사를 읽으면서 느끼는 커다란 재미다.

근세 서양에서 예를 찾아보자. 천부인권, 공화정, 사회혁명, 연방주의 등은 모두 인식의 도약을 보여주는 지표다. 동양에서는 이런 도약이 없었을까. 유감스럽게도 혁명적인 도약은 거의 없었다. 중국은 2,000년간 계속된 사상의 굴레를 벗어나지 못하고, 서양보다 '열등한' 사회가 되었다. 한 번쯤 인식의 도약을 이룰 인물이 나왔을 법도 한데 말이다.

하지만 황종희라는 희대의 기인이 쓴 《명이대방록》을 읽으면 전통적 유교 사회에서도 인식의 도약이 있었다는 것을 알게 된다. 이 혁명적 인물은 고난과 좌절로 점철된 삶을 살지만, 우아함을 잃지 않는다. 마치 정약용丁若鏞이 유배지에서 방대한 저작을 완성하듯이,

재목이 뛰어난 사람에게 좌절은 새로운 사상을 키워내는 촉매다.

1602년 3월 어느 날 북경의 차가운 감옥에서 한 사상가가 자결한다. 76세의 노인으로 자연스레 죽을 날이 얼마 남지도 않았거니와 방금 자신의 석방 소식을 들은 터였다. 그런데도 감옥을 나가는 대신 자결을 택한 것이다. '감히 누가 나를 잡아들이고 석방한단 말인가.' 이 사상가는 권력자들에게 자신을 석방하는 호사를 허락할 마음이 없었다. '내 운명은 내가 정한다.' 그가 바로 당대 최고의 반항적 사상가 이탁오李卓吾다. 그는 전통 유학의 관념에 맞서다가 죽었다. 임금 같지 않은 임금을 섬길 마음도 없었고, 앵무새처럼 경전을 외우느라 자신을 천시할 마음도 없었다. 그의 말처럼 목숨 바칠 만한 사람이 없었던 것이다.

이단아 이탁오의 죽음으로 중국 사상사에는 이상한 기운이 감돌기 시작한다. 바로 수천 년간 차별받던 '개인'의 존엄성을 각성하기 시작한 것이다. 이탁오가 죽고 8년이 지났을 때 사상계의 기린아가 될 인물이 태어난다. 그는 분명 이탁오가 '흐려놓은 물'의 영향을 받았을 것이다. 그러나 이탁오와는 품격이 달랐다. 이탁오만큼 분방하지는 못했지만, 더 장중했다. 그는 이탁오가 건드린 것을 우뚝 세웠다. 이탁오의 사상이 들판에 흩어놓은 많은 산이라면, 그의 사상은 그 많은 산을 굽어보는 커다란 산이었다. 그가 바로 혁명적 유학자 황종희다.

천하는 황제의 것이 아니다

이탁오가 살던 16세기 말은 명나라가 내우외환에 끊임없이 시달리면서도 그 체제를 유지하기 위해 안달하던 시기다. 탐관오리가 황제에게 아부해 백성의 재산을 빼앗고, 외적에게는 판판이 지면서도 백성의 반란은 삼족을 멸하는 방법으로 악랄하게 진압하던 때다. 백성은 참으로 불쌍했다. 거지들이 어찌나 많았는지, 당시 그림을 보면 빠지지 않는다. 황제와 환관들의 착취로 백성은 허리가 휘었다. 견디다 못 해 죽음을 택하는 백성도 많았다. 아무리 노력해도 황제와 잔당들의 밑 빠진 독을 채울 수 없었다. 반항이라도 할라치면 일가가 도륙당했다. 힘이 있으면 회유하고, 힘이 없으면 가차 없이 죽었다. 특히 만력제萬曆帝 때는 백성이 일으킨 크고 작은 반란이 끊이질 않는다. 물론 숨죽이고 말 못 하는 백성이 더 많았을 것이다. 당연하게도 이탁오의 사상은 시대에 대한 혐오로 가득하다. 약한 자의 갈비를 뜯으면서 강한 자에게 아부하는 것을 유학이라고 부르고, 이를 고발하고 부정하면 이단이라고 몰아세우는 위선의 때였다. 유학을 배운 그 많은 사대부와 신료는 무엇 하고 있단 말인가.

시간이 흘러 17세기가 되니 세상은 더 적나라해졌다. 외적을 막는 군대는 군량이 없어 굶주리는데, 황제는 자기 금고를 채우느라 여념이 없었다. 잔혹한 탐닉이었다. 기근이 들어 백성이 떼로 죽는데도 국가는 아무것도 해주지 않았다. 요동과 요서를 차지한 여진이 백성을 노예로 잡아가도 국가는 내버려 두었다. 노예로 잡혀간 백성이 몇만인지, 몇십만인지 셀 수조차 없었다. 이 모든 것이 정사로 인정받은 《명사明史》에 기록되어 있다. 이제 뭔가 근본적인 질문을 던질 때가 된 것이다. 세상은 도대체 왜 이 모양인가. 그때 사상계의 기린아가 드디어 답을 내놓는다. 공교롭게도 황종희의 아명은 린麟(기린)이었다.

> 지금은 군주가 주인이고 천하 백성이 객이 되어서, 천하 백성의 땅을 없애 자신의 안녕을 얻는 자가 군주다. 그래도 안녕을 얻지 못하면 백성의 간과 뇌를 찌르고 멍들게 하며, 백성의 자녀들을 뿔뿔이 흩어지게 해서 나 한 사람의 재산을 늘리면서도 참혹하다고 여기지 않는다.
> ─《명이대방록》〈원군原君〉

이 말은 비유가 아니다. 황종희는 백성이 주인이지 임금은 주인이 아니라고 못 박는다. 이런 임금을 따른다면 백성의 재산을 도둑질하는 일에 동참하는 것이다. 그의 주장에 따르면 얼빠진 '작은 유학자 [小儒]'들이나 군신의 도리를 따진다. 그는 당당히 말한다.

> 임금과 신하라는 이름은 천하를 따르기 때문에 생긴 것이다. 내가 천하에 책임이 없다면 군주의 노예일 뿐이다.
> ─《명이대방록》〈원신原臣〉

신하는 백성을 위해 복무하는 사람이지 군주를 위해 일하는 사람이 아니라고 한다. 군주는 원래 백성의 한 사람이었을 뿐이니, 그를 맹목적으로 추종할 이유가 없다. 그렇다면 법은 어떻게 해야 할까.

하夏나라, 은殷나라, 주周나라 삼대의 법은 천하의 재산을 백성의 수중에 두는 것이었다. (그러나) 지금의 법은 한 사람의 광주리에 담는 것이다. 이것은 소위 '법이 아닌 법[非法之法]'이다.

-《명이대방록》〈원법原法〉

말이 좋아 '법이 아닌 법'이지, 실상은 따를 필요가 없는 법이라고 말하는 것이다. 법이란 백성의 재산을 보호하기 위한 것인데, 지금은 황제와 끄나풀들의 재산을 보호하기만 하므로 따를 수 없다고 주장한다.

이제까지 황종희 사상의 개요만 간단히 살펴보았다. 물론 그가 당시 사회질서를 부정하기만 한 것은 아니고, 구체적인 대안도 제시한다. 백성의 재산과 복리를 보호하는 국가와 여론에 따라 행해지는 정치가 바로 그것이다.

명나라가 망하고 새로운 이민족 정권이 세워지던 17세기 초 험악한 상황에서 이런 혁명적인 사상을 길러낸 황종희는 도대체 어떤 사람이었을까.

아버지를 잃은 슬픔, 나라를 잃은 비극

황종희가 태어난 1610년은 어떤 해인가. 그 유명한 '태업怠業' 황제 만력제가 다스린 지 38년째 되던 해다. 명나라는 멸망의 길로 천천히 들어서고 있었다. 조선에서는 왕위에 오른 지 갓 2년 된 광해군光

海君이 만주에 있는 누르하치의 동향을 살피느라 여념이 없었다. 그는 임진왜란으로 피폐해진 상황에서 또 한 번 전란이 일어나면 나라가 견디지 못할 것으로 판단했다. 그러나 만력제는 이런 생각을 못할 정도로 모자란 사람이었다. 그는 궁궐에 틀어박혀 개인의 재산을 모으는 데 열중하고 있었다.

아버지가 북경에서 벼슬을 살았기 때문에 어린 시절 황종희는 최신 문물을 접할 수 있었다. 그러던 중 17세 되던 날 시련이 찾아든다. 아버지 황존소가 환관 위충현魏忠賢 등이 포함된 엄당을 탄핵하다가 도리어 옥에 갇혀 유명을 달리한 것이다. 이 참혹한 상황에서 할아버지는 손자에게 "너는 구천이 아비를 죽인 것을 잊을 수 있느냐"라는, 오吳나라 군주 합려闔閭가 부차夫差에게 한 말을 외게 한다. 아들이 어떻게 죽었는지 손자에게 알리는 할아버지의 마음이 오죽했겠는가. 그리고 아버지를 억울하게 잃은 자식의 마음은 또 어떠했겠는가. 황종희는 환관을 이렇게 설명한다.

환관에게서 비롯된 재앙은 한나라, 당나라, 송나라를 거치면서 끊임없이 일어났으나, 명나라 때처럼 심했던 적은 없다. …… 환관이 독약이나 맹수와 같음은 수천 년 이래 사람들이 다 아는 바다. 그런데도 결국 그들에게 간을 찢기고 뇌가 부서지게 된 것은 무슨 까닭인가. 그런데도 제지할 방법이 없는 것은 무슨 까닭인가. 그것은 다 군주의 욕심 때문이다. …… 생각건대 군주는 삼궁 이외에는 모조리 없애야 한다. 심부름하는 환관은 수십이면 족할 것이다.

-《명이대방록》〈엄환奄宦〉

환관은 수많은 처첩을 거느린 군주의 욕심에서 나온 것이니, 굳이 필요 없다는 말이다.

아버지의 벗과 문하생들이 위로하러 찾아와 황종희에게 하는 말이 모두 실학에 힘쓰라는 것이었다. 아직 약관에도 이르지 못한 어린 나이에 이들의 조언은 큰 힘이 되었다. 다만 원통함을 참지 못해 아버지의 억울한 죽음을 호소하는 상소문을 들고 북경에 갔으나, 만력제가 죽고 그의 아들과 손자가 황위를 이어받으며 위충현 일당이 이미 주륙당한 뒤였다. 물론 환관들과 황제의 유착은 그대로였다. 황제는 관료들의 자율이 지나치다 싶으면 이를 견제하기 위해 어김없이 환관들을 끌어들였다. 명나라의 황제가 펼친 정책이란 그런 수준이었다. 조선의 임금들이 이 파당 저 파당을 끌어들여 자신의 세력을 유지하려 한 것과 너무나 흡사하다.

황종희의 아버지는 체포된 직후 죽음을 예감한 듯 아들에게 충고하길, 세상 물정에 어둡지 않도록 사서를 섭렵하라고 한다. 이에 그는 2년 동안 하루에 한 권씩 사서를 독파해 고대사부터 명나라 역사까지 모두 섭렵한다. 그러면서 가사를 돌보기 위해 과거에 총 네 번 응시하나 모두 낙방하고 만다. 그의 선배 격인 이탁오는 가족을 돌보기 위해 관원 생활을 하느라 50세가 되어서야 자유인이 되었다. 그런데 벼슬길을 밟지 않은 것이 오히려 사상을 체계적으로 정립하는 데 큰 도움이 된다. 30세가 될 때까지 황종희는 쉬지 않고 학문을 갈고닦았다. 중국 남방의 풍부한 인문적 전통이 학문 진작에 큰 도움을 주었다.

황종희가 34세 되던 해, 즉 1644년 삶의 향방을 가르는 사건이 터진다. 북경이 청나라에 점령당한 것이다. 이 소식을 듣고 그는 항주에서 군사를 모으고자 한다. 그런데 항주는 무협지에 나오는 강호와 같은 곳이다. 파당이 다른 사람끼리, 또는 의견을 달리하는 사람끼리 난세를 틈타 보복하는 통에 한목숨 부지하기도 어려웠다.

그런 와중에 청나라는 쉬지 않고 남하하니, 황종희는 의군에 가입해 열심히 활동한다. 승리를 기대할 수 없는 싸움이었다. 그러나 그는 물러나지 않는다. 절강성에서 명나라 군대가 궤멸하자 그는 고향의 사명산四明山으로 들어가 죽기를 각오하고 싸우기로 마음먹는다. 그러나 사방으로 포위당한 상황에서 조그마한 산채에 숨어든 의군들은 저항은커녕 입에 풀칠하기도 어려웠다. 게다가 산에 살던 사람들이 화가 미칠까 봐 두려워 산채에 불을 지른다. 이에 그는 불 지른 자를 잡으려 격문을 써 붙인다. 이때까지 그는 열혈 청년의 기질을 간직한 채로 명나라에 희망을 걸고 있었다.

유학자들이 고전으로 떠받드는《상서尙書》에 이런 말이 있다.

"하늘은 특별히 어떤 이를 좋아하지 않고 오직 덕 있는 이를 좋아한다. 백성은 까닭 없이 어떤 이를 따르지 않고 오로지 은혜 베푸는 이를 섬긴다."

명나라가 망한 것은 은혜를 베풀지 않은 정권을 굳이 섬길 마음이 백성에게 없었기 때문이고, 하늘이 덕을 잃은 명나라를 더는 보우하고 싶지 않았기 때문이다.

큰사람을 만드는 큰 굴욕

이후 황종희는 망한 나라의 신하로 몇 년 더 분전한다. 어떤 기록에는 일본에 원군을 청하러 가기까지 했다고 한다. 그러나 결국 그가 돌아간 곳은 집이었다. 명나라는 이미 망한 나라였다. 강남까지 청나라에 넘어간 상황이었다. 그 와중에 불혹을 넘긴 유학자를 괴롭힌 것은 지독한 생활고였다. 고향의 집은 무너진 지 오래고 양식도 없는 마당에, 청나라에 저항한 경력으로 신변마저 불안했다. 스스로 고백하기를 한평생 열 번이나 죽을 고비를 넘겼다고 한다.

집이 두 번 불탄 뒤 남은 가재도구를 챙겨 이사하느라 정신없이 한 해를 보내고 1663년이 되자 황종희는 드디어 붓을 들어 명저《명이대방록》의 서문을 쓴다. 명나라가 사라진 지 거의 20년이 다 된 시점에 그는 무엇을 기대하며 책을 썼을까. 젊은 시절 꾸었던 명나라 부흥의 꿈이 사라진 만큼, 그의 사상은 특정 국가에 얽매이지 않았다. 나이도 이미 50세를 훌쩍 넘어섰다. 그는 자기 자신에게 묻는다. '이제는 멈춰서야 하는 것이 아닐까.'

그러나 황종희는 멈출 수 없었다. 이후 그의 삶은 끊임없는 저술과 강학으로 채워진다. 그의 명성이 강남에 자자하자 어느 관료가 청나라 강희제康熙帝에게 천거한다. 그러나 그는 사양한다. 이미 70세가 가까운 나이였다. 인재를 사랑하는 강희제가 거듭 그를 부르나 나아가지 않았다. 관료 세계와 그의 삶은 화합할 수 없음을 알았기 때문이다. 강희제는 그의 학문이 깊음을 알고 관리로 부르는 대신《명사》의 편찬에 초빙한다. 이때만은 그도 기뻐하며 스스로 나서지는 않지만, 아들을 보낸다. 이후에도 강희제는 여러 번 그를 부르나, 마음을 돌리지 못한다.

아버지는 환관의 손에 죽고, 나라는 외적의 손에 넘어가고, 자신은 적군에게 쫓기며 생활고에 시달리다가 말년에야 학문으로 인정받은 이 노인의 삶에는 한 번도 평안하게 쉰 날이 없었다. 그런 황종희가 평생의 공부를 집대성한 책의 제목은 왜 하필 '명이대방明夷待訪'일까. 역易의 대가인 그가 이런 제목을 붙인 데는 이유가 있다. 명이明夷란 《주역》에 나오는 괘의 하나로 '밝음이 땅속으로 들어간 상태[明入地中]'를 가리킨다. 그러니 밝음이 없는 것이 아니요, 단지 보이지 않을 뿐이다. 그 안은 밝으나 드러나지 못하는 상태이니, 큰사람이 때를 기다리는 형국이다. 그는 책의 서문에 이렇게 쓴다.

내가 비록 늙었으나 기자箕子처럼 (무왕武王이) 가르침을 얻으러 올 기회를 얻을 수 있을지 기대한다.

무슨 말인가. 은나라 주왕紂王이 무도해 쓰러뜨리고 주나라를 세운 사람이 무왕이다. 주왕의 화를 피한 사람이 기자다. 무왕은 기자를 방문해 천하의 대법大法을 물었다. 그렇다면 황종희가 기다리는 사람은 누구이며 그에게 대법을 물은 사람은 누구였을까.

황종희가 기다리는 나라가 청나라는 아니었을 것이다. 청나라는 명나라보다 훨씬 강력한 나라였고, 당시에는 망한 명나라만큼 썩지 않았지만, 역시 백성을 주인으로 둔 나라는 아니었다. 아마도 그가 기다리는 나라는 명나라도 청나라도 아닌 대법이 실현된 나라였을 것이다. 그 나라는 명나라와 청나라를 '변증법적으로' 극복한 나라다. 물론 당장 존재하는 청나라가 사상을 적용할 현실적 대상이었을 것이다. 젊은 시절 불타올랐던 명나라를 향한 충성심은 현실을 개혁하고자 하는 의지로 대체된 듯하다. 그는 청나라라도 개혁해 대법의 나라로 만들고 싶었던 것이 아닐까.

그렇다면 왜 강희제의 간청에도 출사하지 않았을까. 황종희의 사상이 청나라의 체제를 이미 상당 부분 넘어섰기 때문일 것이다. 소수의 만주족이 다수의 한족을 통치하는 청나라는 그가 추구한 민본 사회, 여론 사회라고 할 수 없다. 그는, 오늘날의 민주주의에는 못 미치더라도, 다수의 복리를 위한 소수의 대리 통치를 주장했다. 그의 사상은 이미 시대의 한계를 넘어섰다. 그러니 출사해도 자신의 사상을 실현할 방법이 없었을 것이다.

또 한 가지 이유는 유학자로서의 자존심이다. 한때 명나라를 지키려고 의군으로 활동하기까지 했는데, 청나라에 협력하면 유학자의 자존심은 무엇으로 지킬 것인가. 황종희는 행동의 일관성을 극히 강조하는 유학자였다. 당대의 지식인인 유학자는 명나라를 개혁하지 못한 책임을 짊어져야 했다. 그런 유학자로서 출사를 자제해야 한다는 것이 그의 생각이었다. 그것은 학문이나 사상의 문제 이전에 염치의 문제 아니었을까 한다. 이를 외면하면 그저 경망스러운 인물에 지나지 않는다고 생각했을 것이다. 기자는 주왕에게 희망이 없음을 알고 떠남으로써 자기 자신을 해치지 않았다. 이후 무왕의 자문에 응하면서도 그의 신하가 되지는 않았다. 사상가의 자존심이란 이런 것이다.

황종희는 음악에도 조예가 깊었다. 혁명적인 사상가였지만 우아한 인간이었다. 그는 기자처럼 대법을 묻는 군주를 만나지 못했다. 그러나 두 세기가 흘러 중국의 걸출한 혁명가들은 모두 그의 책을 빼 들었다. 담사동譚嗣同 같은 자강론자, 쑨원孫文 같은 공화론자 모두 그의 사상을 무기로 쓰려 했다. 오늘날에도 통치자의 부패를 안타까워하는 대중이 그의 책을 들여다본다. 오랜 기다림은 이렇게 보상받고 있다.

과연 굴욕이란 무엇일까. 아버지의 죽음, 나라의 멸망, 적군을 피해 떠돌아다니는 삶, 끊임없는 생활고와 자식을 잃는 슬픔, 사후에 금서가 된 저작. 황종희는 인생의 황혼기에 학문으로 일가를 이룬 것 빼고는 고난으로 점철된 삶을 살았다. 그러나 오랜 기다림 끝에 그의 사상은 영광의 순간을 맞았다.

과연 진정한 굴욕이란 무엇인가. 사상계의 거인에게 진정한 굴욕은 불의의 노예가 되는 것이었다. 다른 것은 모두 작다. 게다가 '우아한' 인간이라면 상황이 어렵다고 조변석개해 자신의 지조를 팔지 않는다. 이탁오는 죽으면서 이런 시를 읊었다.

지사는 도랑에 뒹굴던 때를 잊지 않고,
용사는 그 우두머리 잃은 것을 잊지 않는다.
志士不忘在溝壑 勇士不忘喪其元

머리 쓰는 일을 업으로 삼은 사람은 황종희의 삶을 곱씹어볼 필요가 있다. 이탁오와 황종희는 부조리한 현실을 질타하고 야합하지 않으며 현실의 고난을 받아들였다. 이들이 수천 년간 변하지 않은 사상의 틀을 깨고 도약할 수 있었던 힘은 바로 이처럼 자유로운 정신에서 비롯된 것이 아닐까.

우직한 농부가 산을 옮기다

주더

자장子張이 공자에게 인仁에 대해 물으니 "천하에 다섯 가지를 행할 수 있으면 인이 될 것이니라"라고 하셨다. 자장이 그것에 대해 다시 물으니 "공경, 관대, 믿음, 민첩, 은혜니라. 공경하면 (남을) 업신여기지 않고, 너그러우면 사람들을 얻고, 믿음이 있다면 일을 맡고, 민첩하면 공이 있고, 은혜로우면 족히 다른 사람을 부릴 것이다"라고 하셨다.

–《논어論語》〈양화陽貨〉

주더朱德(1886~1976)

중국의 공산혁명가이자 군사전략가다. 쓰촨성四川省 이룽현義隴縣 출신으로 초대 인민해방군 원수를 지냈다. 윈난성雲南省에서 신해혁명에 뛰어든 후 공산혁명이 마무리될 때까지 계속 국공내전의 중심에 있었다. 대장정, 항일전쟁 시기에는 군사 방면의 일인자로 군대를 지휘했고, 공산당이 중국을 장악한 후에도 군사와 정치계 고문으로서 무시할 수 없는 위치에 있었다. 미국 언론인 아그네스 스메들리Agnes Smedley는 그를 '농민 같은 모습의 사령관'으로 평가했다.

전투는 져도 전쟁은 이기는 농부의 생명력

1976년 7월 6일 중국 현대사에 뚜렷한 발자취를 남긴 한 사나이가 세상을 떠났다. 그는 한때 노숙을 밥 먹듯이 했으나 무려 91세까지 살았다. 바로 초대 중국 인민해방군 원수 주더다.

쉴 틈 없이 일하고, 일생 대부분을 노숙하며, 지독한 골초였던 주더는 어떻게 무려 한 세기 가까이 살 수 있었을까. 어수룩한 생김새와 어눌한 말투의 그가 어떻게 모진 전쟁의 강과 무시무시한 권력투쟁의 늪을 무사히 건널 수 있었을까.

주더는 19세기에 태어나 20세기를 살다 갔지만, 21세기의 동북아시아 정세는 여전히 그의 영향 아래 있다. 그가 20세기의 지도자 중에 가장 많은 추종자를 거느렸다는 사실은 의심할 여지가 없다. 이제 공산혁명의 파란만장한 격변을 따라 농촌 출신의 가난한 사내가 새로운 시대의 지도자로 다시 태어나는 과정을 살펴보자.

공산혁명의 대표적 인물 가운데 유독 특색 있는 이들이 있다. 바로 서남부 쓰촨성 출신들이다. 주더보다 유명한 덩샤오핑鄧少平도 쓰촨성 동부의 광안시廣安市 출신이다. 상하이 와이탄外灘에 동상이 서 있는 화동군 사령관 천이陳毅는 쓰촨성 남부의 러산시樂山市에서 지방관의 아들로 태어났다. 쓰촨성은 사람이 먹고 놀기에는 좋아도 건설적인 생각을 하기에는 마땅치 않은 눅눅한 지방이다. 1년 내내 먹을 것이 풍부하고 사람들은 느릿느릿 삶을 즐긴다. 지금도 몇몇 학자는 쓰촨성의 느리고 진취성 없는 분위기를 분지의식盆地意識이라고 폄훼하기를 주저하지 않는다. 그러나 그런 쓰촨성의 삶을 지탱하는 농민들은 다른 어떤 지방 사람들보다 끈질긴 생명력을 지니고 있다. 후덥지근한 여름날 대나무 막대기 양쪽에 커다란 짐을 걸고 해발 고도 3,000미터가 넘는 어메이산峨眉山을 느릿느릿 오르는 그들의 모습을 보노라면 경이로움이 느껴진다.

그런데 어떻게 가장 급진적인 역사인 공산혁명의 중심에 쓰촨성 출신 인물들이 있는 것일까. 상무尙武 정신이라고는 원래 부족한 곳이지 않은가. 다만 주더, 덩샤오핑, 천이는 쓰촨성 출신이라는 공통점 외에도 닮은 점이 있다. 모두 외국에서 유학하고, 행동에서 풍기는 분위기가 비슷하다. 이들 셋을 말할 때는 아주 질긴 삼베 끈 같은 이미지가 떠오른다. 천두슈陳獨秀나 리다자오李大釗 같은 이론파와는 다른, 또 마오쩌둥毛澤東의 영민함과도 다른 끈질기고 강인한 '생명력'이 떠오르는 것이다.

그중에 주더가 가장 농민에 가깝다. 어수룩하면서도 조급해하지 않는 농민의 기질이 그를 도왔다. 그는 전투에서는 져도 전쟁에서는 이겼다. 집안의 반대, 아편 중독과의 싸움, 국민당과의 싸움, 일본과의 싸움에서 이겼고, 문화대혁명의 파도에도 가라앉지 않았다. 정치 행보뿐 아니라 자기 육체와의 싸움에서도 승리해 무려 한 세기를 살았다. 쓰촨성의 끈끈한 기후 속에서 밭을 가는 농민의 처연한 투쟁과도 흡사하다. 이제 그의 이야기를 들어보자.●

● 이하 주더와 주변인들 간의 대화는 주더 평전인 다음 책에서 인용했다. 아그네스 스메들리, 홍수원 옮김, 《위대한 길》, 두레, 1986.

뜻을 세우니 굶는 게 두렵지 않다

주더라는 이름은 그가 윈난성의 강무학당講武學堂에 들어가기 전에 지은 이름으로, 본명은 다이전代珍이다. 그는 이렇게 회고한다.

"어머니는 자식을 열셋이나 낳았는데, 아들 여섯과 딸 둘만 살아서 성장했고 뒤로 낳은 다섯은 모두 태어나자마자 물에 빠뜨려 죽였어요. 너무 가난해서 그 많은 식구를 먹일 수 없었기 때문입니다."

이 말에 그 시절 농촌의 모습이 다 들어 있다. 죽은 아이들은 대부분 여자아이였을 것이다. 청나라 말기 중국의 일반적인 농민의 삶이란 대체로 이랬다. 이런 삶을 사랑할 수 있을까. 그래도 주더의 집은 좀 나아서 살아남은 사람들은 끼니는 먹고 지냈다. 이들의 유일한 희망은 자식 중 한 명이라도 출세해 가족 전체가 비참함을 벗어나는 것이었다. 운 좋게도 주더가 교육받는 행운을 누리게 되었다. 자식이 없는 큰아버지의 양자가 된 것이다.

주더는 어려서부터 태평천국太平天國의 지도자 석달개石達開의 이야기를 들으며 성장했다. 그는 관군에게 쫓겨 서쪽으로 이동하다가 쓰촨성의 안순창安順場에서 사병들과 함께 최후를 맞는다. 그래서인지 주더는 청나라 조정이 석달개를 죽였듯이, 공산당에 투신한 자신도 장제스蔣介石에게 투항하면 죽을 것이라 굳게 믿었다.

먹을 것이 없어 부모가 자녀를 죽이는 환경을 견뎌낸 주더는 자신의 경험을 대수롭지 않게 생각했다. 그는 이런저런 질문을 던지는 기자들을 상대할 때도 보통 농민들이 그러하듯 항상 무뚝뚝했다.

운 좋게 교육받게 된 어린 주더가 처음 접한 것은 《천자문千字文》

이나《효경孝經》같은 유학 경전이었다. 세상은 어지럽게 변하고 있었지만, 농민들은 여전히 과거를 보고 벼슬길에 오르는 걸 유일한 희망으로 여겼다. 그가 한참 공부할 때 가족은 양귀비를 재배하기 시작했다. 점점 궁핍해져가는 농민들이 굶지 않기 위해 양귀비를 재배하는 것은 당시 매우 평범한 일이었다. 이런 상황에서 그는 과감히 벼슬길을 포기한다.

주더는 가족의 바람대로 향시鄕試에 합격한다. 이제 회시會試에 합격하고, 돈이 조금 들겠지만, 높은 벼슬을 사면 가족들의 고생은 끝나는 것이다. 그러나 그는 관리가 되는 것을 망설인다. '동생들이 세상의 빛을 보지 못하게 한 해묵은 가치가 담긴 구학문을 꼭 공부해야 하나. 세상은 어지럽게 변하고 있는데, 지금 관리가 되는 것이 과연 무슨 의미가 있을까.'

그래서 주더는 쓰촨성 청두시成都市로 가서 신학문을 공부하기로 결심한다. 서구 열강이 점차 이빨을 드러내고 청나라는 발톱 빠진 호랑이처럼 무기력하던 시절이었다. 이런 상황에서 그는 구학문을 배워 관리가 되려는 꿈을 과감히 접는다. 그에게 구학문은 거추장스러운 외투일 뿐이었다. 물론 가족들은 그의 계획을 알지 못했다. 어느 날 갑자기 그가 돌아와 아이들에게 체육을 가르칠 때가 되어서야 알았다. 가족들의 상심은 이만저만이 아니었다. 그도 "견딜 수 없을 정도로 마음이 아팠다"라고 회상한다.

꿈도, 가족도 잃은 마흔 먹은 아편쟁이

체육 교사의 생활은 만만치 않았다. 전통적인 교육 방식을 고수하던 서당의 사람들이 신학문을 배운 주더가 해괴한 몸동작을 가르쳐 아이들을 망친다고 물어뜯었다. 이에 그는 가족들을 배신한다는 죄책감을 누르고 다시 한번 고향을 떠나 윈난성으로 간다. 장강長江을 따라 수많은 산을 넘고 들판을 걸었지만, 농사로 단련된 그에게 몸의 고통은 별것 아니었다. 당시 그는 새로운 중국을 건설한다는 혁명의 소문을 듣고 기대감에 한껏 부푼 상태였다.

윈난성에 도착한 주더는 강무학당에 등록한다. 당시 강무학당의 교장은 쑨원이 결성한 중국동맹회中國同盟會의 비밀 회원이었던 차이어蔡鍔였다. 그는 젊고 강단 있는 사람으로 주더에게 모범이 되었다. 얼마 후 1911년 신해혁명辛亥革命이 일어나자 주더는 공화정을 세우려는 윈난성 군대에 합류, 쓰촨성까지 진격한다. 그때 그는 처음으로 군인으로서의 재능을 드러낸다.

그렇게 고대하던 혁명의 영향력은 너무나 제한적이었다. 청나라가 멸망하자 동북부 만주부터 신해혁명의 발원지 광둥성廣東省을 거쳐 내륙 분지 쓰촨성까지 모두 군벌들이 장악한다. 신해혁명의 주축들은 청나라를 멸망시킴으로써 수천 년간 계속된 전제정치를 끝내고 공화정을 세우려고 했으나, 현실적으로 각 지역을 점거한 군벌들과 제휴하는 것 이상의 대안을 내놓지 못했다. 중국은 군벌들이 갈기갈기 찢어 다스리는 무정부 상태로 빠져들었다.

문제는 군벌들의 타락이었다. 그들은 형세에 따라 국민당에 붙었다가 군주파에 붙었다가 하면서 사리사욕을 채웠다. 게다가 차지한 지역에서 엄청난 세금을 거두었다. 신해혁명의 성과는 곧 군벌들과 손잡은 위안스카이遠世凱의 차지가 되었다. 그는 황제가 되려는 야심을 품은 음흉한 인물이었다. 신해혁명 이전과 이후는 아무 차이도 없게 되고, 농민들은 청나라 말기보다 더 심하게 착취당한다.

젊은 주더는 윈난성 군대에 남아 열심히 군벌들과 싸우지만, 시간이 지날수록 그곳도 점차 군벌의 통제를 받게 된다. 1919년 베이징에서 반외세 운동인 5·4운동이 벌어졌을 때도, 그는 윈난성과 쓰촨성에서 군벌들과 내전 중이었다. 지리멸렬한 싸움이 계속될수록 공화정의 대변자라는 윈난성 군대의 정체성은 흐려졌다. 그 와중에 장성으로 승진한 그는 타성에 젖은 대가로 거액의 봉급을 받는다.

하지만 얼마 후 자신이 입대시킨 두 동생이 군벌과의 전투에서 전사하는 사건이 발생한다. 청천벽력 같은 일이었다. 부모는 말을 잃었다. 형이 동생들을 사지로 몰다니, 이상과 현실의 간극은 점점 커졌다. 주더는 모두 잊고 싶은 마음에 아편을 시작한다. 아편에 취한 그는 군벌 슝커우熊克武에게 큰 패배를 당한다.

주더는 고뇌한다. '군벌로 남을까. 아니면 새로운 길을 찾아 나설까. 마흔 먹은 아편쟁이인 나에게 그런 힘이 남아 있을까.'

쇠심줄 같은 끈기로 다시 시작하다

1921년 국민당이 조직한 호국군이 군벌의 손아귀에서 잠시 윈난성을 수복한다. 주더는 호국군에 참여해 윈난성 공격을 돕는다. 그러나 군벌 탕지야오唐繼堯에게 반격당해 순식간에 무너진다. 결국 그는 윈난성을 탈출한다. 그런 모습을 보고 이 아편쟁이 중년이 재기할 수 있으리라고 생각한 사람은 아무도 없었을 것이다. 충칭시重慶市에 도착하니 친하게 지내던 군벌 양썬楊森이 친절하게 아편을 건네면서 자신과 함께 군벌로 재기하자고 제안한다. 그러나 주더는 목적 없는 생활에 질린 터였다. 새로운 삶을 찾고 싶었다. 그리하여, 아편 금단 증세에 시달리면서도, 양썬의 제안을 거절한다. 그리고 곧장 상하이로 가서 쑨원을 만난다. 그는 이렇게 회고한다.

"나는 양썬처럼 늙고 부패하지 않았습니다. 그리고 쑨원 선생과 그의 추종자들이 이 군벌 저 군벌 번갈아 동맹 맺는 방법에 완전히 질려버렸습니다."

군벌도 싫고, 쑨원의 대책 없는 혁명에 휘말려 희생양이 되는 것도 싫었다. 갓 창당한 공산당의 문도 두드려보지만 나이 든 아편쟁이를 받아주지 않았다. 이제는 새로운 길을 여는 수밖에 없었다. 주더는 결심한다.

'좋다. 아무도 나를 받아주지 않는다면 이제는 떠날 시간이다. 나만의 사상을 갖추고 다시 돌아오겠다.'

그리하여 1922년 주더는 독일로 떠난다. 목표는 확고했지만, 방법은 명확하지 않았다. 그는 독일에서 저우언라이周恩來를 비롯한 공산주의자들과 교류한다. 이들은 그와 달리 상당한 이론적 기반을 갖추고 국제 정세를 파악하고 있었다. 그는 조카뻘 되는 공산주의자들과 함께 공부한다. 그렇게 서서히 공산주의혁명의 신자가 되어간다.

독일에서 주더는 공산주의 관련 활동을 하다가 여러 차례 체포된다. 그러나 그는 쓰촨성 농민의 기질과 험한 전장에서 얻은 경험 때문에 체포 따위는 대수롭지 않게 생각한다. 그는 쇠심줄 같은 끈기와 낙천성을 갖추고 있었다. 그의 회고를 들어보자.

"세 번째 체포되었을 때는 별로 걱정하지 않았어요. 그저 구금 생활이 어떤지 알고 싶었을 뿐이지요. 나는 여러 달 동안 밤새워 공부하느라 늘 수면부족에 시달렸어요. 아침에 교도관이 감방으로 들어와 커피와 빵을 놓고 갔어요. 그러면 나는 그것들을 먹고 운동하고 노래를 몇 곡 부르다가 다시 잠을 청했지요."

나이든 혁명가와 마오쩌둥의 만남

쑨원이 죽은 이듬해인 1926년 주더는 중국으로 돌아온다. 중국은 점점 더 빠르게 혁명의 폭풍에 휩쓸리는 중이었고, 그는 어엿한 공산주의자로 바뀌어 있었다. 이제는 신념이 섰다. 중년에 세운 신념을 그는 죽을 때까지 그대로 밀고 나아간다.

1924년 제1차 국공합작을 계기로 공산주의자들이 군벌과 외세를 몰아낸다는 명분을 내세우며 국민당에 가입한다. 이후 주더의 삶은 전투 그 자체였다. 1926년 장제스의 국민혁명군은 광둥성을 떠나 북벌을 시작한다. 애초에 힘없는 백성에게 세금을 거두는 것으로 소일하며 시간을 보내던 군벌들은 국민혁명군의 상대가 되지 못했다. 주더도 이 전쟁에 참여했다.

예상대로 국민혁명군은 손쉽게 승리하는데, 새로운 전쟁이 곧바로 시작된다. 당시 공산당이라는 특이한 세력이 농민들을 기반으로 성장하고 있었다. 공산당 세력이 서서히 커지자 자연스레 국민당 세력과의 알력이 심해졌다. 장제스로서는 이미 힘을 잃은 군벌들은 무서운 상대가 아니었다. 오히려 새로운 이념으로 무장한 공산당이 서서히 인민 속으로 파고드는 것을 묵과할 수 없었다. 결국 제1차 국공합작이 깨지고 만다.

1927년 난창南昌봉기를 계기로 주더와 마오쩌둥은 인연을 맺는다. 이후 주더는 마오쩌둥의 오른팔을 자처한다. 난창봉기는 공산당이 국민당에 대항해 일으킨 봉기였다. 이 봉기가 실패하자 주더와 마오쩌둥은 푸젠성福建省, 장시성江西省, 광둥성 등에 걸친 산악 지대로 후퇴한다. 이때부터 주더는 장제스를 군벌의 하나로 간주한다. 사회 개혁이 아니라 자신의 정권을 위해 인민을 희생하는 독재자로 생각한 것이다.

1928년 주더는 자신의 병력을 이끌고 마오쩌둥과 합류해 징강산井岡山으로 들어간다. 이후 두 사람은 군사 작전을 함께 짜는데, 주더가 마오쩌둥의 전술을 전면적으로 수용하고, 마오쩌둥이 주더를 총책임자로 신뢰하는 식이었다. 여기서 채택된 전술이 바로 그 유명한 기동전과 게릴라전이다. 적군을 산속으로 유인해 공격한 다음 물러나는 전술인데, 당시 군사 교본에 나온 전술과는 달랐다.

또 이들은 병력이 적으므로 농촌 소비에트Soviet(평의회)를 연결해 도시를 포위하고 전면전은 가능한 한 피한다는 전략을 펼쳤다. 이들은 '토지혁명'을 무기로 서서히 농민들을 규합해 공산주의를 중국이라는 거대한 농업 사회에 적용하려 했다. 이 전략이 성공하리라고 생각한 사람은 물론 극소수였다.

　동부 연안의 주요 지대를 차지하고, 또 신해혁명의 적자라는 정통성을 지닌 장제스는 공산당을 크게 두려워했다. 특히 공산당이 농민과 노동자를 무장시켜 싸우는 방식을 가장 우려했다. 그는 농민이란 만들어진 질서에 순응해 행동해야 한다고 믿었다. 이에 다섯 차례에 걸쳐 공산당 토벌전을 개시하는데, 병력과 화력이 공산당을 압도했다. 주더의 군대는 말이 군대지 군복도 제대로 차려입지 못한 상황이었다.

대장정의 길에서 노래를 부르다

1930년 공산당 중앙위원회는 무장조직인 홍군紅軍에 도시를 직접 공격하라고 명령한다. 전면적 도시 공격은 주더나 마오쩌둥의 생각에 배치되는 것이었으나, 당시 그들은 중앙위원회의 의견을 받아들일 수밖에 없었다. 하지만 결과는 공산당의 처절한 패배였다. 그 후 주더와 마오쩌둥은 계속되는 국민혁명군의 공세와 봉쇄로 경제난까지 겪다가 가까스로 근거지 장시성을 탈출하는 데 성공한다. 대장정의 시작이었다. 두 사람과 공산당은 향후 무려 9,600킬로미터를 걸어서 돌파하는데, 결과적으로 공산당이 정권을 잡았기에 이 보 전진을 위한 일 보 후퇴로 미화되지만, 대장정은 그야말로 생존을 위한 마지막 결단이었다. 대장정의 주요 유적지를 따라가다 보면 왜 그들이 그런 경로를 밟을 수밖에 없었는지 이해하게 된다. 전술적으로 적을 따돌리기 위해 방향을 바꾼 때도 있었지만, 길이 하나밖에 없어 어쩔 수 없이 나아간 경우가 더 많았다.

대장정 중에 주더는 높은 인격을 유감없이 보여주었다. 그는 말을 부상한 병사들에게 내주고, 긴 행군을 걸어서 끝낸다. 누군가 걱정하면, 자신은 강하므로 말이 필요 없다고 답할 뿐이었다. 농민들은 그가 맨발로 다니는 것은 신의 능력이 있기 때문이라고 입을 모았다. 그러나 그는 "아니요. 저는 신발을 신고 다녔어요"라고 천연덕스럽게 회고한다. 그는 그런 신화를 거추장스러워했다. 하지만 병사들에게 그는 불사조 같은 명망을 얻었다.

주더는 항상 시시껄렁한 농담을 하며 좌중을 웃겼다. 그가 환하게 웃으면 몇몇 외국인 기자는 그 모습이 너무나 소박해 정치적으로 무능한 인간이 아닌가 하는 의구심을 품었다고 한다. 그는 출신도 겉모습도 농민이었고, 행동에도 그다지 '영웅적인' 모습이 없었다. 그는 변절자들에게도 특유의 낙관적인 태도를 보였다.

"(혁명은 장거리 열차입니다.) 어떤 사람들은 중간에서 내리고 어떤 사람들은 새로운 열차에 오르지만, 대부분은 좌석을 지키지요."

주더는 상상 이상으로 강인했다. 다른 병사들처럼 밤에 모포 한 장만 덮고 잤는데, 감기 한 번 걸리지 않았다고 한다. 어려서부터 밭에서 일한 탓에 육체적으로 대단히 강건했던 모양이다. 이는 경이로운 일이었다. 대장정을 함께한 어느 의사는 이렇게 말한다.

"그는 튼튼한 몸을 타고났어요. 항상 낙천적이었지요. 그렇다고 해도 어째서 그가 단 한 번도 말라리아에 걸리지 않았는지는 모르겠습니다."

또한 주더는 타고난 노래꾼으로, 아무리 상황이 열악하고 몸이 힘들어도 항상 노래를 불렀다. 마치 농민들이 민요를 부르듯이 말이다.

정도를 걷는 자가 승리한다

대장정이 끝나자 공산당은 집권하려는 야심을 숨기지 않았다. 하지만 더 무시무시한 전쟁이 막 시작될 참이었다. 1932년 일본은 만주국이라는 괴뢰정부를 세우고 중국 침략에 박차를 가한다. 이에 공산당은 일본에 대항해야 한다는 인민의 요구를 재빨리 수용하고, 국민당도 상황을 엄중히 받아들인다. 그렇게 1937년 제2차 국공합작이 성사된다. 국민당의 공세에 아사 직전까지 몰렸던 공산당은 이 기회를 놓칠 수 없었다. 가둬놓은 짐승을 놓아주어야 하는 장제스의 마음은 쓰렸다.

제2차 국공합작으로 주더는 국민혁명군에 편입된 팔로군八路軍을 이끌고 일본과의 전쟁에 나선다. 대장정 때 후방에 남아 있던 군대들은 신사군新四軍으로 재편되는데, 사령관 예팅葉挺이 국민당에 살해되자 쓰촨성 출신인 천이가 지휘를 맡는다. 이렇게 쓰촨성 출신의 두 군인, 주더와 천이가 공산당의 두 정규군을 지휘하게 되었으니, 혁명과 쓰촨성은 참으로 관계가 깊다.

몇몇 사람은 주더가 군인으로서는 뛰어나지만, 정치가로서의 기민함은 부족하다고 생각했다. 그러나 그는 단지 느긋했을 뿐 전쟁의 승패를 정확히 가늠하고 있었다. 위기 상황에서는 가치를 선점하는 세력이 유리하다는 게 그의 생각이었다.

주더는 항상 일본이 처음에는 우세하더라도, 나중에는 분명히 패배할 것이라고 이야기했다. 1941년 일본이 진주만을 공격하자 그는 일본의 남태평양 진출을 막으려면 중국에 묶어놓아야 한다는 이유로 역공을 펼친다. 이로써 공산당이 제국주의자들에게 대항하고 있음을 천명한다. 이 역공으로 향후 국제 정치 무대에서 공산당의 발언권이 커진 것은 당연하다. 그는 일본과 싸우면서는 미국과 연대하고, 국민당과 내전을 치르면서는 국제적인 반미 여론을 조성하기 위해 선전전을 진두지휘했다.

주더는 국민당에 대해서도 비슷하게 생각했다. '국민당은 내전으로 무너질 것이다. 그들은 서서히 인민이 원하는 가치를 잃고 있다. 그들은 부패했고, 저 혼자 잘살려고 인민의 모든 운동을 억압한다. 필요하면 정적들을 암살하고 일본과 암암리에 결탁한다. 군사 작전의 승리보다 몇몇 인물을 자신들 편으로 끌어들이는 것을 더 중요시한다.'

주더는 여론이 내전의 승리를 결정할 것이라고 보았다. 그는 자기 부하들에게 승리가 눈앞에 있다고 장담했다. 대부분의 사람은 그의 말을 허풍으로 여겼다. 다만 "주더의 부하들은 그를 거의 우상시하는데, 중국에서 이런 일은 흔치 않다"라는 어느 외국인 기자의 평가에서 그의 위대함이 엿보인다.

이후의 일은 잘 알려진 바다. 공산당은 내전에서 승리했고, 국민당은 수많은 지원을 받았는데도 패배했다. 공산주의의 확산을 차단하기 위해 지원을 아끼지 않은 미국의 군사고문들은 국민당을 "회복 불능으로 타락한 거름더미 같다"라고 한탄했다. 혼란기에 장제스가 열심히 규합해놓은 군벌들은 결정적 순간에 힘이 되지 못했고, 심지어 대거 공산당과 손을 잡았다. 계속해서 토지혁명의 성과를 약속하고 선전한 공산당은 국민당이 '군벌과 다름없는 타락한 집단'이라는 여론을 형성하는 데 성공했다. 이 여론전의 승패가 전쟁의 승패를 갈랐다. 1949년 우직한 농부가 결국 산을 옮기고 말았다.

가치를 공유하는 동일시의 리더십

공산당 하면 대약진운동, 문화대혁명, 가난의 이미지가 떠오른다. 이 글을 쓰는 데 참고하려고 서울대학교 도서관에서 빌린 책에서 어느 열혈 청년이 끄적거린 낙서를 발견했다.

"주더는 공산당을 이끌고 중국을 혁명정부의 권력에 귀속시켰다. 그러나 그는 또 하나의 권력과 부를 만들었을 뿐. 헛되이 애썼다."

그 밑에 다른 청년이 답해놓았다.

"미친놈! 어느 놈이 낙서했느냐."

공산혁명과 같은 거대한 운동을 한마디로 평가하기는 이들의 대화처럼 어려운 일이다. 그러나 주더가 이끄는 홍군이 동아시아에서 유일하게 반反제국주의 전쟁에 승리한 것은 사실이다. 피해국인 한국이나 침략국인 일본과 달리 그들은 인민의 군대를 만들어냈다. 비록 본토에서 물러났지만, 북벌을 감행해 인민의 숨통을 틔운 장제스의 역할을 무시하지 못하는 것처럼, 아편전쟁 이후의 이른바 '반半식민지' 상태를 타개하고 온갖 지방 권력을 제거한 공산주의혁명의 성과도 무시할 수 없다.

형제 중 다섯은 먹을 것이 없어 태어나던 날 죽고, 둘은 자기가 사지로 몰아넣어 죽게 했다는 자괴감에 아편쟁이로 전락한 사람. 공산당 입당을 거부당한 아픈 경험이 있는 사람. 거지 같은 복장을 한 채항상 굶주림을 벗어나지 못하고, 60세가 될 때까지 노숙했던 사람. 신해혁명부터 공산혁명까지 숨 가쁘게 달려 결국 초대 인민해방군 원수가 되었지만, 주더의 삶은 처음부터 안락함과는 거리가 멀었다.

주더는 아편 피운 일을 부끄러워했다. 농민들이 윗사람에게 굽실거리듯이 손님을 대할 때는 두 손을 모을 정도로 굉장히 공손했다. 그래서일까. 그는 한 세기를 살았고, 문화대혁명 와중에도 극심한 비난을 면했다.

마오쩌둥은 이런 농담을 했다고 한다.

"주猪(돼지, 주더의 '주朱'와 발음이 같다)가 없었으면 모毛(털, 마오쩌둥 자신을 가리킨다)가 있었겠습니까."

주더가 없었으면 마오쩌둥이 없었다는 것은 맞는 말이다. 그는 숨은 리더였다. 대장정을 비롯한 긴 싸움을 피하지 않은 그의 삶은 고난을 극복하는 리더십이 무엇인지 생각해보게 한다. 먼저 리더십의 개념을 간단히 정리해보자.

차별화와 동일시

'리더십'의 뜻을 영어 사전에서 찾아보면 '통솔력', '지도력'이라고 쓰여 있다. '통솔'이란 지도자가 추종자를 이끈다는 뜻이고, '지도'란 지도자가 추종자를 계몽한다는 뜻이다. 그러나 이런 사전적 정의는 리더십이 마치 카리스마처럼 지도자와 추종자를 철저히 분리함으로써 생기는 힘인 듯이 근본적 의미를 호도한다. 그러면 '일반인과 다른 지도자만의 특이한 자질' 정도로만 리더십을 이해하게 된다.

이런 식의 차별화는 금방 한계를 드러낸다. 차별화는 자질구레한 기술에 불과하다. 차별화를 강조하는 리더십에는 추종자를 향한 두려움이 내포되어 있다. 그래서 지도자는 추종자가 먼저 자신을 두려워하도록 한다. 그렇게 되면 추종자는 지도자를 따를 것이다. 하지만 그런 방식은 결정적 순간, 특히 고난의 순간에 추종자가 움직이지 않을 위험이 있다. 지도자와 추종자는 원래 둘이기 때문이다. 이렇게 차별화를 수단으로 하는 리더십은 겉보기보다 위험하다.

리더십의 최고 형태는 지도자와 추종자가 서로를 '동일시'하는 것이다. 이렇게 되면 추종자는 지도자가 무엇을 하든지 모두의 이익과 가치를 위한 행동이라고 생각한다. 만약 실패하더라도 어쩔 수 없다고, 불가피하다고 이해한다. 주더의 리더십은 이러한 동일시를 바탕으로 한다.

도덕성과 능력

동일시의 리더십이 발휘될 때 도덕성과 능력은 동일한 가치를 지닌다. 지도자와 추종자가 동일시한다는 것은 지도자의 가치와 추종자의 가치를 동일시한다는 것이다. 파렴치한 지도자와 동일시하고자 하는 추종자는 마피아 빼고는 없다. 부도덕함을 받아들일 수 없기 때문이다. 이러한 관계에서 지도자와 추종자는 운명 공동체다. 그런데 도덕성이 없는 지도자라면 언제든지 추종자를 배반할 수 있지 않겠는가. 이런 사례는 수도 없이 많다.

도덕성이란 지도자가 공동체 전체의 이익을 배반하지 않는다는 지표다. 위기의 순간에 도덕성에 기반을 둔 동일시의 리더십이 힘을 발휘하는 이유다. 지도자가 도덕성을 갖추면 추종자는 '책임을 내면화'한다. 이때 위기 극복은 공동체 전체의 문제로 확대된다. 사마천이 변호한 젊은 장수 이릉은 5,000명의 병력으로 수만 명의 적과 맞서다가 패배한다. 사마천은 이렇게 적는다.

"그들은 무기가 떨어지면 수레바퀴를 들고 싸웠습니다. 과연 어떤 장수가 이렇게 할 수 있겠습니까."

이릉은 병사들과 늘 고락을 같이했다. 그들은 강한 신뢰로 묶여 있었다. 바로 주더와 부하들의 관계가 그러했다.

그러나 신뢰가 아무리 강하더라도 능력이 부족하면 결국 파멸할 뿐이지 않은가. 이것이 도덕성보다 능력이 중요하다고 생각하는 사람들의 주장이다. 물론 능력은 빼놓을 수 없는 요건이다. 동일시의 리더십이 발휘될 때도 추종자는 지도자의 능력을 중시한다. 그들은 '일관성과 변화에 대한 대응'을 보고 지도자의 능력을 판단한다.

일관성과 변화에 대한 대응

동일시의 리더십은 지도자에 대한 믿음이 중요하다. 믿음은 두 가지 요소로 구성된다. 하나는 예측 가능성이다. 사람을 믿는다는 것은 그의 행동을 믿는다는 것이고, 그의 행동이 믿을 수 있는 방향으로 가고 있음을 확신한다는 것이다. 그래서 쉽게 포기하는 사람은 따를 수 없다. 쉽게 포기한다는 것은 책임지지 않는다는 것이므로, 그런 지도자와 함께하기는 너무 위험하다. 그래서 사람들은 지도자의 일관성을 중시한다. 모든 사람은 고난에 처했을 때 찾는 나름의 최후 보루가 있다. 나의 최후 보루는 어머니다. 그 이유는 어머니가 나를 영원히 사랑한다고 믿기 때문이다. 어머니는 내가 처한 상황에 관계없이 나를 받아들인다. 아무리 극악한 사람이라도 어머니는 믿는다. 그리고 어머니의 말을 쉽게 거역하지 못한다. 어머니의 행동의 일관성이 나의 행동을 무의식적으로 구속하기 때문이다. 그것이 어머니의 능력이다.

그러나 행동이 일관된다는 것만으로 지도자의 능력이 담보될까. 사람들이 능력을 평가하는 기준은 무엇일까. 능력은 대개 변화를 수용하는 능력과 비례한다. 추종자는 지도자의 변화 능력을 예리하게 지켜본다. 변화하지 못하는 지도자는 무능하다. 주더는 현대적 군사 기술과 재래식 전술을 결합해 아주 특이한 전략을 개발했다. 뒤늦게 길을 찾은 그는 끊임없이 자기 변신을 시도했다.

산을 옮기는 마음

주더는 외양부터 행동까지 모두 농민 그 자체였다. 그리고 그의 낙관적인 기대처럼 혁명은 성공했다. 우직한 농민이 산을 옮긴 것이다. 그는 혁명의 주력인 농민들과 철저하게 함께함으로써, 동일시에 성공했다.

리더십의 최고 형태는 지도자와 추종자의 동일시라고 설명했다. 농민들은 주더를 분신으로 생각했다. 그는 자기가 부패하면 자기의 리더십이 무너진다는 것을 몸으로 알고 있었다. 그래서 농민들처럼 극도로 겸손했다. 동시에 그는 중국에 알맞은 전략을 받아들일 정도로 변화에 열려 있었고, 낙관적인 의지로 역사의 한복판에서 자기 자신과의 싸움을 평생 이어나갔다.

공산혁명의 역사를 연구하고 큰 성과를 남긴 뤼시앵 비앙코Lucien Bianco는 혁명이 성공한 이유를 다음 네 가지로 정리한다.

공산당은 공산주의 교리 해석에 집착하지 않고 전통적 농민혁명에 착안한 전략을 실천했다. 특히 농민을 동원하고 혁명의 동력으로 활용했다. 일본의 제국주의 침략이 공산당에 기사회생의 기회를 주었다. 그리고 국민당 정권의 무능과 부패로 민중은 등을 돌렸다.

위의 설명에서 '공산당'을 '주더'로 바꾸어보라. 마흔 먹은 변두리 농촌 출신 아편쟁이가 신념을 세우고 특이한 리더십으로 농민들을 이끌어 거대한 중국을 뒤흔든 역사를 기억한다면, 세상 그 누가 쉽게 절망을 이야기할 수 있을까.

《열자列子》〈탕문편湯問編〉에 '우공이산愚公移山'이라는 고사가 나오는데, 그 내용은 이렇다.

태형太形과 왕옥王屋 두 산은 둘레가 칠백 리에 높이가 만인萬仞이었다.

북산北山의 우공愚公이란 사람은 나이가 이미 아흔으로 산 앞에 살았는데, 돌아 다녀야 하는 불편을 덜고자 집안사람끼리 의논해 산을 옮기기로 했다. 이웃이 보기에 얼마나 황당했겠는가. 그러나 그는 이렇게 답한다.

"산은 그대로 있겠지만, 나는 아들이 있네. 그 아들의 아들은 없을쏜가. 또 그 아들도 아들이 있겠지. 누대로 덜어내면 산을 옮길 수 있겠지."

밤낮으로 땅을 파대니 산신령이 불안해서 못 견딜 지경이었다. 그래서 상제上帝에게 고하니 그가 느끼는 바 있어, 힘센 아들들을 시켜 산을 옮겨주었다고 한다.

3장

굴욕은 낙관적인 사람을 꺾지 못한다

굴욕을 대하는 세 번째 태도: 긍정

내일을 믿는 희망의 힘

노인

하늘에서 눈비가 내리면 소무는 누워서 눈과 가죽옷을 씹었다. 여러 날이 지나도 죽지 않자 흉노는 그를 신이라 여겼다. 그들은 소무를 북해의 사람이 살지 않는 곳으로 옮겨 숫양을 치게 하고는 그 숫양이 새끼를 배면 돌아올 수 있다고 했다.

-《한서漢書》〈소무전蘇武傳〉

노인魯認(1566~1622)

조선 중기의 학자이자 무관이다. 본관은 함풍咸豐으로 임진왜란 때 의병으로 행주대첩에 참여하고 정유재란 때 포로가 되어 일본으로 끌려간다. 그후 끈질기게 탈출을 시도해 명나라에 상륙하는 데 성공한다. 명나라에서 몇 달을 보낸 후 1599년 돌아와 무과에 급제해 무관이 된다. 그가 일본과 명나라에서 겪은 고초를 기록한《금계일기錦溪日記》는 당시 포로로 끌려간 조선인들의 힘든 삶을 잘 보여준다.

조선판 《노인과 바다》

조선 시대에 이력이 독특한 사람들이야 많지만, 노인은 그중에서도 유별나다. 임진왜란이 발발하자 27세의 나이로 권율權慄이 이끄는 의병 부대에 들어가 이치梨峙, 행주幸州, 의령宜寧 등에서 싸우고, 정유재란 때는 남원전투에 참여한다. 남원성이 함락되고 호남이 적의 손에 떨어지자 급히 고향으로 가 어머니를 모시고 다시 전장으로 향하던 중 적에게 사로잡히고 만다.

그 후 2년간 일본에 억류되어 있다가 명나라로 탈출, 약 넉 달을 체류하다가 돌아온다. 일본에 있을 때부터 일기를 쓴 것 같지만, 안타깝게도 1599년 2월 22일부터 6월 27일까지의 분량만 전해진다.

일본에 포로로 잡혀갔다가 돌아와 기록을 남긴 사람으로는 《간양록看羊錄》을 남긴 주자학자 강항姜沆과 시문으로 유명한 정희득鄭希得이 있다. 물론 기록을 남기지 못한 이들이 훨씬 많았을 것이다. 다만 명나라를 거쳐 돌아온 사람으로 기록을 남긴 이는 노인이 유일하다.

노인은 이력도 기이하지만, 인격 또한 남다르다. 주자학을 금과옥조로 여기는 서생인 듯하다가도 어떤 때는 상당히 유연한 자세를 취하고, 꼿꼿한 모습을 보이다가도 눈물 흘려 핀잔 듣고, 유들유들한 말솜씨로 상황을 헤쳐나가는 모습에서 대단한 개성의 소유자임을 알 수 있다. 그러나 일기에 나오는 모습에서 두드러지는 것은 무슨 수를 써서라도 고향으로 돌아가겠다는 의지다. 어니스트 헤밍웨이 Ernest Hemingway의 《노인과 바다 The Old Man and the Sea》에 나오는 산티아고 Santiago 영감처럼 어떤 상황에서도 희망의 끈을 놓치 않는다. 산티아고 영감은 상어 떼의 공격으로 청새치의 살점이 다 떨어져나가는 순간에도 절대 포기하지 않았다. 노인도 쉬지 않고 꿈꾼다. 바로 고향과 어버이에 대한 꿈이다.

계속 꿈꾸는 사람에게는 언제나 길이 열리는 모양이다. 적국에서 포로 생활을 하는 사람의 마음이야 상상하기도 어렵다. 결국 노인은 지옥 같은 포로 생활에서 탈출해 고향으로 돌아온다. 그의 귀환과 기록의 가치를 역사적으로 평하는 것도 중요하지만, 한 인간이 고향으로 돌아왔다는 사실이 더 중요하다. 분명한 것은 고난을 겪은 후 그가 훨씬 더 멋진 사람이 되었다는 점이다. 간절함만큼이나 가슴 벅차도록 통쾌한 귀환의 원동력은 무엇이었을까.

이가 없어도 잇몸이 남았으니

누락된 《금계일기》●의 내용은 노인의 문집 《금계집錦溪集》을 참고해 유추할 수 있다. 일본에 억류된 그는 어떻게 탈출에 성공한 것일까.

노인은 1599년 정월에 조선인 포로 수십 명과 함께 탈출을 시도한다. 그러나 몰래 배를 타고 강으로 나가려다가 왜인에게 발각된다. 왜인은 탈출을 시도한 포로는 가차 없이 죽이거나, 주인에게 돌려보내 형을 받게 했다. 명나라와 조선의 기록에 나오는 왜인의 잔혹함

● 이하 《금계일기》의 내용은 다음 책에서 인용했다. 나주목향토문화연구회 엮음, 《금계일기》, 나주목향토문화연구회, 1999.

은 고금에 비길 데가 없다. 그래서 어지간한 담력이 아니면 감히 달아날 생각을 하지 못했다. 그러나 노인은 담대한 사람이었다. 포박되는 와중에 '어차피 죽기 아니면 살기다. 저 살인마들은 굽히면 굽힐수록 잔인해진다' 하는 생각이 스쳤다. 이에 오히려 큰소리로 왜인을 꾸짖었다.

"어서 나를 죽여라! 날짐승도 고향을 그리워하는데, 하물며 친척과 헤어지고 나라를 떠나온 사람이 오죽하겠는가!"

이렇게 호통치자 한 왜인이 느끼는 바가 있어 칼부림을 말렸다고 한다. 살 떨리는 순간이었다. 일단 노인은 살았지만, 다른 사람들은 어찌되었는지 알 길이 없다. 이후에도 그는 탈출할 마음을 꺾지 않는다. 그리움이 계속 치밀어 도저히 일본에 머물 수 없었던 것이다.

때마침 일본에 온 명나라 사신 진병산陳屛山과 이원징李原澄을 만난다. 하늘이 도왔던 것일까. 이 두 사람은 의협심과 신의가 있었다. 노인이 하소연하자, 이들은 탈출을 돕겠노라고 약속한다. 거사를 앞두고 그는 일기에 이렇게 쓴다.

지난 꿈속에 고향 명륜당에 앉았는데, 동향의 모든 친구가 뚫어진 갓을 쓰고 있었다. …… 꿈을 깨고 나니 눈물이 샘물처럼 흐른다. 2월 29일.

지난밤에 꿈이 이상했다. 반드시 고국에 돌아가서 많이 기록하겠다. 3월 4일.

노인은 두 사신과 탈출을 계획한다. 그러나 왜인들은 만만치 않았다. 당시 일본은 포로의 탈출을 막기 위해 항구를 떠나는 모든 외국 배를 수색했다. 일기를 보면 이런 일이 이미 여러 차례 있었음을 짐작할 수 있다. 3월 9일 그는 좋지 않은 소식을 듣는다.

진병산 등이 살며시 찾아와 글을 써서 알려주었다. '왜놈이 장차 배를 수색할 모양인데, 그러다가 발각되면 당신이나 우리나 크게 곤욕 당할 것이므로 배를 함께 탈 수가 없소 가슴이 바다처럼 울렁거려 나도 어찌해야 좋을지 가슴만 칠 뿐이오.' 3월 9일.

고향에 돌아갈 마음으로 한껏 들떠 있었는데, 상황이 이렇게 되자 노인의 마음이 오죽했을까. '이제 어떻게 하나. 고향으로 돌아갈 꿈은 접어야 하나.'

다음 날 일기에는 온종일 누워서 고민했다고 쓰여 있다. 그러나 여기서 그만둘 노인이 아니다. 이가 없으면 잇몸으로라도 씹을 간절한 마음이었다. 이에 한 가지 꾀를 내니, 왜인의 수색을 피하기 위해 작은 배를 타고 몰래 바다에 나가 있다가 명나라 배가 오면 갈아타는 것이었다. 그는 함께 탈출할 동지 세 명을 모으는데, 각각의 신분은 양민, 역졸役卒, 노비이고, 이름은 기효순, 정동지, 풍석이었다. 모두 임진왜란 때 포로가 되어 잡혀온 사람들이었다. 그들은 노인의 탈출 계획을 듣고 "이래서 사람은 어디를 가나 죽으란 법은 없나 봅니다" 하며 감격해한다. 그는 진병산 등에게 이렇게 적어 보낸다.

왜놈들이 배를 수색한다지만 내가 한 가지 기특한 꾀를 생각해냈는데

두 분이 받아주실지 모르겠습니다. 우리가 밤에 몰래 작은 배를 타고 먼저 10리쯤 밖에 있는 작은 섬으로 나가 있겠습니다. 귀 선박이 바다로 나갈 적에 우리도 나가서 중도에 그 배에 올라타면 되지 않겠습니까. 3월 12일.

정말 대단한 정성이다. 노인도 조바심이 났는지 일기에 "방에 틀어박혀 앉았다 누웠다 하다 보니 의심이 나고 두려움이 배나 간절하다"라고 적었다. 같이 탈출하기로 한 사람들에게 물통, 양곡, 밥솥 등을 잘 챙겼는지 몇 번이나 확인하고 안절부절못하다가 3월 15일 계획을 실행, 결국 명나라 배에 올라탄다. 이들은 명나라 배가 자신들을 보지 못하고 떠나면 작은 배를 타고 그대로 조선까지 올라갈 생각이었다. 그러나 명나라 사신들은 신의를 지킨다. 수백 년 전의 국제적인 모험과 우정이 놀라울 따름이다. 노인의 뜨거운 열정이 그들의 마음을 움직였으리라.

내 목표는 오직 귀향

3월 28일 배는 복건성 하문廈門에 도착한다. '이제 호랑이 아가리에서는 벗어났다. 그러나 아직 고향은 아니다.' 비록 임진왜란 때 조선에 대군을 파병한 나라이고, 또 자신의 탈출에 큰 도움을 준 사람들의 나라이지만, 고향은 아니다. 고향으로 가려면 요동을 거쳐 먼 길을 가야한다. 오매불망 고향만 생각하는 그에게 낯선 중국에서의 생활이 얼마나 견디기 어려웠을까.

그런데 학식 있는 사람으로서 노인은, 경황이 없는 중에 명나라에 도착했지만, 나라의 체면을 지키는 민간 외교관 역할을 해야 했고, 또 자신의 사정을 명백히 밝혀 빨리 고국으로 돌아갈 방법을 찾아야 했다. 당시 명나라는 만력제의 재임기로 관료들은 부패하고 기강은 해이해질 대로 해이해져 있었다. 서두르지 않고 차일피일하다가 병이라도 나면 이역만리에서 귀신이 될 판이었다. 그는 가능한 모든 방법을 다 쓴다. '예의'를 강조해서 관리들의 눈에 띄거나, 사소한 기회라도 잡으면 다짜고짜 글을 올려 처지를 호소한다. 왜인들의 삼엄한 경비를 뚫고 탈출을 시도할 만큼 대범하기도 했지만, 실로 부지런한 사람이었다.

노인은 중국에서 어버이와 임금의 일을 알고 있지 못한다는 이유로 고기를 전혀 먹지 않았다. 또한 모든 의례를 주자가례朱子家禮에 따라 행했는데, 복건성의 유생들이 상당히 놀랐던 모양이다. 복건성은 주자학의 창시자인 주희朱熹의 고향 아닌가. 그러니 멀리 조선에서 온 유학자를 꼭 한번 시험해보고 싶었을 것이다. 그는 한학에 능했으므로 강학에도 참가한다. 일기에는 이렇게 쓰여 있다.

한 중국 유생이 미소를 지으며 방 안으로 들어가 《대명일통지大明一統志》를 가지고 와서 〈사이풍토기四夷風土記〉 중에 조선기 부분을 펼쳐서 나에게 보라고 했다. 자세히 보았더니 다음과 같이 기록되어 있었다.
"조선인은 부모가 죽으면 학장, 수장, 와장을 하고, 불교를 숭상하고 무당을 좋아하며, 문밖에서도 신을 벗고 항상 땅 위에 앉으며, 백주에 시장에서 남녀가 손을 잡아 나란히 거닐고 음란하기를 잘하며, 술주정을 부린다."

나는 다 보고 나서 답을 써보았다.

"이것이 이른바 글을 다 믿으면 글이 없는 것보다 못하다는 것입니다. 《대명일통지》는 태고의 옛 《사기》를 대강 수록한 것으로 외국에서 쓴 것입니다. 우리나라가 비록 번방蕃邦이라고는 하지만 단군이 요堯와 함께 서서 중국과 어깨를 나란히 해

......

유도儒道가 동으로 간 지 오래되었습니다." 5월 13일.

중국 유생의 짓궂은 질문에 유들유들 대답하는 품이 심상치 않다. 거기다가 단군을 요 임금과 같은 대열로 두어서 조선이 명나라보다 못할 것이 없다고 은근히 강조하니, 중국 유생도 노인을 만만하게 볼 수 없었을 것이다.

물론 노인이 고자세만 취한 것은 아니었다. 그는 고국으로 돌아가기 위해 여러 차례 읍소했다. 그러나 관리들은 상부에 고해 돌아가게 해줄 테니 조바심 내지 말고 기다리라는 말만 반복할 뿐이었다. 타향에 있는 마음이 오죽하랴. 그럴 때는 시를 짓든지, 번화가를 걷든지 하며 잊고자 했다. 그가 "어렵사리 호랑이의 입을 면하고 이곳에 와서 지금까지 체류하고 있느니 속상함이 쌓여 병이 되었습니다" 등의 애끓는 호소를 계속하지 않았다면, 아마도 명나라에서 상당히 오래 머물렀을 것이다. 예나 지금이나 관리들은 닦달해야 일하는 습성이 있지 않나.

또 하나 흥미로운 일이 있었으니, 관리들이 노인에게 국제 형세를 물어본 것이다. 당시 명나라는 일본을 상대로 첩보전을 벌이고 있었다. 비록 도요토미 히데요시豊臣秀吉가 죽었다고 하나 일본의 무력은 실로 무시할 만한 수준이 아니었다. 그런 차에 일본에 억류되어 있었던 조선인이 명나라에 왔으니 물어볼 것이 많았다. 노인은 질문들에 무척이나 유려하게 답하는데, 물론 그는 병법을 잘 아는 사람은 아니었다. 그러나 의지와 정성만은 대단했다. 한번은 서광악徐匡嶽이라는 관리가 그를 초대해 이렇게 물었다.

"조선은 비록 안정되었다지만, 난리를 치른 뒤라서 토지에는 남은 곡식이 없고 사람들은 남은 저축이 없으니, 마치 병들었던 사람이 바야흐로 깨어나 원기를 회복하지 못한 것과 마찬가지입니다.

……

공의 뜻은 조선이 어떻게 해야 한다고 보십니까. 옛날에 월나라가 오나라를 도모할 때 10년 동안 백성을 기르고 가르쳐 일거에 오나라를 망쳐 소沼가 되게 했는데, 지금 일본의 군사가 그에 비하면 어떻습니까. 만약 조선이 오나라를 소로 만들 대책을 하지 않는다면, 아무리 중국 군사의 도움을 받는다고 할지라도 양식을 댈 수가 없고 무기를 공급하지 못할 것입니다. 어떻게 생각하십니까."

약간 모욕적인 질문이기는 하지만, 당시로서는 대단히 객관적인 축이다. 임진왜란 때 조선이 식량을 제대로 대지 못한 일과 별 대책이 없었던 것을 나무라고, 지금도 그때와 마찬가지 아니냐고 묻는 것이다. 노인은 즉각 대답한다. 전쟁에 한 번 패했다고 마냥 기죽어 살 수는 없지 않은가.

"…… 그러나 원수를 갚는 방법이 어떻게 한 가지만 있겠습니까. 만약 금백金帛으로 후하게 그들의 욕심을 채워주고 항상 대마도의 적으로 우리의 간첩을 삼으며 십여 년을 생취生聚하고 훈련시켜서 전함 천여 척을 만들어놓은 뒤에 복수의 거사를 하되

……

곧바로 대마도와 일기도 등의 섬을 쳐서 험한 곳에 먼저 웅거하고 굳게 지키며 수개월만 기다리면 적이 원한을 품고 만 척의 배를 띄워 올 것입니다. 그러면 우리나라가 잘하는 해전으로 공격해 적의 쪽배 하나 졸병 하나도 돌아가지 못하게 한다면 이것이 복수입니다." 5월 16일.

노인의 답에는 포로로 끌려간 모든 조선인의 염원이 담겨 있다. 그는 당당하게 조선에 대책이 있음을 말한다. 일본에서 탈출해 명나라에 와서도 기가 죽지 않는 사람이라면, 이런 큰 그림을 그려봄직도 하다. 물론 당시 조선의 생산력은 그의 상상을 실현할 수 있을 만큼 회복되지 못했다. 일본에 복수하기는커녕 몇 년 후 만주족에게 같은 꼴을 당하고 만다. 다만 조선도 나름대로 계획이 있음을 그는 강조한 것이다. 이처럼 그는 명나라에서 일인다역을 맡아 분주히 지내다가 결국 귀국한다. 1597년 남원전투에서 포로로 잡혀 1600년 정월에 귀환하니, 햇수로 4년 만에 고국 땅을 다시 밟은 것이다.

꿈이 있으면 지치지 않는다

노인의 일기 마지막은 항상 꿈 이야기다. 어버이, 친구, 고향을 꿈꾸다가 결국 꿈을 이루었다. 정말 꿈은 계속 꾸면 이루어지나 보다. 그러나 자신의 처지를 한탄하며 그냥 있었다면 아무리 꿈꾸어도 이루어지지 않았으리라. 그는 꿈을 이루기 위해 정말 끈질기게 노력한다. 항구에서 배를 타기 어려우니 바다에서 접선하는 꾀를 낸다. 명나라에서는 관리들을 볼 때마다 집에 보내달라고 호소한다. 이처럼 그가 꿈을 이룬 데는 끈질긴 성품이 한몫했다.

진병산이나 이원징 등의 명나라 친구들이 귀향에 많은 도움을 주었다. 만약 이들처럼 신의 있는 사람을 만나지 못했다면 일본을 탈출하기 어려웠을 것이다. 그러나 노인이 그토록 귀향을 원하지 않았다면 그들이 어떻게 도울 수 있었겠는가. 적극적으로 노력하는 사람에게는 도와주는 사람들이 모이기 마련이다.

일기에 기록된 재미있는 일화 중 불교와 관련된 흥미로운 것이 있다. 노인은 주자학자로서 불교를 배척했는데, 근거가 무척 단순하다. 한마디로 이단이라는 것이다. 그러나 그는 원래 유연하고 천성이 부드러운 사람이다. 그러기에 바다에서 접선하는 극적인 탈출 계획도 세울 수 있었을 것이다.

5월 4일 노인은 관아에 승려가 나와 있는 것을 보고는 당장 까칠하게 한마디 한다.

"원래 그런 무리는 천하에 똑같이 있습니다. 그러나 우리나라에서는 감히 성시에 방자하게 나다니지 못하는데, 더구나 관아의 문에 발을 붙이고 의자를 대해 마주 앉을 수 있단 말입니까."

노인의 말은 본래 주자학적인 발상이지만, 좌중은 도리를 따지는 그에게 답하기가 퍽 난처했다. 그래서 승려를 초대한 것은 불교를 숭상해서가 아니라 중국의 풍속이 중후해서라고 얼버무린다. 이런 면에서는 조선 중기 성리학의 세례를 받은 다소 교조적인 선비의 기운이 느껴진다.

그러나 6월 10일 일기에는 유생들과 오석산烏石山 소사蕭寺라는 절에 들렀다가 어느 노승과 대화하며 느낀 감회를 솔직하게 적고 있다. 풍채가 고아한 노승은 유생들이 오는 것을 본 체도 안 했던 모양이다. 이에 부아가 치민 노인이 대뜸 대담한 말로 대화를 시작한다.

"도사는 이미 심체心體를 보았소?"

노승이 답한다.

"만약 한번 크게 깨달으면 비록 만물이 앞에 사귄들 어찌 내 마음에 누가 되겠소."

노인도 지지 않는다.

"그렇다면 이제 여러 수재가 찾아왔는데, 어찌하여 보고도 못 본 척하오?"

한 유생이 거든다.

"노사의 문은 언제 닫히고 언제 열릴 것입니까?"

이에 노승이 이렇게 말하고는 침묵한다.

"수인守仁의 개폐는 불과 총명한 선비로서 도가의 여파에 으레 나오는 바이니 어찌 귀하다고 할 것이 있겠습니까. 나의 문은 열리고 닫힘이 무상하고 스스로 정해진 방향이 없으니 어찌 (세간의 잡문들과) 더불어 말할 수 있겠소."

이에 노인은 느끼는 바가 있었다. '이 중은 내 마음대로 쉽게 볼 사람이 아니구나.' 그러고 나서 "오늘에야 참됨(진인)을 만났다[今日始逢眞]"라고 절구를 한 편 짓는다. 이후 일 보는 승려들에게 기어이 약간의 돈을 건넨 다음 산문을 나선다.

대화를 나누며 마음이 넓어지는 모습을 보니 마음이 그윽해진다. 노인의 시가 아름답기에 원문을 옮겨본다.

일두암에 앉아, 곡식을 끊은 지 사십 년이라.
소림이 어디인가, 오늘에야 진인을 만났다.
一鬥庵中坐 休糧四十春
少林何處是 今日始逢眞

엄격한 주자학자인데도 고수에게는 한 수 접어줄 줄도 알았다. 이렇게 유연하지 않았으면 탈출하기 어려웠을 것이다.

4월 15일 일기에는 "좌영으로 돌아오자 관아의 객들이 모두 내가 은자를 받은 것을 축하하므로 즉시 1전을 떼어 술 몇 동이를 사서 함께 마셨다"라고 적혀 있다. 이렇듯 노인은 사교성이 좋아 마음이 내키면 대뜸 술을 사기도 했다. 외국인이 이처럼 당당하고 대범하게 행동하는 것을 보고 중국의 선비들도 적이 놀란다.

노인은 빙그레 미소 짓게 하는 대단히 개성적이고 열정적인 사람이다. 일본에 포로로 끌려가서도 기개를 잃지 않고 뛰어난 기지와 침착함으로 탈출에 성공한다. 또한 어려움 속에서도 좌절하거나 안주하지 않고 고향으로 돌아가는 꿈을 버리지 않는다. 그리고 결국 그 꿈을 이룬다.

꿈은 정말 매일 꾸면 이루어지나 보다. 오늘날 세상살이에 어려움이 많다고 해도 포로와 도망자의 신분으로 일본과 중국을 떠돈 노인의 여정에 비할 수는 없다. 자신이 원하고 바라는 일에 뜨거운 열정을 품고 노력하며 매일 꿈꾼다면 언젠가 반드시 이루어질 것이다.

싸움터를 극락세계 삼은 낙천가
홍범도

기린의 울음소리를 들을 기회가 거의 없으므로 사람들은 흔히 기린이 소리를 내지 못한다고 생각하나, 실제로는 낮게 울거나 끙끙거린다.

–《브리태니커 Britannica 백과사전》

홍범도洪範圖(1868~1943)

일제강점기 활약한 항일 무장투쟁가다. 평양 출신으로 어려서 머슴살이를 했고, 철든 후부터 독립운동에 종사했다. 봉오동鳳梧洞 전투와 청산리青山里 전투를 승리로 이끌었는데, 사회주의 계열이 치른 전투를 제외하고는 가장 큰 승리였다. 1921년 자유시참변 이후 소련 적군赤軍의 일원으로 활동했고, 이오시프 스탈린Iosif Stalin의 소수민족 이주 정책 탓에 중앙아시아에서 여생을 마쳤다. 그에 대한 기록이 적고 소련으로 망명한 경력 때문에 활동이 폄하되었으나, 역사학적 성과가 쌓이고 《홍범도일지》가 발견되어 재평가받고 있다.

어느 독립운동가의 재발견

생각해보면 현대 이전의 기록은 대부분 많은 돈을 들여 문자를 배운 사람들이 남긴 것이다. 《실록實錄》에 등장하는 사람 중 여자는 몇 명인가. 백정은 몇 명이고, 농부는 몇 명인가. 백정으로는 아마 임꺽정이 제일 유명할 것이다. 사대부들의 온갖 잡사는 기록되어도 백성의 삶과 죽음이 걸린 문제는 제대로 기록되지 않는다. 이것이 바로 기록의 요사함이다.

그런데 기록의 요사함은 현대에도 여전하다. 최소한 홍범도라는 사람의 기록이 그렇다. 객관적으로 평가한다면 독립운동 무장투쟁사에서 단연 최고봉에 있는 사람이다. 그런데 김좌진金佐鎭은 알아도 홍범도를 아는 사람은 많지 않다. 그가 소련으로 망명했기 때문이다. 최근까지 공산주의자라면 벌레처럼 보던 우리의 시야에서 이 사람이 사라진 것은 어쩌면 당연한 일인지도 모른다. 게다가 그는 무척 과묵한 사람이었다. 그래서 과장할 줄을 몰랐다. 《홍범도일지》라는 그의 자술 기록이 나오지 않았다면 지금도 봉오동전투를 치른 일자 무식한 장군 정도로만 알려졌을 것이다. 또한 중국, 러시아, 북한 등과 교류하는 시절이 오지 않았다면 청산리전투는 김좌진, 이범석李範奭이라는 신출귀몰한 영웅적 장군들이 주도했다고만 알려졌을 것이다. 지난 세월 정치와 기록의 요사함 때문에 우직하게 역사적 소명을 다한 한 사람이 슬그머니 사라질 뻔했다.

1980년대 말 이후 우리나라뿐 아니라 중국, 소련, 북한, 일본 등에서 홍범도와 관련된 자료가 많이 발굴되면서 진상이 밝혀진다. 무엇보다 1990년 국내에서 《홍범도일지》가 발견되면서 역사는 진실에 훨씬 가까워지게 된다. 기록의 요사함이 기록으로 극복되는 것이 역설적이다. 《홍범도일지》는 한글로 쓰여서 한자로 쓰인 사료는 범접하지 못할 가치를 지닌다. 어이없을 정도로 우직하게 사실만을 기록한 점도 높이 평가받는 이유다. 역사적 사실은 약간 왜곡할 수는 있어도 숨길 수는 없다.

홍범도는 머슴으로 사회생활을 시작해 이역만리 타국에서 극장 수위로 삶을 마쳤다. 그의 삶은 고아, 머슴, 망국, 혹독한 노동, 무장 해제, 강제 이주 등의 고난으로 점철되어 있지만, 주변 사람들은 그가 항상 행복해했다고 전한다.

말 없는 노인들이 일본군을 격파하다

2008년 봄 두만강 하구에 서서 북한 땅을 보다가 괜스레 눈시울을 적셨다. 두만강 북쪽의 중국 땅은 탁 트이고 푸르러 보기에도 풍요로운데, 남쪽의 북한 땅은 벌거숭이 산 천지에 손바닥만 한 밭들이 빼곡히 들어차 있어 초라해 보였기 때문이다.

1919년 여름부터 1920년 봄까지 홍범도가 이끄는 일군의 부대는 이곳 연변延邊 땅에서 수십 차례의 전투를 치른다. 그중 봉오동전투가 대표적이므로, 이 전투가 어떤 배경에서 벌어졌는지 간단히 살펴보자.•

봉오동은 두만강 하구 투먼圖們에서 약간 떨어진 마을이다. 이곳

지형은 만주의 일반적인 지형보다는 약간 굴곡져 있다. 홍범도가 활약할 당시에는 작은 마을 열 개가 모인, 전체 가구 수 200가구 정도의 궁벽한 곳이었다. 그의 부대는 노련한 명사수들로 가득했고, 중국과 소련 동포들에게 상당한 명망을 얻고 있어서 일본군이 거의 유일하게 두려워하던 상대였다. 당시 그의 제1사령부가 봉오동에 있었고, 그 주위로 독립군 부대들이 주둔하고 있었다. 1920년 6월 4일 소규모의 습격대가 두만강을 건너 일본군 초소를 공격한다. 공격이 성공하자 독립군 부대들이 연달아 과감하게 국경을 넘는다. 전투의 서막이 오른 것이다.

일본군도 가만있지 않았다. 봉오동에 걸쳐 있는 안산安山의 부대를 급습한 것이다. 우수한 화기를 갖춘 약 300명의 일본군은 여세를 몰아 골짜기를 따라 봉오동 깊숙한 곳까지 진격한다. 그러나 일본군의 침입을 대비해 400여 명의 독립군이 매복해 있었고, 이들은 곧 격렬히 맞붙는다. 몇 시간 후 소나기가 엄청나게 쏟아지는데, 이 틈에 독립군은 일본군의 시야에서 사라진다. 철저한 게릴라전이었다.《홍범도일지》에 따르면 봉오동전투에 세 명의 적군도 참여했다고 한다.《독립신문》은 일본군 사망자가 157명에 달한다고 전한다. 만주와 연해주의 무장투쟁 가운데 최초의 대승이었다.

넉 달 정도 지나 위대한 승리이면서 후세의 불찰로 많이 왜곡되어 버린 청산리전투가 벌어진다. 중국, 북한, 일본, 청산리 현지인들의

● 이하 봉오동전투의 경과는 다음 책을 참고했다. 강용원·김택,《홍범도 장군》, 장산, 1996.

증언,《홍범도일지》등 신빙성 있는 사료를 다 모아서 상황을 재구성하면 이렇다. 10월 21일 이범석이 북로군정서군北路軍政署軍을 이끌고 청산리 백운평白雲坪으로 일본군을 유인해 거의 100명 정도를 사살하는 전과를 올린다. 다음 날 북로군정서군의 총사령관 김좌진은 퇴로가 차단될 것을 염려해 백운평을 떠난다.

같은 시각 청산리 어랑촌漁郞村에서 홍범도의 부대가 아즈마 마사히코東正彦 소장이 지휘하는 일본군과 대치하고 있었다. 홍범도의 명성이 독보적이었으므로 북로군정서군을 공격하는 부대보다 화기도 훨씬 다양하고 병사도 많았다. 일본군은 홍범도의 부대가 매복한 와룡구 입구에 불을 지르고 공격을 감행하나, 야음을 틈타 측면으로 이동한 부대에 심각한 타격을 입는다. 당시《진단震檀》등의 잡지는 일본군 사망자가 1,000명이 넘는다고 보도했는데, 이는 과장이고, 다만 수백 명에 이른 것은 사실이다.

그 와중에 백운평을 빠져나온 김좌진의 북로군정서군은 어랑촌에서 20리 떨어진 천수평泉水坪에 도착한다. 그곳에서 한 번 더 일본군을 물리친 다음 어랑촌에 일본군 주력 부대가 있음을 알아내고는 급히 진을 치고 일전을 준비한다. 곧이어 일본군 1,000명이 북로군정서군을 압박하자, 화력의 열세로 서서히 밀린다.

바로 그때 홍범도의 부대가 천수평에 도착, 맹공을 펼친다. 북로군정서군의 도주병들을 만나 전황을 듣고는 서둘러 온 것이다. 측면을 급습당해 대패한 일본군은 어랑촌으로 후퇴한다. 이때의 전과는 기록마다 다르다. 비교적 전황을 객관적으로 보고하던 어느 일본군 지휘관조차 패배를 감추기 위해 무려 6,000명을 상대했다고 과장했다. 북로군정서군은 일본군 1,600명을 사살했다고 주장했는데, 이것이 과장이라고 하더라도 대승을 거둔 것은 분명하다. 이후 홍범도의 부대는 작게 쪼개져 퇴각하다가 고동하古洞河에서 일본군 두 개 소대를 물리친다. 이렇게 청산리전투는 막을 내린다.

오늘날 당시의 세세한 정황을 완벽히 파악하기는 어렵다. 그러나 몇 가지 명백한 점이 있다. 청산리전투는 치밀한 작전에 기반을 두었지만, 우연도 작용했다. 그리고 승리는 모두 합심해서 얻은 것이지, 몇몇 개인의 탁월한 행동 때문만은 아니었다. 《홍범도일지》는 이렇게 기록한다.

…… 군정서가 청산리에 있다고 하니까 연합해 고려(한국)로 나갈까 하고 찾아가는 길에 어구의 큰길에 나가서 서자마자 보초병이 뒤로 물러서면서 일병 수천 명이 당금 당진했다고 한즉, 할 수 없이 고려에 나가 쓰자고 하던 뿔리묘트(기관총)를 걸고 일병 대부대에다가 내두르니 쓰러진 것이 부지기수로 자빠지는 것을 보고 도망해 오른 길로 산폐로 들어와 ……

이처럼 청산리전투의 승리는 독립군 모두의 희생과 노력으로 일궈낸 것이다. 하지만 특정 세력, 또는 영웅적 인물 몇 명의 공만 부각된 데는 이범석의 탓이 크다. 그는 어째서 사실을 그토록 왜곡하고 자기가 승리의 주역인 양 행세했을까. 좋게 생각하면 이렇다. 청산리전투에서 자신의 부대가 온갖 고생을 겪었고, 다른 부대들의 정황을 정확히 몰랐으며, 약관의 나이에 참전해 경황이 없었고, 승전의 기쁨에 들떠서 객관적으로 상황을 파악하지 못했다고 말이다.

그러나 아무리 생각해도 다른 부대들이 임무에 불만을 품었다거나, 5만 명이나 되는 일본군의 대병력에 압도되어 달아났다거나 하는 이범석의 말은 이해할 수 없다. 반공이 국시國是이던 시절에 소련으로 망명한 독립군 지도자들을 애써 무시하고 싶었을지도 모른다.

홍범도의 부대는 무식한 노인들로 구성되어 있었다. 이들이 전투를 벌이기 전에 한 일은 열심히 짚신을 만드는 것이었다고 목격자들은 전한다. 그러니 얼마나 볼품없었겠는가. 다른 부대의 상황도 크게 다르지 않았을 것이다. 그러나 일본군의 주력 부대와 당당하게 싸운 이 '말 없는' 노인들에게 그런 굴욕을 안기는 것은 못 할 짓이다. 아무리 보아도 이범석의 말은 가볍고, 홍범도의 말은 무겁다. 향후 두 사람의 인생을 바꾼 삶의 태도가 반영된 것일지도 모르겠다.

자유시참변과 흩어지는 독립군

청산리전투에서 패배한 일본군은 이를 갈고 보복에 나서 중국 동북부를 쑥대밭으로 만든다. 이에 독립군은 장기전을 준비하며 서일徐一을 총재로 하고 홍범도, 김좌진, 조성환曺成煥을 부총재로 하는 대한독립군단을 꾸린 다음 만주에서 연해주로 이동한다. 한겨울에 우수리강Ussuri을 건널 때의 고역은 말로 다 할 수 없었을 것이다. 그러나 러시아혁명, 3·1운동의 소식을 들으며 연해주에서 재기할 수 있다는 희망을 품었으리라.

그러나 현실은 녹록지 않았다. 소련의 지방 정부와 독립군의 생각이 달랐기 때문이다. 소련의 지방 정부는 독립군의 군사력을 이용해 일본군을 견제하고 싶으면서도, 이를 빌미로 일본군이 연해주에 개입하는 것을 꺼렸다.

1921년 2월 독립군은 소련 아무르주Amur와 치타주Chita의 지방 정부와 군사협정을 맺는다. 지방 정부가 독립군의 활동을 지원한다는 상당히 고무적인 내용이었다. 그러나 신생 국가 소련은 극동 지역에 이미 강력한 군사력을 갖춰둔 제국주의 국가 일본의 적수가 되기 어려웠다. 일본이 블라디보스토크Vladivostok와 우수리스크Ussuriysk에서 계속해서 독립군을 토벌하는데도 이렇다 할 대응을 하지 못했다. 나라 없는 독립군은 그저 당할 수밖에 없는 처지였다.

이에 소련이 내놓은 방안은 독립군을 적군에 편입시켜 일본군에게 토벌의 빌미를 주지 말자는 것이었다. 소련으로서는 당연한 결정이었겠지만, 독립군의 마음은 얼마나 비참했겠는가. '국내 진공 작전'•의 꿈을 잃지 않고 온갖 어려움을 참아내며 낯선 이국까지 왔는데, 가장 중요한 이름표를 떼라니 말이다. 하지만 의기만으로는 어찌할 수 없는 상황이었다.

이처럼 혼란한 상황에서는 군권 쟁탈전이 벌어지는 것이 당연하다. 이미 적군 소속으로 사할린 의용대를 거느리고 있던 박윤문朴允文이 독립군의 전체 군권을 장악하려 하자 고려공산당 주요 간부 오

● 홍범도는 1910년대 중반 이후부터 연해주와 만주를 오가며 다양한 독립군 세력과 논의해 두만강을 넘어 한반도로 진격할 계획을 세운다. 봉오동전투와 청산리전투는 크게 보아 국내 진공 작전의 시작을 알리는 전투다.

하묵吳夏默이 반발한다. 이 일로 오히려 적군 내에서 오하묵의 입지가 강해지고, 그 와중에 독립군은 자유시自由市로 이동한다. 이에 박윤문이 이탈하자 오하묵과 적군이 그의 부대를 공격한다. 이것이 자유시참변이다. 이로써 연해주 일대의 독립군 활동은 쇠퇴기를 맞는다. 이역만리 타향에서 망국의 백성끼리 싸워야 했을까. 서글플 뿐이다.

이후 홍범도는 적군에 소속되어 백군과 싸운다. 러시아내전에서 총을 들게 된 것이다. 그가 얼마만큼 철저한 사회주의자가 되었는지는 알 수 없다. 다만 국내 진공 작전에 몰두하는 대신 사회주의혁명의 격랑에 빠진 것은 틀림없다. 이렇게 그는 독립적으로 활동할 수 있는 기반을 잃었다. 다만 이러한 상황을 차분히 받아들였던 것 같다. 자유시참변이 있고 1년 정도 지난 1922년 10월 일본군이 연해주에서 철수했다. 그나마 이때까지는 일본군과 싸우기 때문에 적군을 돕는다는 명분이 있었다.

총을 내려놓고 쟁기를 들다

홍범도는 1922년 적군이 대대적으로 재편될 때 퇴역한다. 무패의 영웅도 나이가 든 것이다. 그는 소련에 남기로 한다. 그 후 연해주에서 온갖 고생을 하며 농장을 일군다.《홍범도일지》는 당시 상황을 이렇게 전한다.

토지를 얻어 마소 하나도 없이 회원들의 어깨에 멍에를 걸게 만들어 메

고 후치로 째고 하니 조 21헥타르, 콩 2헥타르를 심어 1928년 대풍작을 거두었다.

그런데 카멘나 어리발놉 홍두애기관에서 우리의 선봉 조합을 다른 곳으로 떠나라고 하니 갈 곳도 없는지라 모스크바의 칼라인 선생께 청원서를 올려 보냈다. ……

함경도와 만주에서 일본군이 거의 유일하게 두려워하던 장군이 이역만리 타국에서 '농업전투'에 투입된 것이다. 하지만 진짜 고난은 시작되지도 않았다. 1936년 스탈린은 극동 지역의 모든 이민족을 강제로 중앙아시아로 이주시킨다. 수십만 명의 동포가 자신들이 일군 땅을 떠났으니, 그 마음을 상상할 수조차 없다. 홍범도도 이때 카자흐스탄 크질오르다Kzyl-Orda로 이주한다. 그는 연금을 받았지만, 한인 극장의 수위장으로 임명되어 일한다. 그렇게 말년을 보내다가 1943년 파란만장한 일생을 마친다. 죽기 전 희곡 〈홍범도〉의 제작에도 참여했는데, 평해달라는 청에 즐거워했다고 재소 작가 김기철은 회고한다.

홍범도는 봉오동전투와 청산리전투에서 승리했지만, 일본군의 강한 압박에 쫓겨나듯 연해주로 망명하고, 장군의 군권을 빼앗기고, 어렵사리 농장을 일구었으나 강제로 이주당해 중앙아시아에서 눈을 감았다. 이런 우여곡절을 불세출의 사나이는 고난과 굴욕으로 여겼을까.

홍범도의 삶은 굴곡으로 얼룩져 있다. 그러나 그는 단 한 번도 낙담하지 않았다. 그냥 담담하게 제 갈 길을 갔다. 고국에서 독립운동을 할 수 없기에, 일본 제국주의에 대항한다는 명분만으로도 소련에서의 생활을 충분히 받아들일 수 있었을 것이다.

그러나 행복한 사람

홍범도의 일생은 고난으로 가득 차 있다. 하지만 그는 언제나 즐겁게 이를 받아들였던 것 같다. 많은 회고록은 그가 극도로 과묵했지만, 동시에 잘 웃는 사람이었다고 묘사한다. 스스로 쓴 《홍범도일지》에도 원망이나 좌절의 그림자는 찾아볼 수 없다. 무엇이 그를 그런 경지로 끌어올렸을까.

홍범도가 농사지을 때 함께 일했던 천 세르게이는 그가 70세의 나이에도 눈빛이 형형했다고 전한다. 일본군은 그가 호걸이고 조선인들, 특히 부하들에게 하느님처럼 숭배받는다고 기록했다. 국내 진공 작전이 좌절되자 의병장 유인석柳麟錫은 그에게 이런 서한을 적어 보낸다.

> 홍여천(홍범도)이 비록 대단한 무장이지만 대체 지혜로 싸우는 것은 가하나 힘으로 싸우는 것은 불가합니다. 바라건대 우리 여천께서는 깊이 생각을 더하면 다행이겠습니다.

유인석은 대한제국 말기인 1909년 조직된 항일 의병군인 심삼도 의군十三道義軍의 총재로 추대되었을 정도로 의기가 대단했던 사람이다. 그런 그도 좌절감을 느꼈건만, 유독 홍범도만은 의연했다. 격동기에 만주와 연해주, 한반도를 넘나들며 노숙을 밥 먹듯이 했지만, 조금도 흔들리지 않고 자신의 신분적·민족적·계파적 한계를 모두 뛰어넘었다. 그는 하층민이었지만 위정척사衛正斥邪의 거두와도 친분을 나누었고, 국경을 넘나들며 다국적군을 이끌었다. 그의 부대에는 적군도 있었다. 또 독립군의 계파, 공산당의 계파 간 싸움에도 휩쓸리지 않고 천수를 누렸다. 그의 생각은 단순했다. '불의한 적과 맞서 싸우는 것은 그 자체로 행복한 일이 아닌가. 다른 무슨 이유가 그렇게 많이 필요한가.' 이러한 낙관적 태도와 균형감각은 도대체 어디서 온 것일까.

홍범도의 낙관적 태도는 육체적 능력과 무관하지 않다. 그는 1868년 평양 서문안 문열사 부근에서 가난한 농부의 아들로 태어났다. 그리고 생후 7일 만에 어머니를 잃고, 9세에 아버지를 잃어 15세까지 작은아버지 집에서 머슴으로 살았다. 그게 그의 첫 직업이었다. 15세에 나이를 속여 입대하고, 젊어서는 종이 공장에서 3년간 일했다. 한때는 금강산 신계사神溪寺에 불자로 있었다. 1889년부터 1895년까지 삼수갑산三水甲山에서 수렵 생활을 하고, 태백산에서 사격술과 검술을 익혔다.《홍범도일지》에는 이렇게 기록되어 있다.

1868년 고려 평양 서문안 문열사 앞에서 탄생해 모친은 7일 만에 죽고 아버지 품에서 여러분의 유즙을 얻어먹고 자라, 초 9세에 아버지께서 세상을 떠나니, 남의 집으로 다니며 머슴살이로 고생하면서, 15세가 되므로 나이 두 살을 올려 평양 중국의 보단步段으로 호병정胡兵丁 설設할 때 우영右營 제1대대에서 코코수(나팔수)로 있다가 사연을 치고 도망해 황해도 수안 총령蔥嶺 종이 뜨는 지막 제지소에 와서 종이뜨기를 배워 3년을 뜨다가, 그때는 어느 때인고 하니 병술丙戌(1886) 정해丁亥 1887년쯤 되었다. 그때 고려나라 동학이 불 일 듯할 때입니다.

초인의 조건, 건강한 몸과 건전한 마음

홍범도는 원래도 체구가 장대했지만, 온갖 노동으로 단련한 덕에 육체적 능력이 매우 뛰어났다. 그의 부대는 나이는 많지만 역시 튼튼하고 노회한 포수들로 구성되어 있었다. 유격전을 하려면 사격과 기동력이 기본인데, 일본군이 이들을 감당하기는 쉽지 않았을 것이다. 그는 1895년 의병 활동을 시작해 1904년 북청北靑에서 체포되기도 한다. 1907년 일본이 포수들의 무기를 빼앗으려 하자 삼수갑산에서 무장투쟁을 시작하고, 1908년 압록강을 넘어 연해주로 들어간다.

1913년부터 1915년까지 군자금을 벌기 위해 짐꾼으로 일한다. 1918년에는 농사도 짓는다. 그의 삶은 싸움과 노동의 연속이었다. 싸움이 주업이고 노동이 부업이었다. 그는 평생 머슴, 공장 노동자, 짐꾼, 포수, 농사꾼 등 몸으로 하는 일을 하면서 살았다. 그러니 자연스레 호연지기가 길러졌으리라. 그의 기품을 잘 드러내는 글 〈순사 보조원에게 특히 고하노라(기타 밀정 등 함께 보라)〉의 마지막을 보자. 이 글은 1920년 3월 작성한 일종의 경고문으로, 봉오동전투와 청산리전투를 앞둔 시점이다.

군 등은 이 시기에 속히 각성해 화를 면할 것을 도모하라. 독립 후에는 후회막급이다. 제군, 우리의 동포여! 우주 간 인류로서 모두 사모하고 모두 받드는 조국을 생각하라. 그리하여 사망의 구렁에서 나와, 구속의 우리에서 떠나, 압박의 그물에서 벗어나서 극락세계의 활약무대 자유천지에서 함께 노는 것이 이 얼마나 쾌사가 될 것인가! 1920. 3. 대한독립군.

이 글은 홍범도의 성격과 인간성을 잘 보여준다. 적에게 부역하는 사람들에게 극락세계에서 함께 놀자고 권한다. 그의 주장은 명쾌하다 '일본은 자유로운 인간들을 억압한다. 인간의 본성에 반하는 그들은 반드시 패할 것이다.' 대단한 낙천가다. 그에게는 싸움터가 극락세계다. 그의 글에는 변절한 지식인들의 요사한 변명도 없고, 사상가들의 과도한 선언도 없다.

그러나 일본은 쉽게 망하지 않았고, 홍범도는 망국의 백성으로 이국땅 소련으로 들어간다. 거기에서 그는 일본과 스스로 싸우지 못하고 적군에 소속된다. 그러다가 강제로 이주당해 중앙아시아의 어느 한인 극장에서 수위장으로 일하다가 죽는다. 그는 꿈에도 그리던 조국의 독립을 보지 못했다. 그러나 제국주의 국가 일본은 결국 무너지고 말았다.

자유당 정권에서 최고위직에 오른 이범석에게 홍범도의 삶이 한심해 보였을 수도 있겠다. 그러나 누가 더 훌륭한 위인이며 장부였을까. 홍범도는 자기 삶의 고난을 정직하게 받아들였고, 그를 아는 사람들의 존경을 받으며 천수를 누렸다. 지인들은 그가 늘 행복해했다고 회고한다. 나이가 많아 이가 얼마 남지 않은 그의 대원들은 청산리전투를 앞두고 마을 사람들이 음식을 대접하려 하자 "감자찌개가 좋소이다"라고 말한다. 그와 대원들은 뜨끈한 감자찌개에 막걸리를 마시면서 그렇게 행복해했다고 한다.

홍범도는 전장을 누비면서도 머슴의 튼튼한 팔다리와 소박한 마음가짐, 강인한 인내심을 잃지 않았다. 그 이상의 훌륭한 삶이 또 있을까. 몇몇 사람이 그의 위업을 폄훼했지만, 결국 진실은 밝혀졌다. 그는 지하에서도 생전 그랬던 것처럼 담담하게 올바른 평가가 내려지기를 기다렸는지 모른다.

낙관적인 의지를 잃지 않는다면 고난이 오더라도 행복할 수 있다. 상황에 따라 이해에 따라 쉽게 마음을 바꾸는 것이 보기에는 기민한 것 같아도 멀리 보면 우직함을 넘어서지 못한다. 이육사李陸史의 시 〈광야〉는 마치 홍범도의 삶을 노래한 듯 처연하다.

까마득한 날에

하늘이 처음 열리고

어데 닭 우는 소리 들렸으랴

모든 산맥들이

바다를 연모해 휘달릴 때도

차마 이곳을 범犯하던 못하였으리라

끊임없는 광음光陰을

부지런한 계절이 피어선 지고

큰 강물이 비로소 길을 열었다

지금 눈 내리고

매화 향기 홀로 아득하니

내 여기 가난한 노래의 씨를 뿌려라

다시 천고千古의 뒤에

백마 타고 오는 초인超人이 있어

이 광야에서 목놓아 부르게 하리라

생각해보면 우리 모두 몸뚱이 하나 가지고 세상을 살아간다. 약간 과장해 건강한 몸과 낙천적인 생각만 가졌어도 행복하다. 산천을 뛰어다니며 얻은 건강과 낙관적인 태도는 홍범도가 고난과 좌절을 극복하고 행복해하는 데 근본적인 원동력이었다. 건강한 몸과 낙관적인 의지만 있다면 비록 고난과 굴욕이 괴롭히더라도 언젠가 행복을 찾을 수 있을 것이다.

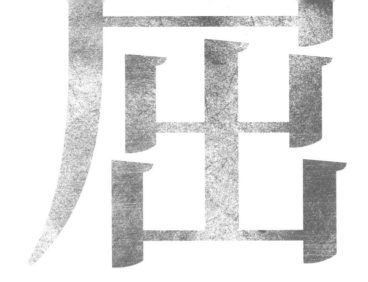

4장

굴욕은 자신을 단련하는 힘이다

굴욕을 대하는 네 번째 태도: 인내

스스로 굴욕을 받다

범려

쓸쓸한 모습은 무르익은 속에 있고 자라나는 움직임은 스러지는 가운데 있나니, 군자는 편안할 때 마땅히 한 마음을 잡음으로써 후환을 생각할 것이요, 마땅히 백 번을 참더라도 일 이룸을 도모하라.

-《채근담菜根譚》〈수성편修省篇〉

범려範蠡(기원전 6세기~기원전 5세기)

춘추시대 말기의 정치인이자 대大상인이다. 하남성河南省 출신으로 월나라 구천이 패자가 될 때까지 보좌한다. 구천이 오나라 부차에게 대패한 후, 군주를 대신해 오나라에 억류당하기도 하지만, 결국 오나라를 멸망시킴으로써 복수한다. 이후 정계를 떠나 농업, 상업 등으로 큰 재산을 모은다.《사기》는 그를 정치와 경제 두 방면에서 모두 성공한 인물로 평가한다.

정점에서 물러나는 지혜

중국 역사상 가장 뚜렷한 발자취를 남긴 이인자는 누구일까. 기록으로 남은 것만 추린다면 단연 명나라의 대학사 장거정張居正이 돋보인다. 17세기 중엽이 되면 명나라는 사회의 기강이 급격히 허물어진다. 개국 초의 상무적 기풍은 사라지고, 북쪽은 몽골, 남쪽은 왜구의 공격으로 국경이 흔들리며, 유력자들은 세금을 내지 않고, 관리들은 부패해서 국고는 비어간다.

이때 장거정이라는 인물이 나타나 토지조사 사업을 벌이고, 관리들을 규찰하며, 몽골과 화친을 맺고, 왜구를 몰아내 잠깐이나마 부흥을 이룬다. 그러나 이러한 성과는 그의 죽음과 함께 사라진다. 개혁의 성과뿐 아니라 그의 명성도 흩어진다. 어찌나 처참하게 몰락하는지, 그의 가족들은 살해당하고 가산은 몰수된다. 그 후 명나라는 '장거정 없는 시대'•를 극복하지 못하고 무너졌다. 왜구는 조선을, 몽골은 북쪽 국경을 침략하는데, 대응할 여력이 없었다. 그는 왜 숙청되었을까. 그의 개혁은 왜 순식간에 물거품이 되었을까. 그것은 그가 대단한 개혁가였지만 동시에 권위주의자였기 때문이다. 권위에 눌린 사람들은 모두 사사로운 원한을 품어, 그가 죽자 흔적을 지워내기 바빴다.

좀더 고대로 가면 시세時勢의 변화에 따라 유연하게 자신의 길을 개척해 성공한 이인자도 있다. 바로 와신상담臥薪嘗膽의 주인공인 월

● 레이 황, 김한식 옮김, 《1587 만력 15년 아무일도 없었던 해》, 새물결, 2013.

나라 구천의 오른팔 범려다. 장거정은 처절하게 몰락하지만, 그는 한 나라의 군무軍務를 주관하는 재상으로, 또 농업 자본가로, 마지막에는 대상인으로 세 번이나 성공한다. 성공은 빛났고 사후의 이름 또한 높았다. 생전의 위세로는 장거정의 상대가 되지 못하지만, 그러면 어떠하랴. 장거정은 개혁이 성과를 거두었는데도, 사후에 비참한 운명을 맞았다.

이 둘의 운명은 왜 이렇게 차이가 나는 것일까. 바로 정점에 섰을 때의 태도가 달랐기 때문이다. 범려는 부드러움이 있었다. 그는 기본적으로 상황에 맞춰 융통성 있게 일을 성취하는 사람이었다. 그는 스스로 굽힐 줄 알았기에 변방의 월나라를 흥하게 하고 본인도 천수를 누렸다. 상황을 전체적으로 파악할 줄 아는 사람은 일시적인 굴욕을 두려워하지 않는다.

정점에 도달하는 사람은 많다. 그러나 정점에서 스스로 물러나는 사람은 적다. 범려는 정점에서 물러나 새로운 세계로 나아가 새로운 성공을 거두었다. 이러한 성공의 근저에는 현실을 냉철하게 파악하고 움직이는 능력이 있었다.

유세가인가 도덕군자인가

오늘날의 장쑤성江蘇省 일대가 오나라 영토였다. 과거 이 지역에는 늪과 연못이 수도 없이 널려 있었다. 지금은 도로를 잘 닦아놓았지만, 예전에는 말로도 배로도 지나가기 어려운 땅이었다. 그래서 전쟁이 일어나면 적군의 창칼에 당한 사람보다도 늪이나 연못에 빠져 익사하는 사람이 더 많았다. 그 남쪽에 있는 오늘날의 저장성浙江省 일대는 월나라 영토였다. 역시 늪과 연못이 많았지만, 지형이 좀더 다양해 산도 있고 언덕도 있고 도시를 가로지르는 큰 강도 있었다. 대문호 루쉰魯迅의 문장은 꼭 이곳 사람들의 기질을 닮았다. 겉으로 볼 때는 한없이 부드러운 듯하지만, 그 안에 칼로 찌르는 듯한 예리함, 끈질긴 복수심 등이 있다. 바로 이러한 이중성이 이 지역을 대표하는 문화적 코드다.

황하 유역의 사가들이 최초로 기록을 남겼을 때 오나라는 중원의 변방에 불과했다. 월나라는 더 멀리 있었으므로 이름이 더 낮았다. 그런데 기원전 5세기 이들이 중원의 강국들을 차례로 누르고 패자의 지위에 오른다. 그 이야기의 중심에는 와신상담의 주인공 구천이 있다. 그러나 그의 실패와 성공 뒤에 항상 범려라는 인물이 있음은 잘 알려지지 않은 듯하다.《사기》는 〈오태백세가吳太伯世家〉,〈월왕구천세가越王句踐世家〉,〈화식열전貨殖列傳〉 등 무려 세 곳에서 구천과 범려를 비교한다. 두 사람을 굳이 분류하자면, 구천은 의지형 인간으로 표독스러울 정도로 목표를 좇는다. 그래서 한 가지 목표를 정하면 나머지는 과감히 포기한다. 반면 범려는 건축가형 인간으로 좋은 집을 만들기 위한 준비 작업에 공을 들인다. 그러나 집을 다 지으면 다른 집을 짓기 위해 초연히 떠난다. 자신이 살기 위해 집을 짓는 건축가는 별로 없지 않은가.

이야기는 오나라의 야심가 합려에게서 시작된다. 그는 두 명의 능력 있는 전략가를 등용해 패자의 지위에 오른다. 그 둘은《병법》으로 유명한 손자와 재상 오자서伍子胥다. 오나라의 북쪽과 서쪽에는 춘추시대를 제패한 제齊나라와 초楚나라가 있었다. 오나라가 거대한 영토를 지닌 두 나라를 공략한다는 것은 쉬운 일이 아니었지만, 이 대담한 야심가는 결국 해낸다.

그런데 우습게 여기던 월나라가 발목을 잡는다. 초나라를 공략하는 오나라의 후방을 남방의 조그만 월나라가 겁도 없이 기습한다. 오나라가 여러 나라와 싸우느라 힘이 빠진 틈을 노린 것이다. 이를 계기로 오나라와 월나라는 20년 이상 싸운다. 두 나라 사이는 견원지간과 다름없었다.

패자를 자처하는 합려가 월나라의 도발을 묵과할 리 없다. 10년 후인 기원전 496년 월나라 토벌을 개시한다. 공교롭게 그해 구천이 월나라 군주로 즉위한다. 오나라의 후방을 친 이는 구천의 아버지 윤상允常이었다. 윤상이 죽자 합려는 실력이 검증되지 않은 애송이 군주 구천을 제물로 삼고자 했다. 그러나 구천은 무서운 자였다.

합려와 구천은 오늘날의 저장성 자흥시嘉興市 남쪽의 취리檇李라는 곳에서 처음 맞닥뜨리는데, 전투는 초장부터 아비규환이었다. 어떤 영문인지 구천의 선봉군이 칼을 들고 서서 소리를 지르며 자결하기 시작한 것이다. 제일 앞의 세 열이 이렇게 자결했다. 이를 본 오나라 병사들은 그만 기가 질렸다. 그 여세를 몰아 월나라가 공격하니 오나라는 대패하고 합려는 부상해 그 상처가 썩어 결국 죽고 만다.

자결한 월나라 병사들은 누구였을까. 후대 사람들은 이들이 죄수였을 것이라고 추측하지만 알 도리가 없다. 일단 죄수라고 하자. 싸움터에 죄수들을 몰아넣는 것은 흔한 일이지만, 그들을 자결시킨 경우는 거의 없다. 이처럼 구천은 이기기 위해서라면 무슨 일이든 다 하는 각박한 인물이었다.

물론 각박하기로는 합려도 못지않았다. 10년 전의 복수를 하려다가 명을 재촉한 그는 임종을 앞두고 아들 부차를 부른다. 부차는 초나라 공격에도 출전한 백전의 용사였다.

"절대 월나라를 잊지 마라."

아들이 답한다.

"제가 어찌 잊을 수 있겠습니까."

부차가 이를 갈고 복수를 준비한다는 소문을 들은 구천은 그가 준비를 마치기 전에 선제공격을 감행한다. 이때 처음으로 범려가 등장하니, 믿을 만한 사서에는 전쟁을 반대했다고 쓰여 있다. 그는 이렇게 말한다.

"안 됩니다. 제가 알기로 병사는 흉기이고 전쟁은 덕을 거스르는 행동으로, 일할 때 가장 하등으로 치는 것입니다. 몰래 도모해서 덕을 거스르고, 흉기 쓰기를 즐기며, 친히 전쟁에 뛰어드는 일은 상제도 금하는 일로 행하는 자에게 득이 될 것이 없습니다."

그러자 구천이 답한다.

"나는 이미 결정했다."

《사기》를 즐겨 읽는 사람은 사마천이 글 쓰는 구도를 잘 알 것이다. 이 첫 대화부터 두 사람은 다르다. 한 사람은 덕을 이야기하고 한 사람은 전쟁을 이야기한다. 그렇다면 범려는 겉으로는 덕을 이야기하면서 속으로는 음모를 꾸미는 유세가遊說家일까, 아니면 진정으로 덕치를 주장하는 도덕군자일까. 반면 구천은 비교적 명료하게 그려진다. 그는 도덕군자가 아니다. 이야기는 계속된다.

굴욕, 받아들이되 냉철히 분석하라

구천은 범려의 말을 듣지 않고 오나라를 공격하지만, 태호太湖 부근의 부초산夫椒山에서 대패하고 만다. 급기야 남은 병사들을 이끌고 회계산會稽山에 방어선을 치는데, 부차가 따라와 포위한다. 부끄러워 어쩔 줄 몰라 하는 구천에게 범려가 말한다.

"가득 찬 것을 유지하려면 하늘의 뜻을 따라야 하고, 기우는 것을 안정시키려면 사람의 도리를 따라야 하며, 일을 통제하려면 땅의 이치를 따라야 합니다. 자신을 낮추는 말과 두둑한 예물로 그를 높이십시오. 만일 받아들이지 않는다면 스스로 몸을 맡기십시오."

구천이 만족을 모르고 먼저 공격했으니 천시天時를 잃었고, 적을 만들어 상황을 악화시켰으니 인화人和를 잃었으며, 또 평지로 둘러싸인 작은 산에 갇혔으니 지리도 잃었다고 꼬집은 것이다. 병법가로서 범려는 막다른 골목에 몰렸으니 상대에게 투항하든지, 그도 안 되면 몸을 맡겨 요행수를 바라는 수밖에 없다고 조언한다. 천시, 인화, 지리를 다 잃은 마당에 더 기대할 것이 남아 있겠는가.

이에 구천은 자신은 오나라 군주의 신하가 되고, 처는 첩으로 보내겠다며 투항 의사를 전한다. 부차는 구천만큼 모질지 못하고, 또 깔끔한 성격이다. 오자서는 월나라를 끝장내자고 주장하지만, 그는 차마 그렇게 하지 못하고 구천을 살려준다. 이리하여 범려는 구천과 함께 굴욕의 길을 택한다. 와신상담의 고난이 시작된 것이다.

기원전 493년 구천과 범려는 부차에게 미녀와 보물을 바치고 신하의 예를 갖춘다. 부차는 그들을 석실石室에 가두고 말을 기르는 노역을 시킨다. 부차가 사냥을 떠날 때마다 구천은 채찍을 들고 그의 마차를 호위하며 따라다녀야 했다.

그러던 어느 날 부차가 구천과 범려를 불렀다. 그는 이렇게 물으며 범려의 마음을 떠보았다.

"현명한 여인은 몰락한 집에 시집가지 않고, 뛰어난 선비는 멸망한 나라에서 벼슬하지 않는다. 지금 구천은 나라를 잃고 노예가 되었는데, 그대는 치욕스럽지도 않은가. 그대가 만약 개과천선해 월나라를 버리고 오나라를 섬긴다면 과인은 그대의 죄를 사면하고 중임을 맡기겠노라."

그러자 범려는 완곡하게 사양한다.

"망국의 임금은 정사를 말하지 않고, 패전의 장수는 용맹을 말하지 않습니다. 신이 월나라에서 구천을 잘 보좌하지 못해 대왕께 큰 죄를 지었습니다. 지금 요행히 죽지 않고 오나라에서 말을 기르고 마당을 쓸고 있으니, 신은 이것만으로도 만족합니다. 어찌 감히 부귀를 넘보겠습니까."

부차와 구천 두 사람의 심기를 모두 건드리지 않는 절묘한 답변이다.

한번은 부차가 병에 걸린다. 이에 범려는 그의 환심을 사기 위해 꾀를 낸다. 범려가 보기에 그의 병은 그리 중한 것이 아니었다. 그래서 구천에게 그의 대변을 맛보고 병이 곧 나을 것이라 고하라고 시킨다. 구천은 범려가 시킨 대로 한다.

"신은 일찍이 의술을 배운 적이 있는데, 환자의 대변만 맛보아도 그 병세를 알아낼 수 있습니다. 대왕의 대변은 맛이 마치 곡식의 맛처럼 시큼하면서도 씁니다. 이로써 대왕의 병세는 염려할 필요가 없다는 것을 알 수 있습니다."

과연 얼마 지나지 않아 부차의 병이 다 나았다. 감동한 부차는 범려의 예상대로 구천을 월나라로 돌려보내기로 한다. 오자서가 "구천이 대왕의 대변을 맛본 것은 대왕의 마음을 먹은 것입니다"라며 극구 반대하지만, 부차는 그 말을 듣지 않는다.

이처럼 범려는 싸움에 패한 주군이 고난을 겪을 때 함께했다. 구천은 싸움을 일으킨 장본인이니 굴욕은 자업자득이다. 하지만 범려는 그렇지 않다. 그는 구천을 떠나 부차에게 의탁해 고난을 피할 수 있었다. 하지만 그는 죽지 않고 마당을 쓰는 것만으로도 만족한다고 말한다. 물론 그가 만족했을 리 없다. 종노릇이 쉬운 일인가. 그는 스스로 고난을 받아들인 만큼 그 고난을 매우 냉철하게 대한다. 어떻게 굴욕을 극복하고 후일을 기약할 것인지 늘 고민한다. 그는 현실을 직시하고 때를 기다릴 줄 아는 사람이었다.

20년을 기다린 군자의 복수

기원전 490년 구천과 범려는 3년간의 구금 생활을 마치고 월나라로 돌아간다. 구천은 회계산에서 당한 치욕을 한시도 잊지 않고 복수심을 불태운다. 결국 몇 해 뒤 오나라를 공격하기로 한다. 다만 그 전에 월나라를 발전시킬 방법을 묻자 범려는 이렇게 답한다.

"하늘의 운행과 사람의 일은 부단히 변화하기 때문에 방침과 정책을 세워 미리 대처해야 합니다. 사람의 일도 마찬가지여서 최후의 전환점이 되지 않았는데, 억지로 성공할 수는 없는 것입니다. 따라서 자연의 순리에 따라 처세하면서 때가 오기를 기다렸다가 국면을 유리하게 전환해야 합니다."

이어서 범려는 내정 방면에서 월나라를 부흥시킬 정책들을 건의한다. 그는 백성을 적극적으로 동원하고 보호해 생산력을 강화함으로써 부국강병의 길로 나아갈 것을 강조한다. 연장선에서 구천에게는 직접 들에 나가 농사짓도록 하고, 구천의 부인에게는 직접 베를 짜도록 해 백성의 수고를 알게 한다. 그 결과 백성의 삶은 점점 안정되고, 국력도 부강해진다.

구천이 돌아오고 5년이 지나자 월나라는 전 국토가 개간되어 백성은 풍요로운 생활을 누리고 국고는 가득 차게 된다. 이에 그는 드디어 때가 되었다며 회계산에서의 치욕을 씻고자 한다. 그러나 범려는 "우리가 비록 사람이 할 수 있는 일[人事]을 이루었다고 해도, 아직 시기가 무르익지 않았습니다"라며 반대한다.

시간이 더 흘러 오자서가 죽고 부차가 소인들만 총애해 오나라 조정이 날로 혼미해지자, 구천은 시기가 무르익었는지를 다시 한번 묻는다. 범려가 답한다.

"뒤바뀔 징조가 싹을 내보이고 있으나, 천시로 보건대 오나라가 망할 징조는 아직 분명하지 않습니다. 현재는 불가합니다."

얼마 후 오나라에 천재天災가 들어 백성의 생활이 곤궁해진다. 때를 묻는 구천에게 범려가 답한다.

"천시는 다다랐으나, 애석하게도 사람의 일[人事]이 아직 충분치 않으니 대왕은 기다리소서."

구천이 화내며 "내가 처음 인사人事를 이야기할 때 그대는 천시로써 대응했다. 현재 천시가 이르렀는데 또 인사로 변명하는 것은 도대체 무슨 연유인가"라고 묻자, 범려가 웃으며 답한다.

"대왕께서는 화내지 마십시오. 인사는 반드시 천시와 지리가 함께 해야 비로소 큰일을 이룰 수 있는 것입니다. 현재 오나라가 재앙을 만나 백성은 두려워하지만, 도리어 군주와 신하는 한마음으로 협력해 내우외환을 극복하려 하고 있습니다. 대왕께서는 계속 즐겁게 노는 듯이 가장하십시오. 오나라를 보건대 덕정德政을 베풀지 않고 있으니, 인재가 고갈되고 사기가 떨어질 때를 기다리면 일거에 성공할 수 있을 것입니다."

거의 20년이 더 지나자 오나라의 상황이 눈에 띄게 나빠지기 시작한다. 태재太宰 백비伯嚭라는 자가 패자가 되기 위해 날뛰며 제나라, 진晉나라와 싸우느라 오나라의 군세가 크게 약해졌다. 반면 오나라에 굽히면서도 간헐적으로 시위하던 월나라는 국력을 온전히 보존하고 있었다. 이 기회를 놓치지 않고 월나라가 오나라를 공격하기 시작한다. 지친 오나라는 월나라를 당해내지 못한다. 이번에는 부차가 수도인 소주蘇州 근처 고소산姑蘇山에 갇히고 만다. 그는 남방의 패자이면서 회맹會盟●의 패자가 되고자 북방의 강국들과 쓸데없이 싸워 천시를 잃었고, 구천의 복수심을 누그러뜨리지 못해 인화를 잃었으며, 늪과 연못으로 둘러싸여 달아날 곳 없는 작은 산에 갇혔으니 지리를 잃었다. 한때 회계산에 갇혀 자신의 주군에게 목숨을 구걸하라고 조언하고 스스로 인질이 되었던 범려는 어떤 마음이었을까.

부차의 사자가 이렇게 말한다.

"이전에 회계산에서 죄를 지었습니다. 이제 부차는 왕(구천)의 명령을 감히 거역하지 못합니다. 그저 강화를 맺고 싶을 뿐입니다. 예전 회계산에서 그러했던 것처럼 용서해주실 수 없겠습니까."

사자는 회계산에서 부차가 구천을 받아준 일을 환기한다. 이에 구천이 머뭇거린다. 그러나 범려는 사뭇 단호하다.

"22년간 기다려온 기회가 왔는데 하루아침에 버리시겠습니까. 하늘이 주는 것을 받지 않으면 도리어 벌을 받습니다. 왕께서는 회계산의 치욕을 잊으셨습니까."

사실 회계산에서 더 큰 치욕을 당한 사람은 범려다. 그의 말을 듣지 않고 전쟁을 일으킨 주군과 함께 종이 되는 수모를 당하지 않았던가! 그런 그가 자신의 주군을 용서한 적 있는 적을 가차 없이 없애라고 한다. 이때 그는 냉혹한 정치가의 얼굴을 하고 있다.

결국 부차는 길이 없음을 깨닫는다. 구천은 작은 마을을 봉호封號로 주려 하지만, 그는 죽음을 택한다. 그는 구천처럼 치욕을 견딜 수 있는 사람이 아니었다.

● 회맹이란 춘추전국시대 각국의 군주가 모여 맹주(盟主), 즉 패자를 결정하고 각종 문제를 논의하던 모임이다.

관상이 아닌 심성을 보는 눈

이제 구천은 패자가 되었다. 일등공신 범려의 선택은 무엇일까. 부귀영화를 누렸을까. 아니다. 그는 오히려 구천을 떠나기로 한다. 100원짜리 하나도 자기 손에 든 것을 놓기 싫어하는 게 사람인데, 그는 어렵게 얻은 지위를 버리려 한다. 그는 대부大夫 문종文種에게 서신을 보낸다.

> 교활한 토끼를 잡으면 사냥개를 잡는 법입니다. 구천은 목이 길고 입은 새처럼 튀어나왔으니 함께 환난을 견딜 수는 있지만, 함께 즐거움을 누릴 수는 없습니다.

범려는 관상가가 된 것일까. 문종은 느끼는 바가 있어 병을 핑계 대고 물러나려 하지만 이미 때는 늦었다. 구천이 그에게 이른다.
"그대는 나에게 오나라를 칠 방법을 일곱 가지 알려주었는데, 나는 세 가지를 써서 정벌했소. 나머지 네 가지는 그대에게 있으니 나를 위해 선왕을 따라가 그 방법을 시험해보시오."
한마디로 죽으라는 말이다. 문종은 그 말을 따른다. 부차와의 강화를 성사시키고, 월나라의 내정을 안정시켜 구천이 패자가 될 기반을 닦은 사람이 바로 그다. 그런 그가 죽임당한 것이다. 반면 범려는 월나라의 반을 주겠다는 구천의 회유에도 불구하고 무조건 떠나게 해달라고 간청한다.
사실 범려가 본 것은 구천의 관상이 아니라 심성이었다. 그가 보기에 구천이 문종을 죽인 것은 정해진 순서였다. 구천은 겉으로는 웃어도, 속으로는 칼을 가는 각박한 사람으로 항상 능력 있는 자들을 두려워했다.

범려는 월나라를 '탈출'해 제나라로 간다. 제나라는 황하와 회화淮河 사이의 넓은 땅을 차지하고, 중원과 활발히 교류하며 융성한 문화를 가꾼 나라다. 그곳에서 그는 이름을 바꾸고 바닷가를 개척해 수십만 금의 재산을 모은 농업 자본가가 된다. 제나라 사람들은 그를 숭배해서 상국相國(왕 바로 아래의 최고 지위)이라고 부른다. 여러모로 보아 월나라보다도 격이 높은 제나라에서 상국의 칭호를 얻은 그는, 하지만 다시 한번 의외의 결정을 내린다.

"천금의 재산을 모으고 상국까지 되었으니 보통 사람이 갈 수 있는 정점에 이르렀다. 높은 이름을 너무 오래 가지고 있는 것은 불길하다."

범려는 가산을 친구들과 마을 사람들에게 나누어 주고 일부만 챙겨서 제나라를 빠져나온다. 이후 도陶나라로 가서 상업에 뛰어들어 또 거금을 모은다. 그곳에 물산이 모인다는 것을 알았기 때문이다. 이렇게 그는 대상인이 된다. 사마천은 부자들의 일을 기록한 〈화식열전〉에서 그가 시기를 잘 맞출 뿐, 절대 어렵게 인력을 쓰지 않았다고 평한다. 즉 물건이 흔할 때 사서 귀할 때 파는데, 그 시기를 잘 포착했다는 것이다. 이렇듯 가는 곳마다 성공하는 그는 도대체 어떤 사람인가.

때를 아는 자가 굴욕을 이긴다

대체로 지위가 높을 때 욕심을 부리면 부차나 구천처럼 실패할 가능성이 크다. 그래서 범려는 구천의 지위가 높을 때 싸움을 말리고 인(仁)을 말한다. 그가 성인군자처럼 말한 이유다. 반대로 이길 가능성이 없을 때는 자존심을 내세워서는 안 된다. 그러면 생명이 위태롭다. 그가 회계산에서 구천에게 무조건 굴복하라고 말한 이유다. 또한 덕이 없는 사람 곁에 있으면 위험하다는 것을 잘 알았기에 미련 없이 구천을 떠난다. 이후 농업으로 큰돈을 벌고 명성을 얻지만, 이런 상황은 외지인인 자신에게 위험하다는 것을 깨닫고 재산을 나누어 주고 떠난다. 그러니 그를 비방하는 사람이 있을 리 없다. 마지막으로 물자가 몰리는 곳을 찾아 상업으로 거부를 쌓는다.

범려는 회계산에서 치욕을 겪지만, 그 치욕을 받아들이기로 한 순간 바로 잊었다. 상황이 어쩔 수 없다면 치욕은 담담하게 받아들일 필요가 있다. 어떻게 그 치욕에서 벗어날 것인지에 집중하는 일이 더 중요하다. 또한 구천에게 부차를 살려주어선 안 된다고 한 것은, 강력한 경쟁자끼리 함께 있을 수 없음을 간파했기 때문이다. 자신의 심복까지 죽이는 구천이 잠깐 부차를 용서했다고 해서 가만히 두었겠는가. 부차와 구천은 서로 끝을 봐야 하는 사이였는지도 모른다. 역사에서 범려처럼 상황을 냉정하게 파악하고 자신의 길을 찾아간 사람은 실로 많지 않다.

다시 장거정의 삶을 살펴보자. 이 대단한 개혁가가 살아 있을 때는 누구도 그를 거역하지 못했다. 하지만 일단 그가 죽자 개혁의 모든 성과가 순식간에 부정당했는데, 그 일에 앞장선 이가 바로 제자 만력제였다. 그는 생전에 제자는 우유부단해 무도 못 자를 것이라고 장담했는데, 실제로 제자는 스승 앞에서 제대로 입도 뻥끗 못 했다. 하지만 그의 사후 만력제는 억울함을 풀려는 것인지, 그간 누리지 못하던 것들, 가령 주색, 나태, 치부致富를 즐기는 데 온 생을 바친다. 국방을 다지고, 국고를 채우고, 관리의 기강을 다잡던 그의 치적은 이처럼 허무하게 사라지고 만다. 그는 명나라의 체질을 개선한 것이 아니라 인공호흡으로 잠깐 살려낸 것이다.

그런데 사람들은 왜 그토록 장거정을 미워했을까. 그가 권력의 정점에서 매너리즘에 빠졌기 때문이다. 당대의 기록을 살펴보면, 근검을 강요하지만 자신은 부유하고, 절제를 강조하지만 자신은 미인을 마다하지 않았다고 쓰여 있다. 일단 탄핵당하면 집에 있는 놋쇠 젓가락마저 금 젓가락으로 둔갑하던 시대인지라 그런 비난이 얼마나 사실인지는 모르겠다. 그러나 많은 사람의 욕망을 억누르고자 한다면 자신은 그보다 곱절은 청빈해야 하는 것이 고대의 정치 세계다.

범려는 이런 점을 잘 알았다. 구천이 패자가 될 때까지 고락을 같이하고, 그 정점에서 떠났으니 누구도 그를 어찌할 수 없었다. 농업으로 큰 재산을 모은 후 사람들에게 베풀었으니 역시 그를 미워할 사람이 없었다. 상업으로 큰 재산을 모은 후에는 자손들에게 뒷일을 맡기고 물러났다. 뛰어난 사람일수록 정점에서 물러나기는 힘들다. 그런데 그는 물러날 때를 알았다.

범려의 위대한 점은 외부의 상황이 자신을 침몰시키기 전에 적극적으로 어려움을 받아들인 것이다. 그는 죽임당하기 전에 남의 종이 되고, 지위와 재산이 자신을 위태롭게 하기 전에 새로운 길을 찾았다. 까마득히 높은 암벽을 등반하는 사람 사이에 전해지는 말이 있다. "바위는 자신을 두려워하지 않는 사람을 두려워한다."

굴욕을 두려워하지 않으므로 세상을 구하다

최명길

어떤 이가 "이마는 오 임금 같고, 목은 재상 고요皐陶 같으며, 어깨는 자산 子産 같습니다. 허나 허리 밑은 우禹 임금보다 세 촌 짧은데, 풀 죽은 모습 이 꼭 상갓집 개 같더이다"라고 했다. 자공子貢이 공자에게 이 말을 전하니 웃으면서 "내가 그런 훌륭한 외양에 미치겠느냐마는 상갓집 개와 같다는 말은 틀림없구나. 암, 그렇고말고"라고 하셨다.

－《사기》〈공자세가孔子世家〉

최명길 崔鳴吉(1586~1647)

조선 중기의 정치인이다. 본관은 전주이며 인조仁祖반정의 공신으로 정계 의 중심에 선다. 병자호란 전후로 청나라와의 강화를 주장해 주전파에 배 척당하나, 중요한 고비마다 문제를 해결함으로써 주전파와 주화파 모두에 인정받는다. 흔히 주화파로 알려져 있지만, 청나라를 견제하기 위해 명나 라와 접촉하다가 청나라에 억류당할 정도의 실용주의자다. 또 토지와 군사 제도의 개혁에 앞장서고, 포로로 끌려간 아녀자들의 정절을 논하지 말자고 주장하는 등 명리보다는 백성의 복리 증진에 집중한다. 박세당樸世堂 등 조 선 중후기 실학자들에게 크게 호평받았다.

민주와 민본

우리나라 역사에서 위인이라고 부를 만한 사람으로 누가 있을까. 어린아이부터 어른까지 이순신李舜臣과 세종世宗대왕을 첫손에 꼽을 것이다. 요모조모 따져보아도 딱히 나쁘지 않은 선택인 듯하다. 그런데 세종대왕은 비교적 평탄한 삶을 살았지만, 이순신은 참으로 심한 고초를 겪었다. 그래서 그는 좀 처연하다.

이순신에 버금갈 만한 인품과 도량을 갖춘 명인을 또 꼽으라면 누구를 들 수 있을까. 우선 한 실학자가 생각난다. 그는 병자호란의 혼란을 겪은 사람이다. 조선 중후기가 되면 시대정신이 영글어 기라성 같은 실학자들이 등장하지만, 임진왜란과 병자호란을 겪던 때도 실학자가 있었을까. 그전에 실학이란 과연 무엇인가. 실학은 사람들의 삶에 실제로 도움 되는 학문을 말한다. 백성이 먹지 못할 때는 농업 기술이 실학이요, 백성이 전란에 휩싸였을 때는 국방이니 외교니 하는 것이 실학이다. 그러니 실학자는 어느 시대에나 존재하는 것이다.

1,000년이 지나도 변하지 않은 실학의 원칙이 있으니 민주와 민본이다. 백성의 처지에서는 민주가 주가 되고, 위정자의 처지에서는 민본이 주가 되는 것이 실학이 추구하는 바다. 여기서 소개하고자 하는 이의 말과 행동을 보면 실학의 끄트머리가 흘끗흘끗 보인다. 그러나 그의 삶은 살아서도 죽어서도 굴욕의 연속이었다.

그의 묘에는 송시열宋時烈에게 사문난적斯文亂賊으로 낙인찍힌 실학의 선구자 박세당이 비문을 쓴 신도비神道碑가 세워져 있다. 새겨진 글을 보면 조선 시대 세워진 신도비로는 품은 뜻이 가장 날카로울

듯하다. 그 글은 이렇게 시작한다.●

재능은 한 시대의 위험과 패망의 위기에서 나라와 백성을 구제하기에 충분했고, 식견은 확신 없이 헤매는 어리석은 뭇 의론을 깨뜨리기에 충분했다. 충성은 나라를 위한 일이라면 자신과 가정을 돌보지 않았고, 용기는 호랑이 입과 발톱을 어루만지면서도 얼굴에 두려운 빛이 없었다. …… 독특한 소견은 대중과 같지 않았으며 심오한 논설은 세속과 화합이 어려웠다. 그런 이유로 헐뜯는 소리가 사방에서 일어나고 평생에 몇 차례 곤란한 처지에 놓이게 되었다. 그러나 하늘은 그를 반드시 승리자로 결정하고 사람들도 헐뜯을 수 없게 될 것이니 오히려 백 년도 기다릴 것이 없다.

박세당이 칼날 같은 글로 '하늘이 승리자로 결정할 사람'이라고 꼽은 이는 누구일까. 바로 병자호란 때 주화파의 거두로 목소리를 높인 최명길이다. 박세당은 100년도 걸리지 않을 것이라고 했지만, 사실 짧지 않은 시간이다. 그동안 나라를 팔아먹은 자로 매도당한 최명길은 이름이 높아진 만큼이나 맺힌 것도 많았으리라.

《실록》에 있는 최명길의 졸기卒記를 살펴보면 대체로 이렇게 적고 있다. 내용인즉 그는 이른바 깨끗한 선비가 아니었다는 비방과 그러나 그를 대체할 인물이 없었다는 솔직한 고백이다.

———

● 최병무, 《지천 최명길 선생의 인간과 사적》, 세원사, 1999.

사람됨이 기민하고 권모술수가 많았는데, 자기의 재능에 자부심을 느끼고 일찍부터 세상일을 담당하겠다는 생각을 품었다. (인조반정 때) 공이 많아 드디어 정사靖社 원훈元勳에 녹훈되었고, 몇 년이 안 되어 차서次序를 뛰어넘어 경상卿相의 지위에 이르렀다. 그러나 추숭追崇과 화의론和議論을 힘써 주장함으로써 청의淸議의 버림을 받았다. 남한산성의 변란 때에는 척화斥和를 주장한 대신을 협박해 보냄으로써 사감私感을 풀었고 환도한 뒤에는 그른 사람들을 등용해 사류와 알력이 생겼는데 모두 소인으로 지목했다. 그러나 위급한 경우를 만나면 앞장서서 피하지 않았고 일에 임하면 칼로 쪼개듯 분명히 처리해 미칠 사람이 없었으니, 역시 한 시대를 구제한 재상이라 하겠다.

최명길이라면 그토록 미워하던 이른바 '깨끗한' 선비들이 쓴 《실록》조차 그의 실력만큼은 대단하다고 인정한 것이다. 물론 인격적으로는 자신의 정적을 적에게 넘기고, 그른 사람들을 등용한 소인배라고 매도하고 있다. 붕당의 부침에 따라 인간도 기록도 크게 변했다. 도대체 진실은 무엇이란 말인가.

"압록강이 얼면 적이 내려온다"

고조선부터 조선까지 전쟁과 싸움을 둘러싼 조정의 논쟁은 끊이지 않았다. 싸워서 이기기도 하고 화의하기도 했다. 고조선이 한나라, 위魏나라와 싸우면서 한 논의나 고구려, 신라가 당나라와의 일전을 앞두고 한 논의, 고려가 거란과 원元나라, 명나라에 맞서면서 한 논의, 조선이 청나라와 싸우면서 한 논의는 본질적으로 비슷하다. "싸워서 이길 수 있는가. 없다면 어떻게 해야 하는가."

이런 논쟁이 우리나라에만 있었던 것은 물론 아니다. 진秦나라는 장성을 쌓는 것 때문에 논쟁을 벌였고, 한나라는 흉노 원정 때문에 의론이 갈라졌으며, 송나라는 금나라와 싸우는 것 때문에 내각이 분열 직전까지 갔고, 명나라는 대對몽골 정책 때문에 붕당이 갈렸다.

국가를 운영할 때, 특히 힘이 약할 때 어려운 선택을 하게 되는 것은 당연하다. 크게 보면 인조가 엄동설한에 삼전도에서 굴욕을 감수한 것도 단지 몇 사람의 잘못 때문만은 아니었다. 광해군이 외교의 달인이라고 하지만 인조도 그렇게 무지하지 않았고, 김상헌金尚憲 등 주전파가 고루한 명분에 매달려 일을 그르쳤다고 하지만 그들이 무턱대고 그리하기만 한 것은 아니었다. 그는 인조가 항복 문서를 보내는 것에 반대하면서 "지금 제가 한가히 고담준론을 하겠습니까. 저들의 항복을 들어주면 더 심한 요구를 할 것이 자명합니다"라고 간한다.

관련된 모든 사람이 완전히 어리석지도 않았고 완전히 선하지도 않았다. 주전파나 주화파나, 인조나 청나라 태종이나 다 나름의 이유가 있었다. 문제는 눈앞에 직면한 상황을 누가 제대로 파악하고 해결책을 찾아내는지였다. 여기서 최명길이 보여준 태도와 능력은 뭇사람들과 차이가 난다.

우선 전쟁이 발발하기 석 달 전인 1636년 9월에 쓴 상소문은 한마디로 버릴 것이 없는 명문이다.

대체로 간원의 의논을 받아들여 나가 싸우거나 물러나 지킬 계책을 결정하지도 못하고, 또 신의 말을 받아들여 병화를 완화할 계책을 세우지도 않으니, 하루아침에 적이 휘몰아오면 체찰사體察使는 강화도로 들어가 지키고 절도사들은 관문 안에 물러가 있으면서 청천강 이북의 여러 고을은 버려 도적에게 주는 수밖에 없을 것입니다.

......

이런 지경에 이르면 그 잘못은 누가 책임지겠습니까.

신의 어리석은 생각으로는 임금이 앞으로 나가는 것은 경솔히 의논할 수 없으나, 체찰사와 절도사는 모두 평안도에 개부開府하고 병사兵使도 의주에 들어가 거처해, 진격만 있고 퇴각은 없다는 것을 장수들과 약속하는 것이, 전수戰守의 상도에 부합되는 것으로 여겨집니다. 그리고 심양瀋陽에 서찰을 보내어 군신의 대의를 모두 전달하고 이어 추신秋信을 보내지 못한 이유를 말해 한편으로는 오랑캐의 정황을 탐색하고 또 한편으로는 저편의 답서를 관찰해, 저편이 다른 생각이 없고 그대로 형제의 예를 쓰면, 호씨胡氏가 논한 것을 따라 우선 먼저의 약속을 지키고 안으로 정사를 닦아서 후일을 도모해 후진後晉의 전철을 밟지 않도록 힘쓰고, 만일 그렇지 않다면 용만龍灣을 고수해 성을 등지고 한바탕 싸워서 안위安危를 변상邊上에서 결정하는 것이 혹 만전지책萬全之策은 되지 못하더라도 대책 없이 망하기를 기다리는 것보다는 낫다고 여겨집니다.

이것을 도모하지 않고 한결같이 우물쭈물해, 나아가 싸우자고 말하고 싶으나 의구심이 없지 않고, 기미할 계책을 말하고 싶으나 또 비방하는 소리를 들을까 봐 두려워해 이러지도 못하고 저러지도 못해 진퇴가 분명치 않은 것입니다. 강물이 얼게 되면 화가 목전에 닥칠 것이니 소위 '너의 의논이 결정될 때는 나는 벌써 강을 건넌다'는 말과 불행히도 가까우니, 신은 매우 통탄스럽습니다. 지금은 이미 늦기는 했으나 그래도 해볼 만하니, 삼가 바라건대 전하께서는 신의 이번 차자箚子를 묘당에 내리시어 혹 지난번처럼 묻어주지 말고, 속히 의논하고 복계해 후회하는 일이 없게 하면 몹시 다행이겠습니다.

정황이 다 밝혀진 상황에서 읽으니 후손으로서 부끄러운 마음이 앞선다. 글은 당시 정치인들의 허위와 거짓을 통렬히 꾸짖고 있다. 그 요지는 분명하다.

"전쟁이 일어나면 어가는 강화로 도망가고 장수들은 군영으로 숨고 북쪽 전장의 백성만 어육魚肉이 될 터인데 왜 아무 행동도 취하지 않는가. 싸우자고 하면 임금이 직접 전진하지는 못하더라도 장수들을 북쪽에 배치하고 싸움밖에 없다는 영을 내려라. 만약 그렇게 하지 못한다면 싸움은 생각도 하지 마라. 또 전쟁을 준비하더라도 먼저 외교를 정상화해 전쟁을 피하고 적국을 정탐하자. 허송세월을 보내면 전쟁을 막을 길이 없다."

그리고 마지막으로 하는 말이 섬뜩하다.

"압록강이 얼면 적이 내려온다!"

최명길의 상소문에 사간원司諫院이 트집을 잡는다. 그가 경연 석상에서 '칸汗'이라는 명칭을 썼다는 것이다. 그 명칭이 도리에 맞지 않다는 주장이다. 임금도 이런 말꼬리 잡기가 어이없었는지 사간원이 "붕당을 옹호"한다고 질책한다. 최명길은 답답했다. '도대체 이 절체

절명의 순간에 칸이란 명칭이 그렇게 중요한가.'

대세를 알기에 굴욕을 감수하다

최명길의 걱정은 모두 현실이 되니, 겨울이 되자 청나라의 철기병들이 단 며칠 만에 한양에 닿고 말았다. 임금은 허겁지겁 남한산성으로 피란 가고 장수들은 군영으로 숨어버린다. 백성만 어육이 된 것이다.

적이 남한산성을 포위하자 조정의 의견은 둘로 쪼개지고 상황은 점점 열악해진다. 최명길을 죽여 사기를 북돋우자는 쪽이나 난을 부른 주전파를 죽이자는 쪽이나 다 일리 있었다. 모두 절박했던 것이다. 전 참봉參奉 심광수沈光洙가 최명길을 베야 한다고 청했는데, 화친을 청하러 사신을 보냈으나 답이 없자 그를 죽이자는 요구가 들끓었다. 믿을 사람이 없는 인조는 "그 사람은 평소에 이러한 환란이 있을까 봐 염려해 언제나 시기에 맞춰 주선하려고 했다. 지금 속임 당하기는 했지만 실로 남보다 뛰어난 식견이 있으니 처벌할 수 없다"라고 힘없이 답한다. 대안이 없었던 것이다.

좁은 남한산성에서 더는 버틸 수 없게 되자 결국 항복하기로 한다. 그러나 아무도 항복 문서를 쓰려 하지 않는다. 결국 "조선 국왕은 삼가 대청국 관온 인성 황제에게 글을 올립니다"라는 문구로 시작하는 항복 문서를 최명길이 직접 작성한다. 그리고 주전파라고 자수한 윤집尹集과 오달제吳達濟가 항복 문서를 가지고 사지로 떠난다. 그들이 왜 이런 벌을 받았는지 모르겠지만, 정말로 기세등등했던 주전파 중 나서는 이는 없었다. 그래서 사관들은 최명길이 이들을 내보내어 사적 감정을 풀었다고 비난했다. 하지만 사서를 편찬하는 이들 하급 관리에게 무슨 사적 원한을 품었겠는가. 임금이 한 짓이라고 할 수는 없으니 어쩔 수 없이 신하에게 뒤집어씌운 일 아니었을까 한다. 당시 상황은 너무나 비참했다. 항복하지 않으면 바로 굶어 죽을 지경이었다. 그렇게 제대로 싸워보지도 못하고 헛기세만 부리다가 삼전도에서 굴욕은 굴욕대로 당한 채 병자호란은 마무리된다.

최명길은 국가 존망이 걸린 위난 앞에서 척화라는 의리와 명분보다는 화친이라는 실리를 택함으로써 스스로 굴욕을 받아들였다. 사람은 누구나 자신에게 흠이 될 만한 짓은 하지 않으려고 한다. 어느 누가 자손만대의 치욕이 될 항복 문서를 쓰려 하겠는가. 그러나 그는 정치가로서 적의 남하를 미리 막지 못한 책임을 통감했다. 책임 있는 자 아무도 제 손에 더러운 때를 묻히려 하지 않으니 결국 자신이 총대를 메고 책임지는 모습을 보인 것이다. 그러고 좋았겠는가. 임금과 백성의 안전을 위해서는 누군가 나서야 했다.

최명길이 화친을 주장한 데는 국제 형세를 보는 탁월한 안목이 한몫했다. 그는 우선 산성들이 별로 도움 되지 않으리라는 것을 간파했다. 병자호란 이전에 조선에 온 명나라 사신들이 이런 말을 한 적 있다.

"일본군이야 북쪽으로 달아나면 되지만 여진족이 내려오면 숨을 곳이 없다."

"여진족은 기병을 주로 쓰는데 장거리 화포가 아니면 당해낼 수 없다."

그런데 열악한 재정 상황으로 골머리를 앓는 조선이 어떻게 화포를 대량으로 구해 설치하겠는가. 과연 병자호란이 터지자 청나라 군대는 산성들은 거들떠보지도 않고 대로를 따라 물밀 듯이 내려와 남한산성을 포위한다.

게다가 청나라 태종은 매우 용의주도한 인간이다. 그를 '빨간 돼지'라고 멸시하던 사람들은 명나라 동북방에서 그가 얻은 명망을 잘 몰랐다. 명나라의 명장 원숭환袁崇煥이 그의 계략에 빠져 죽었고, 조대수組大壽 같은 장수들은 그의 인품에 반해 항복했다. 수많은 사람이 무능하고 부패한 명나라를 떠나 그에게 귀순하는 형국이었다. 그는 중국을 정복하는 동시에 유교적 군주의 명망을 얻고자 했다. 심지어 명나라 영평부永平府를 약탈하고 정묘호란 때 조선을 유린한 죄를 물어 자신의 작은아버지 아민阿敏을 유폐했을 정도다. 그는 조선 사대부들의 생각처럼 단순한 야만인이 아니었다.

물론 청나라에도 약점은 있었으니, 썩 좋지 않은 요동의 상황이었다. 새로 얻은 요동에 거주하던 한족들의 반란이 그치지 않았고, 군량은 항상 부족했다. 정복과 통치는 달랐던 것이다. 이 때문에 조선에서 오랫동안 시간을 보낼 여유가 없었다. 이를 눈치챈 최명길은 정묘호란과 병자호란 때 같은 말을 반복한다.

"저들이 내려온 것은 우리 땅을 차지하고자 함이 아닙니다. 단지 항복을 받아내고자 할 따름입니다."

특히 남한산성에 갇혔을 때의 일을 《실록》은 이렇게 전한다.

최명길이 적진에서 돌아와 말한다.

"그들의 말과 기색을 살펴보니 세 가지 조건으로 강화를 정하는 것 외에는 다른 마음이 없는 것 같았습니다."

그러자 임금은 믿지 않는다.

"경은 필시 속은 것이다. 어찌 세 가지 조건 때문에 이렇게까지 하겠는가."

결과는 어떠했는가. 조선이 항복하자마자 청나라 군대는 돌아갔다. 여기에는 복잡한 사정들이 얽혀 있었고, 이를 꿰뚫어볼 수 있는 이는 최명길뿐이었다.

최명길이 어떤 정보를 쥐고 있었기에 사태를 그토록 정확하게 파악할 수 있었는지는 알 수 없다. 그러나 그는 판세를 읽을 수 있었기에 화친이라는 굴욕을 스스로 무릅쓸 수 있었다.

정적을 감싸는 큰 정치, 큰마음

세상인심이라는 것이 얄팍해서 위기가 사그라지자 너 나 할 것 없이 주전파를 공격하는데 도를 넘어섰다. 그러나 최명길은 달랐다. 1638년 올린 상소를 보면 그 인간됨이 가감 없이 드러난다. 그가 윤방尹昉(병자호란 때 신주를 잘못 다룬 죄), 조익趙翼(아버지를 찾느라 임금을 호송하지 못한 죄), 김상헌을 옹호하는 글은 참으로 기품이 넘친다. 그릇이 작은 정치인들에게는 기대할 수 없는 일이다.

(환란을) 당해 조정에 있는 여러 신하는 실로 함께 배를 타고 풍랑을 만

난 형세이니, 참으로 서로 공경하기를 힘쓰고 마음을 합쳐 함께 국가의 일을 구제해 성상의 마음을 본받아야 합니다. 그런데 근래 대각의 신하가 이런 계책은 마련하지 않고 여러 차례 파란을 일으켜 매양 서로 공격하는 것으로 일을 삼아 조정에 거의 편안한 날이 없으니 참으로 한탄스럽습니다. (윤방은) 여든의 늙은 신하로 조석지간에 죽게 되었으니, 공평한 마음으로 보면 참으로 가여운데, 다투어 잘못을 집어내어 트집 잡은 것이 한 해가 되어가니 어쩌면 그리도 심합니까. (조익의) 잘못은 불행한 사세에서 나온 것이지만 정상은 실로 용서할 만합니다. (김상헌의) 절의는 참으로 숭상할 만합니다. 신이 상헌을 좋아하지 않는 것은 대중이 모두 아는 바이지만 세도世道를 염려해 부득불 이와 같이 아뢰는 것입니다.

최명길의 말은 간단한다.

"지금은 단결해 전란의 화를 극복해야 할 때인데, 시세가 나빠 어쩔 수 없었던 작은 일을 가지고 왜 서로 공격하는가."

특히 자신과 정치적으로 첨예하게 대립했던 김상헌의 절의를 높이 평가한다. 넓은 도량이 아니면 할 수 없는 일이다. 병자호란이 났을 때 죽음을 무릅쓰고 일선에 서서 사태 해결에 앞장선 그였기에 아무도 이의를 제기하지 못한다. 물론 김상헌의 절의는 상황에 따라 말을 뒤집는 소인들과는 차원이 다른 것이기도 했다. 다만 시세에 어두웠을 뿐이다.

이쯤 되면 최명길도 조정에 환멸을 느낄 만하다. 그러나 임금이 그를 놓아주지 않는다. 조정에 인재가 없었던지, 그는 쉬지도 못하고

늙고 병든 몸을 이끌어 심양을 왔다 갔다 하며 온갖 뒤치다꺼리를
해야 했다.

《인조실록》부터 《효종실록》까지 최명길이 언급되는 부분을 다 찾
아보니 내용이 대체로 이러하다. '풍년이 들 때까지 조세를 적게 거
두자. 어떤 법을 세우고, 어떤 법을 없애자. 조정부터 검소하자. 인재
등용의 폭을 넓히자. 어려운 지역의 조세를 줄이자. 일본에 사신을
보내자. 청나라와의 관계를 개선하자. 도둑을 잡자. 죄수를 사면하
자. 화폐를 시험하자.' 특히 일본과의 관계 개선, 세금 감면에 치중하
는 느낌이다. 그는 불필요하게 예악을 따지며 논쟁한 적이 없다. 그
는 실학자였다.

병자호란 전에는 주전파를 공개적으로 꾸짖어 전쟁을 피하려 하
고, 병자호란이 끝나자 서로 죽이는 일을 금하고 정적마저 두둔한다.
그 도량이 후대의 소인배들은 결코 흉내 낼 수 없을 정도로 넓다. 최
명길은 인격적으로도 훌륭한 정치인이다.

백성이 곧 대의다

위정자에게 진정한 굴욕이란 무엇일까. 그것은 민본의 대의를 버리
는 것이리라. 민본을 버리면 대의는 존재하지 않는다. 임금과 사대부
의 역사를 조선의 역사로 오인하면 《실록》에 나오는 신하들의 이름
만 달달 외우게 될 뿐 얼마나 많은 사람이 죽고, 얼마나 많은 여인이
굴욕을 당했는지는 알 수 없다. 병자호란 때 포로가 되어 청나라로

끌려갔던 사람이 수십만 명이라고 한다. 정묘호란 때 평양 등 고작 여섯 개 지역에서 끌려간 사람만 5만 명이라는데, 《실록》에 백성의 태반이 끌려갔다고 기록된 것을 보면 전체 수는 짐작하기도 힘들다. 가난한 백성은 끌려간 가솔들을 다시 데려오지 못했다. 백성이 무슨 죄가 있어 이런 참혹한 화를 겪는단 말인가.

1638년 11월 조정에 한 안건이 올라온다. 장유張維라는 이가 예조에 청을 넣기를 며느리가 청나라에 갔다가 속환贖還되어 친정에 있는데, (정절을 잃었으므로) 함께 선조의 제사를 받들 수 없으니, 아들이 이혼하고 새로 장가들도록 허락해달라는 내용이다. 이전에 최명길은 사대부의 여인들이 돌아오면 다시 함께 살도록 해야 한다고 주장했다. 그러자 제 목숨은 아끼면서 여자 목숨은 파리처럼 여긴 사대부들이 정절을 문제 삼았다.

최명길은 이렇게 되묻는다.

"유성룡柳成龍, 이원익李元翼, 이덕형李德馨, 이항복李恒福, 성혼成渾 같은 뛰어난 재상들도 임진왜란 때 끌려갔다가 돌아온 사람들이 다시 자리 잡도록 했다. 그래도 말이 없었는데, 지금 그들에게 미치지 못하는 사람들이 무슨 이유가 그렇게 많은가."

굳이 계보를 따지면 당색이 다른 유성룡, 이원익까지 거론하는 것을 보아도 최명길의 아량이 얼마나 넓은지 알 수 있거니와, 그 주장이 참으로 현대적이다. 병자호란 이후 공론의 수준이 임진왜란 이후 공론의 수준만 못했던 것이다. 《실록》에는 그의 말이 고스란히 기록되어 있다.

신이 전에 심양에 갔을 때 속환하기 위해 따라간 사람들이 매우 많았는데, 남편과 아내가 서로 만나자 부둥켜안고 통곡하기를 마치 저승에 있는 사람을 만난 듯해, 길 가다 보는 사람 중에 눈물을 흘리지 않는 사람이 없었습니다. …… 이혼해도 된다는 명이 있게 되면 반드시 속환을 원하는 사람이 없게 될 것입니다. 이것은 허다한 부녀자를 영원히 이역의 귀신이 되게 하는 것입니다. …… 신이 반복해서 생각해보고 물정으로 참작해보아도 끝내 이혼하는 것이 옳은 줄을 모르겠습니다. …… 이로써 미루어본다면 전쟁의 급박한 상황 속에서 몸을 더럽혔다는 누명을 뒤집어쓰고서도 밝히지 못하는 사람이 얼마나 많겠습니까.

임금은 최명길의 청대로 하라고 명한다. 그러나 사대부 자제들은 모두 새장가를 들었다고 한다. 이에 사관은 이렇게 평한다.

사로잡혀 갔던 부녀들은, 비록 그녀들의 본심은 아니었다고 하더라도 변을 만나 죽지 않았으니, 절의를 잃지 않았다고 할 수 있겠는가. …… 절의를 잃은 부인을 다시 취해 부모를 섬기고 종사宗祀를 받들며 자손을 낳고 가세를 잇는다면, 어찌 이런 이치가 있겠는가. 아, 100년 동안 내려온 나라의 풍속을 무너뜨리고, 삼한三韓을 들어 오랑캐로 만든 자는 명길이다. 통분함을 금할 수 있겠는가.

생각해보라. 과연 누가 절의를 잃었는가. 과연 누가 통분해야 하는가. 온 나라를 피로 물들인 책임을 지지는 못할망정 처나 버리는 자들이 절의를 입에 담다니, 그 뜻을 알고나 있었는지 궁금하다.

13세기부터 18세기까지 칭기즈칸 가문은 세계를 호령했다. 칭기즈칸은 포로가 되었다가 돌아온 처를 받아들여 가문에서 가장 용맹한 영웅 주치朮赤(아마도 사생아였을 것이다)를 낳았다. 후한 광무제의 명신 송홍宋弘은 공주가 유혹해도 조강지처를 버리지 않아 황제가 이를 가상히 여겼다. 조선 사대부들의 위세가 칭기즈칸 가문보다 더 등등하고, 그들의 지조가 그토록 숭상해 마지않던 중국의 송홍보다 높았단 말인가.

오랑캐에게 나라를 팔아먹었다고 비난받던 노신은 오랑캐를 견제하려다가 심양의 감옥에 갇힌다. 그때 김상헌을 만나 화해하면서 지은 시 〈재심옥화김청음운在瀋獄和金淸陰韻(심양의 감옥에서 김 청음의 운에 답하네)〉을 보면 그가 나라를 팔아먹었다는 굴욕을 당하면서도 당당한 태도를 고수한 이유를 알 수 있다.

고요한 곳에서 여러 움직임을 관찰하면,
진실로 이해를 이루어 돌아갈 수 있으리.
끓는 물과 얼음 모두 같은 물이고,
갖옷과 굵은 베옷도 다 같은 옷이오.
일이야 혹여 때에 따라 갈리겠지만,
마음이 어찌 도리와 어긋나리오.
그대 능히 이 도리를 아낄 터이니,
각자의 천기를 말하지 마시게나.
靜處觀群動 眞成爛漫歸
湯氷俱是水 裘葛莫非衣

事或隨時別 心寧與道違

君能悟斯理 語黙各天機

최명길은 임금과 백성이 큰 굴욕을 당하지 않도록 스스로 작은 굴욕을 감내했다. 그것이 실학 하는 그의 도리였다. 반면 어떤 이들은 명분과 의리를 주장하며 백성의 고난은 아랑곳하지 않았다. 실학 하는 안목이 있는 위정자라면 그의 고통을 이해할 수 있으리라. 하늘의 뜻은 모르지만 파당에 물들지 않고, 세속의 비난을 무릅쓴 채 경세제민의 길을 뚜벅뚜벅 걸어간 그를 진정한 실학자라고 부르고 싶다. 이처럼 참된 선각자는 기꺼이 굴욕을 받아들여 백성의 굴욕을 막았다.

마음에 이룰 뜻이 섰다면 스스로 굴욕을 받아들여야 할 때가 온다. 가끔은 남을 대신해서 비난받을 때도 있다. 시간이 흐르고 사태가 명백해지면 다른 사람들도 다 알게 될 것이다. 누가 현명하고 누가 남을 위해 고난을 겪었는지 말이다.

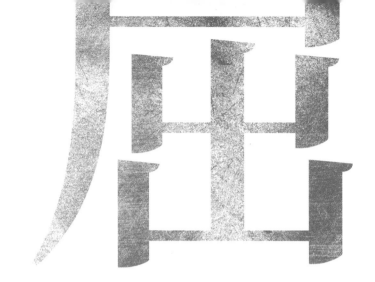

5장
굴욕당하는 중에 누군가 나를 응원한다

굴욕을 대하는 다섯 번째 태도: 신뢰

패자의 조건, 신뢰

진晉나라 문공

살아가기 어려워라 살아가기 어려워라,

갈림길도 많았거니 지금 어디 있는 거냐.

바람을 타고 물결을 깨뜨리는 그 큰 뜻 때가 오리니,

높은 돛을 바로 달고 창해를 건너리라.

行路難 行路難 多岐路 今安在

將風破浪會有時 直掛雲帆濟滄海

— 이백李白, 〈행로난行路難(인생길 어려워라)〉

문공文公 (기원전 697년~기원전 628년)

춘추시대의 패자다. 진晉나라 헌공獻公의 아들로 왕위 계승 암투에 말려들
어 여러 제후국을 떠돈다. 무려 19년의 망명 생활 끝에 결국 진秦나라 목공
穆公의 후원을 받아 쫓겨나온 진晉나라의 군주로 등극한다. 기원전 632년
성복城濮에서 남방의 강자 초나라를 대파함으로써 패자의 지위에 오른다.
신의를 지키고 인재들을 아낀 군주로 평가된다.

춘추오패의 승리 비법

흔히 이런 말을 한다. "그 사람은 도대체 종잡을 수가 없어." 이는 그와 관계 맺을 방법이 없다는 뜻이리라. 그래서 나와 남의 관계는 서로 믿을 수 있는지 없는지, 즉 행동을 예측할 수 있는지 없는지에 달려 있다. 신뢰가 무너지면 관계도 무너진다. 그래서 경제에서의 신뢰를 신용, 정치에서의 신뢰를 신념, 친구 간의 신뢰를 신의 등으로 부른다. 서로 신뢰하는 사람끼리 나아가는 방향마저 같으면 동지가 된다. 인간관계의 최고봉은 '믿을 수 있는 동지'다. 주위에 믿을 만한 동지가 많은 사람은 시간이 오래 걸려도 반드시 크게 성공한다.

잠깐 춘추시대 말기로 여행을 떠나보자. 수많은 책이 춘추시대의 인간관계를 다룬다. 최초의 수작은 바로 공자의 《춘추》일 것이다. 공자가 사서들을 들추어보니 사람을 다스리는 자들에게서 도대체 신뢰를 찾아볼 수 없었다. 그는 믿음을 저버린 사람들을 가려냄으로써 안정된 인간관계, 즉 역사를 한번 만들어보고 싶었다. 그리하여 왕조를 중심으로 만백성이 공감할 만한 인간관계를 제시하고자 했다. 이것이 바로 《춘추》다.

《춘추》의 주제를 이어받아 더욱 풍성하게 가꾼 것이 사마천의 《사기》다. 《사기》〈진세가晉世家〉에 등장하는 진나라 문공과 혜공惠公의 고사는 신뢰를 바탕으로 삶의 고난을 이겨내고 승리하는 모습을 잘 보여준다. 물론 옛 사서가 말하는 승리란, 봉건제라는 시대적 한계 탓에, 강자의 승리로 국한되겠지만, 강자가 되는 것 또한 바로 신뢰에 기초한다. 생각해보면 '춘추오패春秋五覇', 즉 제나라 환공桓公, 진나라 문공, 초나라 장왕莊王, 오나라 부차, 월나라 구천 등 춘추시대를 평정한 다섯 명의 패자는 모두 불안정한 정세 속에서도 많은 이의 신뢰를 얻었기에 승리할 수 있었다. 신뢰는 사람을 끌어오고 관계를 확장한다. 절망적인 상황에서 눈앞의 이익보다 신뢰를 지키는 것이 쉬운 일인가. 《사기》에 나와 있는 춘추시대의 두 번째 패자 문공의 행적을 따라가다 보면 절망적인 상황에서도 인내하며 신뢰를 쌓아 가는 일이 얼마나 중요한지 알게 될 것이다. 그는 말한다.

"신뢰는 하루아침에 쌓이는 것이 아니다. 비록 지금은 불편하고 고생스럽더라도 인내하며 차근차근 쌓아가는 것이다."

"아버지와 싸울 수는 없다"

문공을 알기 위해서는 먼저 그의 아버지 대를 살펴봐야 한다. 진나라 는 중원 북방의 강국으로 주나라 무왕의 아들이 그 시조다. 영토는 오늘날의 산시성山西省 일대로, 황하를 사이에 두고 최초로 중원을 통 일한 진秦나라와 접해 있었다. 황하의 여러 지류가 황토고원 사이를 흐르고 큰 산과 계곡이 펼쳐지니, 하남성 낙읍洛邑에 근거를 둔 주나 라 왕실의 북쪽 울타리 역할을 했다.

문공의 아버지 헌공은 안목이 변변치 않았던 모양이다. 그는 처 가 많았다. 그 시대의 제후국들은 정략결혼으로 지위를 보전했다. 중 원의 중요한 위치를 차지하고 있던지라 그는 제나라 환공의 딸인 강 씨姜氏를 아내로 맞아 태자 신생申生을 얻는다. 하지만 얼마 후 강씨가 죽자 적翟나라의 오누이를 부인으로 맞아들이는데, 언니는 훗날 문공이 되는 중이重耳를 낳고, 동생은 혜공이 되는 이오夷吾를 낳는다. 즉위한 다음에는 여융驪戎을 정벌해 왕녀인 여희驪姬를 후비로 맞아 해제奚齊를 얻고, 그녀의 여동생까지 부인으로 삼아 탁자卓子를 얻는다. 그는 늦게 얻은 이 여인들을 무척 아꼈다고 한다. 바로 이것이 화근이 된다.

신생은 인격적으로 완숙하고, 아버지의 명령을 받들어 전장을 떠돌며 적을 제압하는 데 실수가 없었다. 그러나 새로이 얻은 여인에게 마음을 뺏긴 헌공은 그에게서 마음이 멀어지고 말았다. 《사기》는 대신 이극里克과 이들 부자의 대화를 생동감 있게 옮기고 있다.

어느 날 헌공이 이극에게 이렇게 말한다.

"과인에게 아들이 몇 명 있는데, 누구를 태자로 정할지 아직 모르겠소."

사실상 태자는 정해져 있고 군권까지 맡겼으면서 이렇게 말한 까닭이 무엇이겠는가. 이극은 아무 말도 하지 않고 물러나 태자를 만난다. 태자가 "내가 장차 폐위되겠습니까"라고 묻자, 그는 "자신의 임무에 충실하다면 폐위를 걱정할 필요가 있겠습니까"라고 두루뭉술하게 답한다. 그러나 헌공의 마음은 이미 신생에게서 떠나 있었다.

역사에서 여인들은 약자인지라 악역을 맡는다. 그래서 많은 사람이 신생을 모함한 이로 여희를 지목한다. 하지만 같이 잠자리에 드는 사람 중에 누가 먼저 나쁜 생각을 내었는지 누가 알겠는가. 예리한 사마천은 화근이 헌공이었음을 명백히 밝힌다. 이야기를 계속 들어보자.

헌공은 어느 날 몰래 여희를 찾아 이렇게 말한다.

"태자를 폐하고 대신 해제를 세울까 하오."

새삼스러운 말이 아니지 않은가. 그러나 여희는 짐짓 난처한 듯 연극을 한다.

"세상 사람들이 다 태자를 우러르는데, 어찌 적자를 폐하고 서자를 세우겠습니까. 정 그리 생각하신다면 저는 자결하고 말겠습니다."

여기서 잠깐, 헌공과 여희가 비밀리에 한 말을 사관은 어떻게 알았을까. 사마천은 사서에 쓰여 있는 '비밀리에 만났다'는 구절을 다시 인용했을 테니, 두 사람이 비밀리에 만났으리라고 추측한 사관이 애초에 그리 썼을 것이다. 그 이유는 둘이 이미 공모하고 있음을 암시하기 위함이리라. 또는 태자를 폐하려는 헌공의 생각이 '비밀'이 아니었을 수 있다.

비밀이 아니라면 일을 꾸민 쪽은 마음이 급했을 것이다. 이제 불길은 걷잡을 수 없이 번진다. 헌공의 마음을 확실히 읽은 여희가 수를 쓴다. 그녀는 신생에게 이렇게 말한다.

"군왕이 꿈에 어머니 강씨를 보았으니 태자는 즉시 곡옥曲沃으로 가서 제사 지내고, 제사에 올린 음식을 군왕께 보내세요."

곡옥은 도성에서 꽤 떨어진 곳이지만, 신생은 군말 없이 그곳으로 가 제사 지내고 그 음식을 보낸다. 헌공이 이를 먹으려 하자 여희가 막으며 "음식이 멀리서 왔으니 상했는지 먼저 검사해봐야 합니다" 하고 개에게 던져주니, 먹고 죽었다. 나이 어린 환관에게도 주었는데, 역시 죽고 말았다. 누가 이런 일을 꾸몄는지는 삼척동자도 알 것이다. 사서에는 여희가 모든 일을 꾸민 것처럼 쓰여 있지만, 군주의 음식을 환관이 먼저 맛보아 독을 검사하는 것이 관례인데, 어찌 헌공은 허겁지겁 먹으려 했던 것일까. 아마도 성품이 못된 두 사람이 함께 꾸민 일일 것이다. 어쨌든 여희는 흐느끼며 고한다.

"태자는 어떻게 이렇게 잔인할까요. 군왕께서는 늙으셔서 오래지 않아 돌아가실 터인데 태자가 이런 일을 하는 것은 다 저와 해제 때문입니다. 태자에게 어육이 되기 전에 저희 모자는 타국으로 피할까 합니다."

도성으로 돌아오는 길에 이 소식을 들은 신생은 다시 곡옥으로 달아난다. 그러자 헌공은 노해서 그의 사부를 죽여버린다. 그가 보기에 아버지는 자신을 죽이기로 마음먹었다. 측근들이 해명하라고 간청하자 "군왕께서는 연로하시어 여희가 아니면 잠도 식사도 제대로 못 하십니다. 제가 해명하면 여희를 미워할 것인데, 그렇게는 못 하겠습니다"라고 답한다. 말은 부드럽지만, 그의 마음은 이미 정해졌다. 여자가 아니면 잠도 식사도 잘못하는 자를 어찌 군왕이라고 할 수 있겠는가. 그러나 아버지이니 어쩔 수 없다는 것이 그의 생각이었다. 결국 그는 오명을 씻기 위해 스스로 목숨을 끊는다.

해제는 아직 어리고, 다른 공자公子들은 모두 컸으니, 신생이 죽었다고 해서 여희의 마음이 어찌 편하겠는가. 다만 헌공이 해제를 태자로 세울 마음을 이미 굳혔으니, 그녀로서는 정적들을 빨리 제거하고 싶었을 것이다. 이에 신생이 독을 넣을 때 중이와 이오가 알고 있었다고 모함한다. 이 소식을 들고 중이는 포읍蒲邑으로, 이오는 굴읍屈邑으로 달아난다. 대노한 헌공은 우선 포읍을 공격하는데, 그곳의 환관이 중이에게 아버지의 명에 따라 빨리 자결하라고 명한다. 하지만 아무리 아버지의 명이라고 해도 죄가 없는데 무턱대고 자결할 수는 없지 않은가. 이에 중이가 담을 넘어 달아나는 틈에 환관이 그의 옷자락을 베었다. 헌공은 다음으로 굴읍을 쳐 함락하니, 이오는 양梁나라로 도주한다.

헌공은 그 후로 3년을 더 살다가 죽는다. 헌공이 죽자 이극이 즉시 난을 일으켜, 해제와 탁자를 죽인다. 당시 중이는 아버지와 싸울 수 없다며 어머니의 나라인 적나라로 달아난 상황이었다. 이극은 그를 새 군주로 세우고자 했다. 이에 적나라로 사람을 보내니 그는 이렇게 말한다.

"아버지의 명을 거역해 타국으로 도망쳤고, 돌아가신 후에 장례도 내 손으로 못 치렀는데 무슨 면목으로 돌아가겠소. 대부들은 다른 공자를 찾아 세우시오."

이 행동은 정치적인 효과가 있었다. 세간에서 중이가 의리를 아는 사람이라는 평판이 돌기 시작했다.

실리를 따지다가 신뢰를 잃다

이렇게 되니 이극은 양나라에 있는 이오에게 사람을 보낸다. 진의를 의심한 이오의 측근들이 조언한다.

"아직 국내에 공자가 있는데, 타국에서 사람을 찾는다니 미심쩍습니다. 강국 진나라의 도움을 받아 돌아가는 것이 안전하겠습니다."

이에 이오는 진나라 목공에게 도움을 청한다.

"제가 안전하게 돌아간다면 하서를 진나라에 할양하겠습니다."

목공은 이오의 말을 믿고 군대를 보내 그가 군주의 자리에 오르는 데 일조한다.

이오는 또한 안전을 보장받을 심산으로 실권을 잡은 이극에게 제안한다.

"내가 왕위를 이으면 분양汾陽을 봉지로 주겠소."

이렇게 이오는 환국에 성공, 군주가 되니 바로 혜공이다. 이후 그와 중이는 각자 쌓아온 신뢰를 무기로 흥미진진하게 맞붙으니, 시간이 갈수록 그들의 운명은 극명하게 갈린다.

사람의 마음이란 화장실에 들어갈 때와 나올 때가 다른 법이다. 혜공은 막상 왕위에 오르자 진나라에 하서를 주기가 아까워져 이렇게 말을 바꾼다.

"대신들이 토지는 선대에서 물려받은 것인데, 함부로 타국에 넘겨줄 수 없다고 합니다. 아무리 설득하려 해도 불가한지라 이렇게 사과드립니다."

목공으로서는 기가 찰 노릇이었을 것이다. 이어서 혜공은 이극에게 죄를 묻는다.

"그대는 나를 왕위에 올렸소. 그러나 그대는 두 명의 군주(해제와 탁자)를 살해했으니 나로서는 난감하오."

한마디로 믿지 못하겠으니 스스로 죽으라는 뜻이다. 이극은 "저는 예전의 군주를 폐하고 지금의 군주가 서게 했습니다. 그러나 이제 저를 죽이려 하신다면 어쩔 수 있겠습니까"라고 답한 뒤 스스로 목숨을 끊는다.

그러던 중 혜공 4년 진晉나라는 큰 기근을 맞아 진秦나라에서 곡식을 사 오고자 한다. 두 나라가 맞닿아 있던 지역은 가뭄이 자주 들어 기근에 취약했다. 당시 곡식은 국가의 근간이라 풍년이 들면 국고를 채우고 흉년이 들면 민간에 푸는 것이 상례여서 이를 외국에 판다는 것은 정치적 부담이 컸다. 또 두 나라는 붙어 있기에 한쪽의 상황이 나쁘면, 다른 한쪽의 상황도 좋지 못했다. 이에 목공이 백리해百裏奚에게 의견을 물었다.

　　백리해는 헌공과의 악연이 깊은 인물이다. 한번은 헌공이 괵虢나라를 친다는 구실로 우虞나라에 길을 빌려달라고 했다. 우나라는 겁을 먹고 길을 열어주었다. 그런데 그가 괵나라를 치고 돌아오는 길에 우나라마저 차지해버렸다. 작은 나라들을 상대로 잔꾀를 부린 것이다. 이 사건은 《삼십육계三十六計》의 '가도벌괵假道伐虢'이라는 고사의 배경이 된다. 그런데 백리해는 우나라에서 벼슬을 하고 있었다. 지독한 가난으로 가뜩이나 기구한 그의 삶이 헌공 때문에 더 꼬이게 된 것이다. 심지어 헌공은 그를 진나라로 시집가는 자신의 딸 목희穆姬의 몸종으로 딸려 보내려 했다. 비록 작은 나라지만 일국의 관리를 몸종 취급하다니! 이를 치욕스럽게 여긴 그는 초나라로 달아났다가 목공의 부름을 받는다.

　　백리해와 목공은 모두 그릇이 큰 인물들이었다. 백리해는 답한다.

　　"대저 하늘의 재앙은 돌고 도는 것입니다. 재앙을 당한 이웃 백성을 돕는 것은 국가의 도리입니다. 도와주시지요."

　　그런데 혜공에게 죽임당한 대부 비정丕鄭의 아들이 진나라에 망명해 있었다. 그는 이 기회에 진晉나라를 공격하자고 말한다. 이에 목공이 답한다.

"진나라의 임금은 내가 무척 싫어하지만, 백성이야 무슨 잘못이 있겠는가."

이렇게 말하고는 양식을 진나라까지 날라주었다. 당시에는 곡식 가격과 수송비가 거의 비등했다. 목공의 아량이 얼마나 넓은지 알 수 있는 대목이다.

운명의 장난처럼 이듬해에는 진秦나라에 큰 기근이 든다. 이에 진晉나라에 곡식을 청한다. 혜공은 과연 어떻게 했을까. 도리상으로는 곡식을 주어야 마땅하다. 그런데 괴석이라는 신하가 이렇게 말한다.

"지난해 하늘이 우리나라를 진秦나라에 넘겨주려 했습니다. 그러나 그들은 기회를 놓쳤습니다. 우리는 기회를 잃지 말고 그들을 쳐야 합니다."

혜공은 괴석의 의견을 받아들여 오히려 군사를 일으킨다. 그러나 원래부터 패자를 꿈꾸던 목공이 호락호락하게 당할 리 없다. 이에 혜공은 전쟁에서 지고 오히려 목공의 포로가 된다. 목공은 당장 혜공을 죽이고자 하나, 그의 누이이자 자신의 부인인 목희가 울며불며 사정하는 바람에 그냥 돌려보낸다. 가까스로 살아 돌아온 혜공은 내치를 돌보는 동시에 중이가 환국할까 봐 두려워져 적나라로 자객을 보낸다.

이렇게 보면 혜공은 실리를 잘 따지는 인물인 듯하지만, 사실은 그렇지 않다. 그는 군왕의 첫째 조건인 신뢰를 잃었다. 춘추시대 회맹의 질서는 상상 이상으로 복잡하다. 서로 실력을 겨루면서도 모두 주나라 왕실의 신하였으므로 힘의 균형을 유지했다. 원칙적으로 제후국 간의 전쟁은 사전이든 사후든 주나라 왕실의 승인을 얻어야 했다. 이러한 질서가 완전히 깨지고 국가 간 전면전이 횡행한 시대를 춘추시대와 구분해 전국시대라고 한다. 따라서 욕심을 지나치게 부린 혜공은 춘추시대 군왕의 덕성을 잃어버렸다고 할 수 있다. 또 자신에게 위협이 되는 사람은 심지어 혈육이라도 죽이려고 하니 신하들은 불안에 떨 수밖에 없었다.

패업의 자산이 된 망명 생활 19년

혜공이 자객을 보냈을 때는 중이가 적나라에 머문 지 12년째 되는 해였다. 그가 자신을 죽이려 한다는 것을 안 중이는 적나라를 떠나 제나라로 간다. 마침 환공의 오른팔과 왼팔이던 관중管仲과 습붕隰朋이 죽은지라 제나라도 인재가 필요했다. 그런 이유로 환공은 중이를 성대하게 맞이한다.

중이의 성격은 대단히 무던해 적나라에서 시간을 보내던 때처럼 제나라에서도 태평했다. 적나라에서 아내를 얻고 사랑해 머물렀듯이, 또 제나라에서 아내를 얻으니 움직이려 하지 않았다. 그러나 환공이 죽자 상황이 달라졌다. 내란이 일어나 운명을 장담하기 어려워진 것이다. 중이를 따르던 구범咎犯, 조최趙衰 등은 마음이 급했다. 이들과 뜻을 같이한 어느 제나라 여인이 중이를 술에 취하게 한 다음 강제로 수레에 태웠다. 그녀도 상당한 식견이 있었던 모양이다. 자다가 깬 중이는 화를 억누르지 못하고 구범을 죽이려고 했다. 그러자 구범이 말한다.

"저를 죽여 주군의 뜻을 이룬다면 제가 바라던 바입니다."

이제 어떻게 하겠는가. 한때 진나라의 대부들이 몰래 그를 부르려 할 때도 암살이 두려워 피하고, 수하들이 제나라를 떠나자고 할 때도 "사람이 안락하면 되지 또 무엇을 바라겠는가"라며 피했던 중이다. 그는 군왕의 자리를 둘러싼 암투에 신물이 났을 것이다. 그러나 자신의 충성스러운 수하를 죽일 만한 사람은 아니었다. 어쩔 수 없이 "실패한다면 그대의 살을 씹어 먹을 것이오"라고 엄포를 놓는 선에서 마무리한다. 그러자 구범이 답한다.

"실패하더라도 제 살은 상해서 드시기에 좋지 않을 것입니다."

이 말은 무슨 뜻인가. 살이 상했다는 것은 죽은 지 오래되었다는 뜻이다. 즉 자신은 이미 죽은 목숨이라는 것이니, 그러한 각오로 중이를 보좌하겠다는 말이다. 마음을 다 내보이는 사람을 어찌하겠는가. 이렇게 주사위는 던져졌다.

중이는 우선 조曹나라로 가지만, 홀대당한다. 단지 희부기釐負羈라는 대부만 중이의 귀상을 알아보고, 음식 밑에 구슬을 넣어 예를 표한다.

중이는 다시 송나라 양공襄公에게로 떠난다. 그는 중이의 인품을 들은지라 극진히 대접한다. 그러나 당시 송나라는 초나라에 패한 지 얼마 되지 않았고, 그도 전투에서 다친지라 중이를 보살필 여력이 없었다. 이에 사마司馬 공손고公孫固가 더 큰 나라로 가라고 충고한다.

이제 중이는 정鄭나라 문공文公에게 의탁한다. 하지만 문공은 그를 탐탁지 않게 여긴다. 대부 숙첨叔瞻이 "진晉나라의 공자 중이는 현명하고 능력이 있으며, 그를 따르는 사람들도 모두 국가의 동량棟梁감인데 왜 예로 대하지 않습니까"라고 묻자 이렇게 답한다.

"망명해서 거쳐 간 사람들이 한두 명이 아닌데 어떻게 다 예로 대한단 말이오."

중이는 괴로웠다. '도대체 이 지긋지긋한 눈칫밥을 언제까지 먹으려나.' 하지만 참고 기다리는 것 외에 다른 방법이 없었다. 다음으로 초나라 성왕成王에게 가니, 남방의 맹주답게 극진히 맞아주었다. 성왕이 그를 매우 귀하게 대하면서 물었다.

"환국하시면 내게 무엇으로 보답하시겠소."

중이는 한참을 생각한 후 답한다.

"초나라는 큰 나라인지라 진귀한 물건이야 넘칠 것입니다. 다만 진나라가 초나라와 마주하게 된다면 90리를 물려드리겠습니다."

진중하지만 당돌한 대답이다. 이에 장수 자옥子玉이 중이를 제거하자고 건의한다. 그러나 성왕은 이렇게 답한다.

"중이는 현명하고 인재들이 따른다. 이는 다 하늘이 주신 것이다. 그가 지금 달리 어떤 말을 할 수 있겠는가. 그대가 한번 대답해보라. 그를 죽일 수가 없다."

성왕은 중이가 진나라의 군주가 될 것을 예감하고 있었다. 초나라는 비록 중원에서 멀리 떨어져 있었지만, 실력으로 따지자면 중원의 어느 나라도 두렵지 않았다. 그도 패업霸業을 이룰 꿈이 있었기에 천하의 민심에 민감했다. 이에 중이더러 진秦나라를 거쳐 환국하라고 조언하고 많은 예물을 딸려 보낸다.

이제 중이는 진나라 목공을 찾아간다. 그의 배포는 이미 알려진 바다. 게다가 혜공에게 배반당해 절치부심하는 중이 아닌가. 그런데 혜공의 정적이 스스로 찾아오니 반가움을 감출 수 없었다. 그는 중이의 환심을 사기 위해 무려 다섯 명의 친척 여인을 시집보낸다. 중이는 강국 진나라에 기대 기회를 기다린다.

혜공이 즉위한 지 14년 만에 죽자, 태자가 있는데도 진晉나라의 많은 사람이 중이를 새로운 군주로 세우고자 했다. 결국 중이는 진秦나라 군대의 지원에 힘입어 군주가 되니, 바로 문공이다. 망명한 지 무려 19년 만의 일이다. 그의 성공은 모두 주변 사람들의 힘 덕분이었다. 구범, 조최 등이 긴 망명 시절을 함께 견디었고, 그의 사람됨을 믿은 초나라 성왕과 진나라 목공이 아낌없이 후원했다.

이처럼 문공은 아버지에게 대항하지 않고, 형제와의 싸움에 끼어들지 않으며, 어려운 망명 시절에도 인품을 잃지 않은 됨됨이 덕에 주위의 도움을 받아 군주가 되었다. 실제로 그는 망명 시절 자신에게 시집온 여인들을 모두 거두어 부인으로 삼았다. 은혜를 입은 사람을 잊지 않는 것이 그의 가장 큰 장점이었다.

문공은 논공행상論功行賞이 분명하고 사람을 쓰는 데 파벌을 가리지 않았다. 심지어 자신이 달아날 때 소매를 베고, 자객으로 적나라까지 쫓아온 환관 이제履鞮도 등용했다. 그의 꿈은 진晉나라의 군주에 머물지 않았다. 패자가 되고 싶어 했다. '따지고 보면 어려운 망명 시절에도 패자의 꿈을 잃지 않고 인내하며 견디지 않았나.' 망명 시절 겪은 고난은 이제 그가 패업을 이룰 수 있는 자산이 된다.

은혜를 잊지 않은 지혜로운 군주

문공 4년 초나라가 송나라를 포위한다. 송나라는 문공이 떠돌던 때 은혜를 베풀었던 곳이 아닌가. 그 은혜를 갚지 않는다면 신뢰를 저버리는 일이었다. 이에 모사謀士 호언狐偃이 이렇게 조언한다.

"초나라가 일전에 조나라를 얻었고, 위나라와는 혼인 관계입니다. 이 두 나라를 공격하면 초나라는 송나라를 포기할 것입니다."

이에 문공은 과거 자기를 홀대한 조나라를 공격한다. 다만 희부기만은 예를 표했으니, 그 일족은 털끝 하나 건드리지 말라고 명한다. 과연 그는 작은 은혜라도 세심하게 갚을 줄 알았다. 이렇게 진나라가 조나라를 무릎 꿇리니 초나라는 송나라를 놓아줄 수밖에 없었다.

예전부터 문공을 못마땅하게 여겼던 자옥은 돌아가는 상황이 영 마음에 들지 않았다. 그가 진나라를 공격하자 문공은 성왕과의 약속을 지키기 위해 90리를 물러난다. 성복城濮전투 때의 일로, 진나라, 송나라, 제나라가 연합해 성복에 주둔하고 있다가 초나라와 대회전大會戰(대규모 전면전)을 벌인다. 자옥은 문공이 군사를 뒤로 물린 것을 상대의 약세로 판단하고 무리하게 쫓아가다가 대패한다. 이 전투의 승리로 문공은 패자의 자리에 오른다. 역사에서 가정은 무의미하다지만, 성복전투에서 자옥이 유인에 걸려들지 않았다면 중원은 초나라가 차지했을 것이다.

19년간 망명 생활을 전전한 이가 패자가 된 것은 기적 같은 일이다. 게다가 중원을 제패한 나라들, 즉 문공을 제외한 나머지 춘추오패의 나라는 역설적으로 모두 중원의 복잡하고 치열한 세력 관계에서 벗어나 있었다. 제나라는 중원의 동쪽 끝, 진秦나라는 서쪽 끝, 초나라는 남서쪽 끝, 월나라는 남동쪽 끝이었다. 그러니 좀더 여유롭게 힘을 키울 수 있었다. 반면 진晉나라는 중원에서 수많은 국가에 둘러싸여 있었다. 하지만 문공은 좌절하지 않고, 오히려 이처럼 복잡한 질서를 최대한 이용해 패자가 되었으니 가히 신화적 인물이다.

춘추오패는 공통점이 있다. 무력도 강력하지만, 맹주로 추대될 정도의 신뢰를 쌓았다는 점이다. 그런데 신뢰는 하루아침에 생기지 않는다. 오랜 세월 검증받아야 한다. 문공은 상대가 남자이든 여자이든 받은 은혜는 모두 갚았다. 그리고 눈앞의 싸움에 몰두하지 않고 인내하며 명성을 쌓았다. 특히 곤궁한 상황에서 신뢰를 지켰기 때문에 명성이 배가 되었다. 신뢰가 있으면 사람이 모인다. 뜻을 같이하는 사람들이 있으면 어떤 위기가 두렵겠는가.

사마천은 어째서 문공이 지나온 나라의 군주들을 장황하게 늘어놓았을까. 곤궁에 빠진 사람을 대우할 줄 아는 이는 모두 장수했고, 신뢰를 얻은 이는 뜻을 이루었다. 송나라와 정나라의 운명은 그렇게 갈렸다.

사마천은 이렇게 말한다.

"진나라 문공은 지혜로운 군주로 19년을 국외에서 떠돌며 고생을 겪었다. 논공행상 중에 비록 개자추介子推를 잊었으나 어찌 교만한 군주라 할 수 있겠는가."

물론 문공이 공자가 바라는 인仁을 갖춘 인물이라고 하는 것은 아니다. 다만 그런 사람이 실제로 몇 명이나 되겠으며, 또 패업과는 어울리지도 않는다. 문공은 떠돌이로 19년간 고생했지만, 신뢰로 사람들을 모으고 중원의 패자가 되었으니 대단한 군주임은 틀림없다. 그 정도의 인품이라면 오늘날 태어났어도 분명 큰일을 이루었을 것이다. 고난 가운데서도 때를 기다리고 인내하며 사람을 아끼는 것은 쉬운 일이 아니다.

뜻이 있으나 어려움을 겪는다면 멀리 보기보다는 주위를 둘러볼 일이다. 때가 되면 가까이 있는 사람들이 도울 것이다. 그렇게 신뢰를 얻고 사람을 얻으며 때를 기다리면 기회는 반드시 찾아온다. 춘추오패의 삶을 보면 별반 다르지 않다. 모두 어려울수록 신뢰의 끈을 놓지 않았다. 오랜 고생 끝에 적은 돈을 벌었다고 생각해보자. 어렵사리 번 돈으로 당장 빚부터 갚는다면 누가 다시 투자하지 않으려 하겠는가.

어려움을 겪을 때 참으면서 신뢰의 씨를 뿌리면 언젠가 풍성한 열매를 거둘 날이 올 것이다. 신뢰란 언제나 인내의 결과다. 문공은 무려 19년을 기다렸다! 19년의 고단한 망명 생활 중에 희망을 잃고 인내하지 않았다면 패업이라는 열매를 얻을 수 있었을까.

창을 멈춘 무골
후한後漢 광무제

—

전쟁에서 이기고 지는 것은 예측할 수 없는 것,

수치스러운 것을 참고 견디는 것이 남아다.

勝敗兵家事不期 包羞忍恥是男兒

－두목杜牧, 〈제오강정題烏江亭(오강정에서 짓다)〉

광무제|光武帝(기원전 6년~기원후 57년)

후한의 창시자다. 한나라 고조高祖(유방劉邦)의 9세손으로 남양南陽의 호족
출신이다. 왕망王莽이 한나라를 무혈 접수해 신新나라를 세우지만, 곧 혼란
에 빠진다. 이 혼란기에 등장해 곤양昆陽 대전에서 왕망의 군대를 대파하고
한나라를 재건한다. 그 후에도 약 10년간 내전을 치른다. 내전을 끝낸 후에
는 문치에 힘써 유교적 예교 국가를 완성한다. 군주의 미덕으로 온유함과
부지런함을 내세워 향후 많은 군주가 모범으로 따른다.

—

황제의 진심

중국에 이런 속담이 있다. "훌륭한 남자는 군인이 되지 않는다." 그런데 정작 역사를 보면 전쟁의 화신처럼 활약했던 사람 중 많은 이가 후대의 존경을 받는다. 역시 사람들은 전쟁으로 피해를 입기는 싫어해도, 군대를 이끌고 뜻을 이룬 '영웅'은 흠모하는 이중 잣대를 품은 듯하다. 일종의 심리적 보상이 아닐까. 영웅이 자기 힘과 의지를 숨기지 않고 전쟁에 뛰어드는 것은 역사에서 흔히 있는 일인데, 무력으로 목적을 달성한 후에도 그 관성을 잃지 않는 이가 많다. 폭력의 맛을 잊기는 쉽지 않은가 보다.

진秦나라 시황제始皇帝, 한나라 고조와 무제武帝, 당나라 태종, 명나라 태조太祖와 성조成祖, 청나라 성조聖祖 같은 이들은 모두 무명武名을 떨친 대단한 무인이었다. 이들은 흥미진진한 무공을 쌓으며 왕조를 세우고 역사를 움직였다. 물론 그 과정은 거칠기 그지없었다.

진나라 시황제는 전멸전의 고수이자 욕망 덩어리였고, 한나라 고조와 명나라 태조는 의심 덩어리였으며, 한나라 무제는 자신의 무명을 위해 백성을 도탄에 빠뜨렸고, 당나라 태종과 명나라 성조는 적을 무찌르듯 혈육을 도륙했으며, 청나라 성조는 대규모 학살을 자행했다. 이들은 모두 강철 같은 의지로 고난을 극복하고 큰 업적을 이룬 이른바 위인 축에 드는 황제들이다. 그러나 사람이 무력과 자비로운 마음을 동시에 갖추기는 이리도 힘든 것일까. 사람 냄새 나는 이가 없다.

그런데 이런 무력을 갖춘 황제 중에 예외적인 사람이 있었으니,

바로 후한의 창시자인 광무제다. 군웅할거 시대에 무력으로 성공한다는 것 자체가 엄청난 일이지만, 특히 그는 혈육이 정적에게 살해당하는 고통을 극복한 인물이다. 그래서인지 그에게는 남의 고통에 공감하는, 당시 황제로서는 '특이한' 능력이 있었던 듯하다.

황제란 가식적인 말을 입에 달고 살아야 하지만, 광무제가 남긴 말들을 추려보면 진심이 반은 넘었던 것 같다. 그가 "욕심이 끝이 없어, 농隴을 평정하니 곧 촉蜀을 바라는구나. 매일 병사를 보낼 때마다 머리가 세는구나"라고 한탄했을 때, 이것은 가식적인 말이었을까. 아마 진심이었으리라. 고난을 이겨낸 사람들은 여러 유형이 있다. 고난을 겪으면서 남의 고통을 이해하게 된 사람이 있는 반면, 더 강퍅해지는 사람이 있다. 그는 최소한 후자는 아니었다.

무엇보다 광무제는 고난 가운데 아껴준 사람들의 힘으로 황제의 자리에 올랐다. 역시 부하의 존경 없는 우두머리는 핫바지만 못하다. 강함에다 온유함을 더하고, 측은지심을 발휘해 일을 이루는 것이 사람의 본성에 맞음은 두말할 필요가 없다. 작은 위기는 경각심만 있으면 넘을 수 있지만, 큰 위기는 마음을 얻어야 넘을 수 있다. 억누르기만 하면 마음을 잃는다. 싸움으로 천하를 얻을 수는 있지만, 싸움만으로 천하를 얻을 수는 없다. 군인은 싸워야 하고, 정치가는 싸움을 조정해야 한다. 싸움으로 얻은 성과를 싸움으로 지키려 하면 비참한 최후를 맞기에 십상이다. 싸움 자체가 목적이 아니라면 머리를 풀어헤치고 주먹을 휘두르는 것만이 능사는 아니다. 목표를 달성하기 위해서는 싸움을 피할 필요가 있다.

대의에 휘말리다

광무제의 등장을 이해하기 위해서 간단히 전한前漢 말과 왕망 정권 시기의 형세를 살펴보자. 흔히 진나라와 한나라 황제들의 목표를 제민지배齊民支配라고 한다. 즉 주나라 이후 계속된 봉건제를 극복하고 황제가 백성을 직접 통치한다는 이념이다. 한마디로 이상적인 전제주의 국가다.

그러나 제민지배는 쉬운 일이 아니었다. 산과 강으로 나뉜 넓디넓은 땅에서 중앙의 감시를 적당히 벗어난 호족들의 성장은 막을 수 없었다. 공산당이 전 중국을 장악하기 전까지 호족들의 지배가 계속 이어졌다고 해도 과언이 아니다. 나라에서 생산되는 곡식과 재물의 양이 정해진 상황에서 중간에 거둬들이는 존재가 하나 더 있을 때 백성들의 삶이 궁핍해지는 것은 당연하다. 파이는 커지지 않는데, 누가 더 먹고 덜 먹고 하는 문제가 생기는 것이다.

이런 상황에서 약간 비현실적 방법으로 상황을 개선하고자 한 사람이 있었으니, 바로 중국 유일의 지식인 창업 황제 왕망이다. 그는 고대의 평균주의로 돌아가자는 이념을 품고 정권을 탈취한다. 그러나 현실과 이념의 괴리가 상당하고, 또 선무당이 사람 잡는다고 왕망 정권은 호족들은 잡지 못한 채, 백성만 잡는 착오를 범한다. 이로써 개혁은 반대에 부딪히고, 각종 경제 제재는 없는 사람들의 살림만 더 궁핍하게 했다. 그러니 다시 호족들이 발호하는 것은 당연한 순서였다.

광무제도 남양을 다스린 호족의 자제였다. 남양은 장강으로 흘러

가는 큰 물줄기인 한수漢水 북쪽, 황하 남쪽에 있는 참으로 멋들어진 분지다. 한나라의 두 수도 장안長安, 낙양洛陽과도 지척이다. 이런 좋은 땅에 호족이 없을 리 없다. 왕망 정권 말기에 백성이 크게 굶주리자 전국이 또다시 들썩거린다. 배고픈 백성이 움직이면 이 흐름을 타고자 하는 세력이 생기기 마련이다. 그중에 이름난 형제 유연劉縯과 유수劉秀가 있었으니, 동생 유수가 바로 이 글의 주인공 광무제다.

《후한서後漢書》가 전하는 유수의 모습은 이채롭다. 그는 한나라 고조의 9대손이다. 많은 자식을 낳는 황가에서 9대쯤 내려가면 사실상 별 관계가 없다고 해도 무방하다. 불행히도 어려서 고아가 되어 작은아버지 손에 자랐는데, 큰 키에 수염과 눈썹이 아름답고 입도 커서 풍채가 매우 뛰어났다고 한다. 그러나 성격이 매우 조심스러워 매사에 함부로 나서지 않았다. 반면 형 유연은 호걸 기질이 다분해 사람 모으는 것을 좋아했던 모양이다. 그래서 형은 항상 밭일에 힘쓰는 동생을 놀렸다고 한다. 동생은 밭 갈고 형은 협객들과 어울리는 전형적인 형제지간이었다.

황제의 자리에 오른 것이 원래 유수의 뜻이었는지는 모호하다. 그러나 결국 그는 형과 함께 역사의 격랑에 휘말린다. 남양의 백성이 유리걸식할 때, 완宛이라는 고장의 이통李通 등이 유수에게 이렇게 권한다.

"유씨가 다시 일어나면 이씨가 도우리다."

형도 함께 있음이 분명한데, 유수는 선뜻 답을 내리지 못한다. 평소 밭일에 힘쓰며 근신하던 사람에게 이런 제안은 사서의 표현대로 "감당하기 어려웠던" 것이다. 괜히 나섰다가 실패하면 바로 멸문지

화를 당할 것이 뻔했다. 그런데 형은 달랐다. 사람됨이 호걸인지라 거병하기로 뜻을 세운다. 마침 왕망 정권도 인심을 잃고 망조를 보이자 유수도 형과 함께 군사를 일으키기로 마음먹는다.

남양 일대의 사람들은 유연을 몹시 두려워했던 모양이다. 그가 기병起兵하자 유력 집안의 자제들은 모두 몸을 숨긴 채 "유연이 나를 죽이려고 한다"라며 벌벌 떨었다. 그러던 차에 유수가 떡 하니 옷을 차려입고 나타나자, 숨어 있던 많은 이가 "신중하고 두터운 이께서도 나셨습니까"라며 기꺼이 가담했다고 한다. 신중하고 두터운 유수와 불같이 다혈질인 유연의 조합은 누가 보아도 매력적이었다.

이로써 원래 무장도 아닌, 시골에서 근신하던 풍채 좋은 청년이 장차 10년간 전국을 누비며 싸움에 싸움을 거듭하게 된다. 유수는 시작할 때는 신중했지만, 목표를 세운 후에는 크고 작은 어려움에 굴하지 않고 어떤 때는 인내하고, 어떤 때는 과감하게 행동하며, 어떤 때는 적을 포용함으로써 자신의 세력을 서서히 넓혀갔다. 그는 조용하고 끈질긴 사람이었다.

1,000명으로 42만 명을 이기다

유수가 기병했을 때, 비록 남양에서 인망이 높았다고는 하나, 그를 반란의 선두로 생각하는 사람은 많지 않았다. 당시 그가 모은 반란군은 왕망의 대군에 견줄 만한 세력을 형성하지 못했다. 그래서 같은 왕족 출신인 유현劉玄이 이끄는 녹림군綠林軍에 합류하고, 서기 23

년 그를 황제, 즉 경시제更始帝로 옹립한다. 유현이 어떤 이유로 황제로 옹립되었는지는 알 수 없지만, 녹림군 내에서 그의 지위가 더 높았으리라 짐작할 뿐이다. 그런데 녹림군 세력이 날로 커지자 왕망이 42만 명의 대군을 보내 정벌토록 한다. 유수에게 첫 번째 위기가 닥친 것이다. 바로 곤양대전이다.

어느 정도 과장되었겠지만, 곤양대전에서 유수는 불과 수천 명의 반란군으로 왕망의 대군을 회복 불능 상태에 빠뜨렸다고 한다. 그것이 과연 가능할까. 사서는 그 과정을 상세히 전한다.

무려 42만 명의 대군이 출병하자 곤양으로 집결한 반란군은 겁을 집어먹고 뿔뿔이 흩어지려고 한다. 동조자들이야 근거지로 돌아가면 그만이지만, 주동자급인 유수는 그럴 수 없다. 싸워야 하는데, 겁에 질린 군대가 잘 움직이지 않는다. 애초에 오합지졸이니 재물과 자기 식구를 챙기는 데 급급하다. 그때 그는 이렇게 말한다.

"지금 우리 군사는 적고 적은 많소. 힘을 합쳐야 막을 수 있는데, 흩어지려 하면 세력이 온전할 수 있겠소. 곤양이 무너지면 하루아침에 군대가 전멸할 텐데, 지금 마음을 모아 공을 이룰 생각은 않고 도리어 처자나 재물을 지키려 하다니요."

평소에 조용하고 진중하던 사람이 이렇게 결연히 나서니 사람들이 분발했다. 당시 성안에는 겨우 8,000명 정도의 반란군만 남아 있었다. 큰소리쳤지만, 난국을 타개할 방안이 쉽게 생길 리 없었다. 이때 유수는 모험을 감행한다. 장부가 한번 칼을 뽑았으면 적이 많다고 물러설 수 없다. 게다가 왕망의 군대는 규모가 지나치게 큰 것을 보아 급조되었음이 틀림없다. 적도 모두 오합지졸이라는 것이다. 이에 그는 직접 선발한 열세 명의 기병과 함께 야음을 틈타 포위망을 뚫고 원군을 요청하러 간다. 항상 작은 일도 숙고하던 그가 위난 앞에서는 오히려 거침이 없다. 어차피 돌아서면 죽음뿐이다.

하지만 유수에게 원군을 요청받은 다른 반란군들은 모두 난색을 보인다. 도대체 어떻게 42만 명의 대군을 상대한단 말인가. 그들은 재물이나 챙기고 보신이나 할 생각이었다. 말로는 의義를 위한다고 하지만, 도적 떼가 태반을 넘었다. 먹고살기 힘들어 일어난 사람들이기에 죽음을 기꺼워할 까닭이 없었다. 재물을 좋아하는 자들에게는 재물을 제시해야 하는 법. 이때 다시 한번 유수가 일침을 날린다.

"지금 적을 물리치면 재물이 1만 배로 늘어나오. 패하면 목숨도 부지하기 어려울 텐데, 재물 따위가 남아 있겠소."

사서에는 장수들이 유수의 의견을 따랐다고 하나, 원군의 수가 형편없이 적은 것을 보면 마지못해 그리한 듯하다. 아무도 그가 42만 명의 대군을 상대로 승리를 거두리라고는 생각하지 못했으리라. 그러나 이 사나이가 결사대 1,000명을 이끌고 들이치니 오합지졸인 왕망의 군대는 당해내질 못했다. 그는 직접 나서서 적군 수십 명의 머리를 베었다. 그러자 사기가 오른 부하들이 이렇게 외친다.

"유수 장군은 작은 적을 대할 때 항상 두려워했는데, 이렇게 큰 적을 만나니 용기백배하는구나!"

유수는 평소 행동이 진중했으므로 일단 행동으로 옮기면 그야말로 '영霻이 섰다.' 왕망의 군대가 흔들리자 기세를 몰아 병력을 세 배로 늘리고 적의 정면을 공격한다. 당시 곤양을 지키던 반란군은 원래 항복하고자 했으나, 왕망이 받아주지 않아 공황 상태에 빠져 있었다. 그런데 유수가 이끄는 원군이 적군을 물리치자 기회를 놓칠 새라 내응(內應)한다. 양쪽에서 협공당하는 데다가 때마침 큰비가 내리니, 진창에 빠지는 것을 두려워한 왕망의 군대는 제대로 대응하지 못한다. 그 와중에 적은 수로 거침없이 좌충우돌하는 유수의 군대에 기가 질려 결국 달아나버린다. 그러면서 수많은 병사가 강에 빠져 죽었다고 한다.

이처럼 유수는 결정적 한 방을 날릴 줄 아는 무인이었다. 그는 어려움에 부닥쳤을 때 오히려 결연했다. 그리고 결정적 승리를 얻기 위해서는 작은 성과에 만족하면 안 된다는 것을 간파하고 동료들을 설득했다. 그는 전투에서 승리하고 얻은 수많은 전리품을 모두 부하들에게 나누어 주었다고 한다.

고대 중국에서 승리한 장군이 전리품을 부하들에게 나누어주는 것은 화를 자초하는 일이다. 자칫 민심을 얻으려는 행동으로 보일 수 있기 때문이다. 유수는 전리품을 나누어 주었지만, 사심이 없다는 인상을 주어 그런 비난을 피했다.

피눈물이 흐르는 인내의 시간

유수가 작전을 마치고 돌아오니 무서운 소식이 기다리고 있었다. 경시제가 유연을 죽였다는 것이다. 유연은 일찍이 경시제 옹립을 반대한 적이 있고, 유수마저 실력을 드러내니 후환이 두려웠던 모양이다. 이런 아군끼리의 살육은 반란군 수뇌부에서 흔한 일이지만, 유수로서는 청천벽력이었다. 아비 없이 서로 의지하며 자란 형제인데, 그에게 형이 얼마나 귀한 사람이었겠는가. '내가 싸움에 나선 것이 누구를 위해서였던가. 그런데 형이 죽다니! 그것도 우리 편의 우두머리에게 죽임당하다니!' 그러나 그는 울 수 없었다. 형을 죽인 세력이 동생을 가만 놔둘 리 없음은 자명했다. 자칫하면 자기 목숨도 위험할 수 있었다. 그렇다고 형의 원수를 갚아야 하는가. 왕망의 무능한 정권을 뒤엎으려고 사람들을 모았는데, 형의 원수를 갚는다는 사사로운 이유로 분열시켜야 되겠는가. 그렇다면 어떻게 대의를 따를 것인가. 당시 그의 태도를 사서는 이렇게 전한다.

> 광무는 부성父城에서 완성宛城(남양)으로 급히 달려가 사죄했다. 사도 관속들이 광무를 영접해 조의를 표하는데, 그는 사사로운 이야기는 하기 어려워 깊이 자신의 잘못을 책망할 뿐이었다. 곤양에서의 대승의 기쁨을 맛보지도 못하고, 또 감히 형을 위해 복상服喪하지도 못한 채 그는 평소처럼 웃고 말하고 먹었다. 경시제는 이에 부끄러워 그를 파로대장군破虜大將軍으로 임명하고, 무신후武信侯로 책봉했다.

사서에는 '인과引過'라는 말이 나온다. 이 말을 글자 그대로 풀면 잘못을 자신에게로 돌린다는 뜻이다. 겉으로는 형의 잘못을 대신 사죄하는 체했지만, 속으로는 울분을 삼켰으리라. 이후 유수의 행동을 보면 난리의 와중에 이렇게 행동할 수밖에 없었던 슬픔이 느껴진다. 사실 그는 형의 피살을 무척 비통해했기 때문에 몇 년이 지난 후에도 그 일이 생각나면 눈물 흘리며 깊이 탄식했다고 한다. 군신의 예보다 혈육의 정이 더 깊은 것은 당연하다. 그런 정이 전쟁 중에 끊어졌다. 하지만 그는 행동을 자제하고 인내한다. 비록 곤양대전에서 승리했으나, 아직 그들 앞에는 수많은 경쟁자가 남아 있고, 따라서 분열되면 모든 게 끝장이기 때문이다. '우두머리가 목표를 잃으면 수하들은 흩어진다. 형의 죽음은 원통하지만, 나를 따르는 자들의 어버이로서 책임을 다해야 한다. 지금은 아군과 싸울 때가 아니다.' 그의 이러한 생각은 반란군 내에서 동정과 신뢰를 얻게 되어 훗날 자립의 기반이 된다.

마음을 얻어 나라를 세우다

곤양대전 승리 후 경시제는 낙양을 도읍으로 정하고 하북河北 일대를 평정하기 위해 사람을 파견하려 한다. 이에 유수가 자진해서 나선다. 그로서는 형을 해친 무리가 언제 자신에게 칼을 들이밀지 모르는 상황에서 벗어나 자신의 기반을 세울 절호의 기회였다. 그는 대사마大司馬라는 신분으로 하북으로 가 세력을 키우며 후한을 세우기 위한 활동에 들어간다. 거기서 그는 당시 하북을 주름잡던 왕랑王郞을 타도하고 그 잔여 세력과 동마군銅馬軍 등의 농민 반란군 세력을 차츰 흡수한다.

유수가 처음 하북을 순시할 때 병사와 장수의 수가 적고, 크고 작은 호족 세력이 자치의 형태로 다스리고 있어 그의 지시를 잘 따르지 않았다고 한다. 하지만 유화 정책으로 백성의 지지를 얻고, 인재를 끌어모으며, 시세의 혼란함을 평정한다는 명분으로 군사를 모아 차츰 세력을 키운다. 무력이 아니라 덕으로 상대를 제압한 것이다.

동마군이 투항했을 때 일단의 장수가 이들이 과연 복종할 것인지를 놓고 불안해했다. 투항한 동마군도 불안하기는 마찬가지였을 것이다. 그러자 유수가 위험을 무릅쓰고 혼자 말을 타고 동마군 진영으로 들어가 그들을 훈련한다. 이에 감격한 어느 동마군 장수는 "초왕昔王(유수)께서 이렇게 숨김없이 마음을 열고 우리를 믿어주시니 어찌 당신을 위해 목숨을 바치지 않겠습니까"라고 말한다. 이것이 바로 그의 리더십이다.

사실 호족 세력과 농민 반란군, 거기에 도적 떼를 아우른 유수의 군대는 상당히 취약했다. 이에 그는 사람을 흩어지지 않게 하는 방법, 즉 공은 남에게 돌리고 작은 허물은 감싸며 항상 근신하는 태도로 신임을 얻었다.

이는 최고의 모사이자 동지인 등우鄧禹를 얻는 과정에서 확인할 수 있는데, 그는 유수에게 "공의 인품을 흠모해 따르고자 합니다"라고 말한다. 이런 기사記事가 《후한서》 곳곳에 나오니, 유수에게 사람 끌어들이는 매력이 있었음은 분명해 보인다. 그 중심에는 아랫사람에게 모질게 하지 않는 마음이 있었다. 최고의 자리에 있더라도 스스로 일을 마무리하고자 하는 목표 의식을 버리지 않으므로 얻게 된 포용력이다.

최고의 복수는 용서

유수는 곤양대전에서 스스로 대군의 포위를 뚫고 원군을 끌고 와 전세를 역전시킨 용기를 보여주었다. 동시에 그는 형의 죽음을 자기 책임으로 돌렸다. 중국 역사상 창업을 이룬 군주 중에 이만한 인내와 용기를 보인 사람은 드물다. 녹림군의 마음이 경시제에서 유수로 서서히 돌아선 이유다. 왕랑을 제거하자 근신들은 그에게 황제에 등극할 것을 청한다. 몇 번 사양하다가 서기 25년 황제에 오르니 시호가 광무였다.

　새로 황제가 된 광무제의 권력 기반은 사실 호족이었다. 그들의 지위를 어느 정도 인정하면서 정국을 안정시키는 것이 당시로서는 최선이었다. 이 사실을 잘 알고 있었던 그는 요즈음 흔히 말하는 '민생 안정'과 '통합'에 치세의 초점을 맞춘다. 반면 그의 형을 죽인 경시제의 운명은 반대였으니, 낙양으로 쳐들어온 농민 반란군인 적미군赤眉軍에게 쫓겨 성을 버리고 달아난다. 광무제는 형의 복수를 이렇게 한다.

　"지금 경시는 패해 성을 버리고 달아났다. 처실妻室의 아이들이 옷도 못 입고 도로에 흩어져 있는데, 나는 이를 심히 가엾게 여긴다. 지금 경시를 회음왕으로 봉하니 관리나 평민 중에 그를 해하는 사람이 있으면 이는 대역죄다."

　인심을 얻기 위해 마지못해 한 조치라 하더라도 이렇게 통렬한 복수가 있을까. 깊은 원한을 자비로 갚았으니 말이다. 이로써 광무제는 봉건 사회에서 가장 중요한 덕목인 통합력을 인정받았다. 이후 경시제는 적미군에게 살해당한다. 살인을 좋아하면 항상 적이 생기기 마련이다. 광무제에게 용서받은 순간 경시제의 정치적 운명은 다했다.

"피할 수 있는 전쟁은 피해야 한다"

집권 후에도 10년이나 전국의 반란을 진압하는 데 시간을 썼기에 광무제의 정책은 극적인 것이 그리 많지 않다. 거의 백성의 생활에 관한 소소한 것들이다. 당시로서는 길고 긴 전쟁에 지친 백성을 위무하는 게 최선이었다. 다행히도 그는 큰일을 벌이지 않는 것이 바로 일하는 것이라는 노장老莊의 사상을 깊이 이해하고 있었다. 연장선에서 대외적으로는 유화 정책을 고수했다. 덕분에 나라의 정치는 안정되고 경제 또한 빠른 속도로 회복되었다.

"피할 수 있는 전쟁은 피해야 한다."

《후한서》에 나오는 광무제의 이 말은 매우 의미심장하다. 전투의 달인인 그의 전쟁관을 알 수 있기 때문이다. 한번은 장궁藏宮이라는 사람이 흉노를 공격하자고 말한다. 당시 흉노는 분열되어 세력이 약해져 있었다. 그들은 야만인이기 때문에 힘만 있으면 또 공격할 테니 약해졌을 때 씨를 말리자는 것이다. 그러자 광무제는 이렇게 답한다.

《황석공기黃石公記》에 이르길, 부드러움이 능히 강함을 제압할 수 있고, 약한 것이 능히 강한 것을 제압할 수 있다고 한다. 부드러움은 덕이며,

강한 것은 적賊이다. 약한 것은 인의가 돕고, 강한 것에는 원망이 돌아 간다. 그래서 덕이 있는 군주는 남을 즐겁게 하고, 덕이 없는 군주는 자신의 몸을 즐겁게 한다. 남을 즐겁게 하는 사람은 그 기쁨이 오래가며, 자신을 즐겁게 하는 자는 오래지 않아 망한다. 가까운 것을 버리고 먼 것을 도모하는 자는 수고롭지만 공이 없고, 먼 곳을 버리고 가까운 곳을 도모하는 자는 유유하되 얻는 것이 있다. 그래서 이르길, 땅을 넓히고자 하는 자는 허황해지고, 덕을 넓히는 데 힘쓰는 자는 강해진다. 자신이 가진 것을 즐기는 사람은 편안하고, 남이 가진 것을 탐하는 자는 잔혹해진다. 잔혹한 정치는 이루는 것이 있더라도 반드시 실패한다.

얼핏 들으면 무슨 도학道學 강의 같지만, 이 말에는 한평생 전쟁터를 누비며 맞닥뜨린 온갖 위기와 굴욕을 극복해낸 광무제의 지혜가 담겨 있다. 사마천은 《사기》에서 한나라 무제가 흉노를 상대로 치른 전쟁을 이렇게 평가한다.

"황제는 실없이 치욕을 갚겠다고 하고 장수들은 제 공만을 내세우려 다투니, 백성은 반이 줄고 나라 살림은 처참해졌다."

황제가 무명을 떨쳤다고는 하나, 그 허명을 위해 죽은 이는 대부분 백성이다. 지아비는 전장에서 칼에 맞아 죽고, 지어미는 집 안에서 굶어 죽은 대가라는 것이 국가가 백성을 쥐어짜는 각종 전매 제도였으니 그 얼마나 처참한가. 적인 흉노도 양을 키우지 못하고 젖을 짜지 못해 그 궁핍함이 말로 다 하지 못할 지경이었다고 한다. 그런데 나라가 가까스로 추슬러지니, 또 흉노의 분열을 이용해 무공을 세우려는 자들이 등장한 것이다. 이에 광무제는 쐐기를 박는다.

"백성을 편안하게 하는 것이 목적이라면 전쟁은 피해야 한다."

사관은 광무제가 병기를 버리고 농사일에 힘쓰며, 공신을 멀리하고 문관을 중용하는 것을 보고 "이 또한 창을 멈추는 무"라고 평한다. '창을 멈추는 무'란 무예의 절대 경지를 뜻하는 것이리라.

지도자는 갈등의 조정자다. 대다수 백성의 삶을 나아지게 하는 것이 급선무이지만, 정치란 극히 복잡하다. 아래를 위무하고 위를 격려하면서 전체의 목표를 달성할 수 있는 사람은 많지 않다. 그러려면 자신을 버려야 한다. 이는 매우 고된 일이다. 광무제가 밤낮으로 일하니 건강을 염려한 태자가 좀 쉬라고 말하자 그는 이렇게 답한다.

"내가 좋아서 즐기는 일이니 피로하다고 느끼지 않는다."

필부의 인내, 장부의 인내

사실 광무제의 삶은 많이 미화되었고, 또 그의 행동은 호족의 성장이라는 역사의 대세를 볼 때 불가피한 측면이 컸다. 그렇다고 하더라도 책임을 자기 자신에게 돌리는 지도자가 되는 것이 쉬운 일인가. 게다가 무력을 갖추고도 그것을 자제할 수 있는 사람이 얼마나 될까. 힘으로 복수하지 않고 위엄을 세운 지도자는 또 누가 있는가. 그래서 "천하를 다스림에 부드러운 도로써 한다"라는 그의 말이 완전히 가식으로 느껴지지는 않는다. 비록 평생 남을 해치는 것을 모르고 산 보통의 백성만은 못하더라도 여타 창업 군주들과는 비교할 수 없는 덕을 갖추었음은 의심할 여지가 없다.

광무제는 고락을 같이한 형을 죽인 경시제를 용서했다. 이처럼 최고 지도자는 눈앞의 이익을 위해 상대를 쓰러뜨리는 투계 같은 근성을 버려야 한다. 그는 말한다.

"칼을 들고 싸워서 이기는 것이 능사가 아니다. 부끄러운 것은 정치를 못 이룬 것이다."

칼을 들고 형의 원수를 갚는 것은 너무나 쉬운 일이지만 광무제는 참았다. 에둘러 왔지만, 후한은 결국 그의 차지였다.

초한쟁패楚漢爭霸의 마지막 순간, 영화 〈패왕별희霸王別姬〉로 잘 알려진 항우項羽의 이야기는 용기와 인내의 가치를 다시 한번 생각하게 한다. 그가 유방에게 패해 사면초가에 처하자 부른 노래는 듣는 이의 심금을 울린다.

힘은 산을 뽑고 기개는 세상을 뒤덮건만,
시운이 불리하니 말이 앞으로 나아가지 않는구나.
말이 나아가지 않으니 난들 어쩌랴,
우희虞姬여 우희여 그대를 어찌하면 좋을까.
力拔山兮氣蓋世 時不利兮騅不逝
騅不逝兮可奈何 虞兮虞兮奈若何

항우는 패배를 직감하면서도 통쾌하고 장렬하게 싸운다. 측근들이 강동江東으로 돌아가 재기하라고 간청하자 "내 무사히 강동으로 돌아간다 한들, 또 그곳 사람들이 나를 불쌍히 여겨 왕으로 섬긴다 한들, 무슨 면목으로 그들을 대한단 말이냐"라는 말을 남기고 자결한다. 가히 불세출의 영웅답다.

하지만 과연 이를 진정한 용기라 할 수 있을까. 항우는 결국 영웅적 감정에 도취해 자신이 군사를 이끌고 강동을 나온 처음의 목표를 잊었다. 재기의 꿈을 버린 것이다. 굴욕이 목표를 이겼다. 자신 앞에 놓인 굴욕에 분기로 대항하다가 사그라졌다. 인내에는 상황이 어쩔 수 없어서 참을 수밖에 없는 작은 인내와 하고 싶고 할 수 있어도 더 큰 목표를 위해 참는 큰 인내가 있다. 항우는 큰 인내가 없어 필부의 용기를 보여주었고, 광무제는 큰 인내로 장부의 용기를 보여주었다.

남보다 위에 서 있는 사람이 목표를 잃는 것은 밤에 횃불을 든 길잡이가 불을 끄는 것과 같다. 희망의 첫 번째 전제는 언제나 명확한 목표 의식이다.

6장

강퍅한 사람은 굴욕을 이기지 못한다

굴욕을 대하는 여섯 번째 태도: 인정

진흙탕에서 핀 꽃

두보

보편적인 공감은 각고의 노력으로 얻을 수 있는 기술이며, 한평생 노력해
야 얻을 수 있다.

─ 존 스타인벡John Steinbeck

두보杜甫(712~770)

당나라의 시인이다. 하남성 공현鞏縣 출신으로 수차례 관직에 나서지만, 빛
을 보지 못한다. 마침 당나라는 안사安史의 난(안록산安祿山과 사사명史思明의
난)을 비롯해 전란이 계속되고 있어, 두보는 이러한 상황을 시에 담는다.
그의 시는 서사와 묘사가 뛰어나 당시의 시대상을 잘 보여주는 사료의 역
할을 하기도 한다. 당시를 내용과 형식 면에서 모두 최고 수준으로 끌어올
렸다는 평을 받으며, 시의 신선[詩仙]이라는 이백에 대비되어 시의 성인[詩
聖]으로 불린다.

연꽃을 피우는 지질한 사람들

"소리에 놀라지 않는 사자처럼, 그물에 걸리지 않는 바람처럼, 흙탕물에 더럽혀지지 않는 연꽃처럼, 무소의 뿔처럼 혼자서 가라."

부처의 육성을 담은 경전 《수타니파타》에 나오는 문구다. 불교와 친하지 않은 사람이라도 이 문구만은 들어보았을 것이다. 이후 수많은 수도자가 진흙탕에서 핀 연꽃을 노래했다.

이 문구는 흔히 이렇게 해석된다. '더러운 세상에 물들지 않고 깨끗한 마음을 유지하라.' 무난해 보이지만 이런 해석은 매일 쫀쫀한 일상을 살아가는 중생들에게 크게 도움 되지 않는다. 왜 그럴까. 일단 '나와 남은 다르지 않다'는 수도자의 순정을 부정하기 때문이다. 나는 깨끗하고 남은 더러운가. 그렇다면 나와 남은 언제나 분리된 존재로 남아 있어야 한다. 그런데 흙탕물은 세상이 아니라 나의 마음이다. 연꽃도 나의 마음이다. 나의 마음은 항상 이중적이다. 이중적인 정도가 아니라 복합적이다. 욕심, 화, 질투, 부끄러움 등은 항상 마음 안에 있다. 그러나 그 마음에서 지혜도 생겨난다. 그 지혜를 연꽃이라고 부른다.

앞의 해석에서 또 하나 잘못된 점은 '유지하라'는 말이다. 연꽃의 깨끗함을 유지하려면 진흙탕과 떨어뜨려야 한다. 그런데 연꽃이 진흙탕을 벗어나 살 수 있는가. 연꽃은 지저분해 보이는 진흙탕에 뿌리를 내린다. 따라서 그것은 '창조하라'는 뜻이다. 마음의 혼란 속에서 '지혜'를 만들어내라는 뜻이다. 원래 연꽃은 진흙탕을 싫어하지 않는다. 연꽃은 진흙탕을 떠나면 살 수 없다. 진흙탕은 연꽃의 또 다른 모습이다. 그래서 지혜를 다루는 모든 불교 경전은 "번뇌(진흙탕) 속에 보리(지혜, 즉 연꽃)가 있다"라고 반복해서 말한다.

중생은 번뇌 속에서 끊임없이 지혜를 만들어낸다. 연꽃은 언제나 진흙탕에서 핀다. 진흙탕과 연꽃은 그래서 한 몸이다. 우리의 삶도 그렇지 않은가. 자잘하고 구차한 일상 속에서 문득 지혜를 얻는 것, 이것이 중생의 삶이다. 그런데 위대하다는 사람들의 삶도 실은 그랬다. 우리는 위인이니 성인이니 하는 말로 '위대한 사람'들을 구분한다. 남은 진흙탕이고 나는 연꽃이라는 말이 틀렸듯이, 그대는 하늘 위의 연꽃 같은 존재이고 나는 진흙탕을 뒹구는 중생이라는 생각도 어리석다. 위인들도 다 고만고만한 사람들이다. 단지 연꽃 피우기를 좋아했다는 점이 중생과 조금 다를 수 있겠다. 그러나 중생도 각자의 삶에서 각자의 연꽃을 피워낸다. 그렇지 않은가.

어느 날 오래 못 본 친구가 전화한다. 술 한잔하자고 말이다. 반가운 마음에 곧바로 달려 나간다. 그런데 사실 경제적으로 어려운 상태다. 자리를 마치고 일어나는데, 주머니가 비었다. 일부러 미적거리다가 친구에게 계산하게 하고 집으로 돌아오는 길에 생각한다. '아, 내 삶은 왜 이리도 구질구질할까.' 일부러 안주를 적게 먹느라 속이 허해 라면이라도 한 그릇 먹고 싶어진다. 집에 라면은 쌓아놓았으니 파라도 한 단 사야겠다. 지하철역을 나오며 입구 근처에 매일 매대를 깔아놓는 할머니에게 파 한 단을 산다. 사는 김에 얼갈이배추도 한 단 산다. '얼갈이배추는 다 먹지 못할 것 같은데.' 그러나 할머니와 눈이 마주친 나는 거부할 수 없다. 중생의 삶은 이렇게 지질하다. 그러나 알고 있는가. 친구는 내 사정을 알아서 먼저 계산하고, 나는 할머니 사정을 알아서 이것저것을 산다. 질척거리는 삶에서도 항상 연꽃은 피어난다. 그리고 연꽃의 주인공은 바로 중생이다.

약 1,300년 전에도 연꽃을 피운 사람이 있다. 바로 시의 성인이라고 불리는 두보다. 사람들은 그를 시의 성인이라고 부르지만, 사실 성품이 고매하지 않았다. 그는 결함투성이 중생에 불과했다. 모순투성이의 삶에서 허우적거리면서도 뛰쳐나올 용기를 내지 못했다. 그와 자주 함께 언급되는 이백과 비교해보아도 그의 삶은 구차하다. 아무리 잘 봐줘도 그에게는 봉황의 품격이 없다.

그러나 두보는 극히 사랑스러운 인물이다. 대문호 루쉰은 "도연명陶淵明은 좀 멀리 있는 듯하고, 이백은 약간 높이 있는 듯한데, 두보는 곁에 있는 듯하다"라고 평했다. 그는 '속물'이었지만, 바로 곁에 있는 평범한 사람들을 사랑했다. 동네 구멍가게 앞에서 친구와 막걸리 몇 병을 안주도 없이 마시며 쉴 새 없이 자신의 철학을 떠드는 중늙은이, 두보는 그런 사람이다. 그는 마음 편히 술 한잔 살 줄 알고, 또 사람들의 이야기를 들을 줄 아는 사람이다. 바로 그런 점이 보통 사람인 그를 위대하게 했다.

사람은 태어나기를 서로 아끼며 살도록 되어 있다. 남을 아낄 줄 안다면 성공한 사람이다. 대부분의 사람은 서로 아끼며 산다. 그렇기에 대부분의 사람은 성공한다. 선입견을 버리고 우리의 초라한 선배 두보의 삶을 살펴보자.

시를 벗 삼아 유랑하는 삶

중국 쓰촨성 청두시에 가면 두보가 살았다는 초당 터가 있다. 관광지가 되어 수만 평의 부지에 온갖 편의시설이 들어차 있지만, 정작 복사꽃 흐드러지게 핀 그의 초가집은 찾아볼 수 없다. 그저 빽빽하게 심긴 대나무들만 시인이 아꼈던 숲을 떠올리게 할 뿐이다. 도대체 그는 어떤 인생을 살았던 것일까. 그리고 그가 살았던 시절은 어떠했을까.

두보는 712년 하남성 공현에서 태어나 770년 장강 지류의 뇌양耒陽에서 죽는다. 중원의 중심에서 태어나, 서쪽의 우묵한 분지에 초당을 세우고, 매우 덥고 습한 장강 중상류에서 말년을 보낸 것이다. 그는 이 지역들을 유랑하며 살았다. 흔히 당나라의 절정기인 성당盛唐 시절을 713년부터 765년까지로 보는데, 이는 그의 생몰년과 거의 일치한다. 마치 그의 생몰년에 맞추어 시대를 구분한 듯하다. 당시의 전성기이기도 한 이 시절을 이야기할 때, 그는 항상 첫머리를 장식한다. 그만큼 평가받는 시인은 거의 없다. 그러나 그의 생전 삶은 물론이고 당시 백성의 삶은 성당이라는 말이 무색할 정도로 초라했다.

당나라는 618년부터 907년까지 약 300년간 유지된다. 그런데 전성기를 지날 즈음인 755년 안사의 난이라는 거대한 전쟁의 소용돌이에 휘말린다. 처음 나라를 세우고 넓힐 때 끌어들인 군인들이 전란을 일으킨 것이다. 안사의 난 이후 전장은 변방에서 중원으로 옮겨간다. 시인으로서 두보의 전성기는 성당 시절이 끝나갈 무렵 시작되어 전쟁이 최고조일 때 끝난다.

흔히 알려진 것처럼 두보의 삶이 처절한 가난으로만 점철된 것은 아니다. 그러나 문득문득 찾아오는 가난은 삶을 파괴하기에 충분했고, 그는 끝내 안락한 삶을 살지 못했다. 그는 처절한 유랑자였다. 짧은 안정과 긴 유랑이 반복되는 사이 그는 점점 더 가난해지고, 급기야 자식을 먼저 보내는 아픔마저 겪는다.

젊은 날 두보는 적절한 허영을 갖춘 준수한 유생이었다. 관리 집안에 태어난 덕에 세상을 유람할 노자가 족했던 듯하다. 젊은 날의 유랑은 시인의 자질을 키우는 데 필요한 자양분이 되었고, 본인도 기세가 자못 등등했다.

20세를 전후로 각 지방을 유람했는데, 24세에 진사시에 낙방하고는 다시 여행길에 올랐다. 당시 과거는 글 잘 짓는 것을 중시했는데, 시에 자부심을 지닌 그였으니 낙심이 컸다. '누가 시로 나와 대적한단 말인가.' 그러나 그의 기개가 죽은 것은 아니었다. 과거에 낙방하자마자 그는 제나라, 조나라를 유람한다. 이때의 의지가 〈망악望嶽(태산을 바라보며)〉이라는 시에 고스란히 담겨 있으니, 후렴구 네 소절을 옮겨본다.

가슴을 후련히 씻어내니 층층이 구름이 드러나고,
눈을 부릅뜨니 돌아가는 새가 들어온다.
마땅히 꼭대기에 올라,
뭇 산들이 작음을 굽어보리라.
盪胸生曾雲 決眥入歸鳥
會當淩絶頂 一覽衆山小

'태산에 올라 뭇 산들이 작음을 굽어보고 싶다'는 구절은 《맹자》에 나오는 공자의 말, "태산에 오르니 천하가 작구나"에서 따온 것이다. 이로써 공자의 뜻을 자신도 펼쳐보고 싶다는 포부를 담아냈다. 두보의 호방한 기개가 느껴진다. 예로부터 태산은 유생들에게 마음의 고향과도 같은 곳이다. 그러나 그는 알고 있었을 것이다. 공자도 끝내 뜻을 펼치지 못했다는 것을 말이다.

실제로 고관대작이 되어 천하에 이름을 날리려는 두보의 꿈은 쉽사리 실현되지 않는다. 36세가 되던 해에 기예 있는 사람을 찾는다는 이유로 현종玄宗이 과거를 열었으나, 어이없게도 간신 이임보李林甫가 전원을 낙방시킨다. 태평성대에는 초야에 버려진 인재가 없으니 새로 뽑을 사람도 없다는 황당한 이유였다. 이 일로 그가 받은 정신적인 타격은 작지 않았다. '도대체 세상은 왜 이 모양인가.' 그러나 세속적 성공을 향한 그의 열의는 식지 않으니, 천거되고자 계속해서 열심히 시를 써서 올린다. 하지만 결과는 신통치 않았다.

두보가 제대로 벼슬살이를 한 것은 40세를 넘긴 후였다. 〈삼대례부三大禮賦(세 가지 예절)〉라는 시를 현종에게 진상해 집현원대조集賢院待詔라는 벼슬을 얻는다. 이 벼슬은 그가 평생 얻은 관직 중 최고위직으로 당시 꽤 자부심을 느꼈던 듯하다. 그러나 이 직함조차 곧바로 쓰지 못하고 결원을 기다려야 했다. 그동안 가난이 서서히 그를 압박하던 차에 다행히 44세에 참군직參軍職을 하나 얻는다. 하지만 얼마 후 안록산이 거병해 피란길에 올라야 했다. 엎친 데 덮친 격으로 이듬해에는 반란군에게 붙잡혀 장안으로 압송되고 만다. 다행히 1년 후 기회를 보아 숙종肅宗이 피신한 봉상鳳翔으로 탈출하는데, 이에 감동한 숙종이 좌습유左拾遺라는 벼슬을 내린다. 비록 망명정부지만, 관운이 오는 듯해 그는 기분이 좋았다. 그러나 얼마 안 가 지인인 방관房琯을 옹호한 일로 좌천되고 만다. 화주華州로 쫓겨났으나, 도착하자마자 기근이 들어 다시 진주秦州로 옮긴다. 그해 말에는 살길을 찾아 촉으로 간다. 세상의 격랑에 이리저리 휩쓸리는 삶이었다.

이후 두보의 삶은 완전히 달라진다. 49세에 촉으로 온 그는 무려 5년을 그곳에서 보낸다. 그러면서 그럴싸한 초당도 짓고 나름대로 안정을 찾는다. 그래서인지 이곳에서 남긴 작품이 꽤 많다. 하지만 촉에서 자기를 돌보아주던 절도사 엄무嚴武가 죽자 살던 곳을 떠나 장강을 따라 남쪽으로 가는 중에 뇌양에서 59세의 나이로 죽는다. 삶만큼이나 죽음도 기구했으니, 뇌양에서 홍수로 고립된 채 굶주리던 중 현령이 보낸 술과 고기를 급히 먹다가 속이 뒤틀려 죽었다고 전한다.

이처럼 두보는 젊어서는 자발적으로 유람하지만, 40세가 넘어서부터는 세상의 어려움을 피해 여기저기를 유랑한다. 그러나 그저 외부 상황 때문에 떠돈 것만은 아니다. 세상사에 휘말려 떠돌기만 했다면 그의 시는 남지 않았으리라. 그의 삶은 그야말로 별 볼 일 없었지만, 그래도 시라는 평생을 함께할 친구가 있었다. 후술하겠지만 그의 시 사랑이 유랑의 원동력이 되었던 듯하다. 그의 걸작은 모두 길에서 만들어졌고, 주제도 떠나는 사람들이었다. 출세는 멀어지고 가난은 다가오는데, 가만히 멈추어 있을 수는 없지 않은가. 40세가 넘어서부터는 지인들의 도움을 받아 굶지 않았을 뿐, 풍요로운 생활과는 거리가 있었다. 자발적이든 비자발적이든 이런 비루함이 그를 풍

부한 감성을 품은 대★시인으로 성장시켰다는 것은 의심할 여지가
없다.

"속물이로소이다"

문화대혁명의 서슬이 시퍼럴 때 중국의 대문호 곽말약郭沫若이《이백
과 두보李白與杜甫》라는 비평서를 출간한다. 그는 두보를 이렇게 평가
한다.

> 두보는 지배계급의 생각에 완전히 매몰된 자로서, 문벌 관념에 사로잡
> 혀 있었으며, 출세와 명예욕으로 가득 찬 데다가, 가난한 척하면서도
> 의식의 요족饒足을 누리고, 도교, 불교 따위의 전근대적 종교에 심취했
> 다. 게다가 한평생 술을 마시고, 일신의 안녕을 위해 별로 깨끗하지 않
> 은 위인들과도 구차하게 어울렸다.

그런데 최근 출간된 두보 평전들을 살피니 평가가 완전히 다르다.
애국애족의 시인이며 멸사봉공의 전형으로 시의 성인이란다. 이런
평가는 그의 사후 중국은 물론이고 조선의 사대부들도 한결같이 고
수하던 것이다. 그들은 두보가 어려움을 겪으면서도 군주를 잊지 않
고, 위정자의 관점에서 애민을 실천했다고 높였다.
    그러나 좀더 솔직하게 평가하자면 두보는 어떤 면에서 분명 '속
물'이었다. 그러한 범속한 경지에 머물러 있지 않았다면 보통 사람들

이 어떻게 그의 시에 공감할 수 있겠는가. 그는 철두철미한 애국의 화신도 아니었다. 애국의 화신이라면 미관말직에 감사하며 겉치레라도 나라와 임금을 부르짖었어야 하는 것 아닌가. 높은 벼슬을 원한 그이지만, 그런 태도를 보이지는 않았다.

하지만 두보는 속물이기에 존경스럽다. 속물이 되어야 이 세상 수많은 속물의 마음을 알 수 있다. 지지리 가난한 사람들에게는 하루하루 밥 먹고 사는 것이 행복이다. 좀 부끄럽기는 해도 구걸이 전쟁터로 끌려가는 것보다는 낫다. 보통 사람들은 모두 그런 생각으로 하루를 버틴다. 특히 성당 시절 백성의 삶이 그랬다. 그런데 그는 자신의 안녕을 바라는 속물인 동시에, 남을 위해 울 줄도 알았다. 그럴 때 그는 철저히 남이 되었다. 진흙탕에서 수시로 연꽃을 피웠던 것이다. 그래서 그는 '시인'이다.

또한 두보는 솔직했다. 솔직하게 아파했으며, 솔직하게 후회했다. 그래서 그의 시는 사료로서 대단한 가치가 있다. 가식적인 글들에서는 찾을 수 없는 것들을 보여주기 때문이다. 그의 시에서는 동시대를 함께 산 사람들이 생생하게 살아난다. 그가 그 사람들이 되기 때문이다. 그의 시에는 구차함과 존엄성이 함께 있다. 그의 삶이 그러했듯이 말이다.

이제 두보의 시를 읽으며 그를 불러보자. 〈시종손제示從孫濟(종손자인 제에게)〉는 그의 삶을 이야기할 때 빠지지 않고 나오는 시로, 전문을 옮겨본다.

날 새니 나귀 타고 나서나, 누구 집 문에 들어야 할지.

권세 있는 집들 뒷말이 많아, 또 종손이나 찾아간다.

종손은 가난한데 하는 일도 없어, 객사는 버려진 마을 같구나.

집 앞에는 대나무 제멋대로 자라고, 집 뜰에는 원추리 절로 컸네.

원추리는 가을이라 이미 죽고, 대나무 가지는 서리에 힘을 잃었구나.

쌀 이는 데는 물을 조금씩 길 것이니, 많이 길면 우물이 탁해질라.

아욱 벨 때는 손 조심해야 하니, 함부로 하면 뿌리를 다칠라.

늙은이는 게을러진 지 오래라, 아이 걸음이 분주하게 느껴지누나.

온 것은 일가인 때문이지, 끼니 한 끼 때문은 아니니라.

소인배들 남 말하기 좋아하고, 각박한 세상 풍속 다 말하기 어렵나니.

남들 비아냥대는 소리는 듣지도 마라, 일가의 우의가 있어야 하나니.

平明跨驢出 未知適誰門 權門多噂遝 且復尋諸孫

諸孫貧無事 客舍如荒村 堂前自生竹 堂後自生萱

萱草秋已死 竹枝霜不蕃 淘米少汲水 汲多井水渾

刈葵莫放手 放手傷葵根 阿翁懶惰久 覺兒行步奔

所來爲宗族 亦不爲盤飧 小人利口實 薄俗難具論

勿受外嫌猜 同姓古所敦

　이 시는 두보가 장안에서 어려운 시절을 보낼 때 지은 것이다. 태산을 오를 때의 호기는 사라지고, 장안을 덮친 식량난에 허덕이고 있을 때다. 벼슬을 구하려고 열심히 시를 지어 바치나 여의치 않고, 권문세족들과 어울리지도 못한다. 떠들썩한 것이 싫어 종손을 찾는다고 하지만 그도 일 없고 가난한 처지 아닌가. 그러니 종손을 찾은 이유는 갈 데가 없어서가 분명하다. 그래도 한때 벼슬을 받은지라 노새 한 마리는 타고 다닌다. 찾아가니 종손은 할아버지 왔다고 쌀도 씻고 아욱도 베고 하는 모양이다. 그런데 이 중늙은이는 멋쩍어서 잔소리나 하고 있다. 이에 미안해져 일가끼리 돈독하기 위해 온 것이지 밥 한 끼 얻어먹으러 온 것은 아니라고 한다.

이 시에는 두보의 실존이 거의 모두 들어 있다. 40세를 갓 넘겼지만 평생 고생한지라 외모는 늙은이고, 쓸쓸한 마음에 친척을 찾아갔지만 끼니를 얻어먹으려는 듯한 인상을 줄 뿐이다. 종손을 위해 지은 시조차 이러하니, 그에게 이백의 날아갈 듯한 기개와 멋은 보이지 않는다. 그의 삶도 시도 궁상스럽다.

두보는 항상 어엿한 벼슬을 하고 싶어 했다. 벼슬을 할 수 있다면 아부도 할 수 있었다. 보통 사람의 태도와 비슷하다. 대단치 않은 벼슬에 지원할 때도 노심초사한다. "저를 뽑아주시기만 한다면 신명을 다해 일하겠습니다!" 대시인은 참으로 그랬다. 좌승左丞 위제韋濟에게 천거를 부탁하며 올린 시의 마지막 구절을 한번 보자. 자신이 실력은 갖추었으나 불우했음을 장황히 나열하고 있다.

참으로 어르신 후의가 부끄럽고, 참으로 어르신 진심을 알고 있습니다.
매번 백관들 앞에서, 외람되이 새 시를 읊어주셨지요.
몰래 공공의 기쁨을 본받고자 하지만, 원헌의 가난은 감당하기 어렵습니다.
어찌 감히 원망할 수 있겠습니까, 그저 삼가며 물러날 따름입니다.
지금 동쪽으로 바다로 들려 하여, 곧 서쪽 진을 떠날까 합니다.
항상 종남산을 사랑하고, 머리 돌려 맑은 위수를 봅니다.

항상 한 끼 밥이라도 대접하고 싶었는데, 떠날 마음까지 품은 지금은 오죽하겠습니까.

흰 갈매기도 큰 파도 속으로 사라지는데, 만 리 길 누가 익숙할 수 있겠습니까.

甚愧丈人厚 甚知丈人眞 每於百僚上 猥誦佳句新

竊效貢公喜 難甘原憲貧 焉能心怏怏 祗是走踆踆

今欲東入海 即將西去秦 尚憐終南山 回首淸渭濱

常擬報一飯 況懷辭大臣 白鷗沒浩蕩 萬裏誰能馴

이 시의 의미도 단순하다. '나를 위해 힘써주셔서 고마우나 나는 이제 지쳤습니다. 어쩔 수 없어 떠나려 하니 좀더 힘을 써주십시오.' 두보의 심정이 대단히 절박하다. 식사라도 한번 대접하고 싶으나, 그럴 수도 없다고 토로하는 것을 보니 말이다.

두보든 이백이든 자신의 부賦가 사마상여司馬相如에 필적한다고 자부한다. 사마상여의 부란 〈자허부子虛賦(자허의 부)〉니 〈상림부上林賦(상림의 부)〉니 하는 것으로 문장이 극히 호방해서 크게 호평받았다. 그러나 그 내용은 결국 임금에게 바치는 아부다. 두보도 〈삼대례부〉를 지어 벼슬 받은 것에 늘 자부심을 느꼈다. "〈삼대례부〉 봉래궁蓬萊宮에 바치자, 하루아침에 명성이 자자해졌네"라고 스스로 읊은 이유다. 그런데 〈삼대례부〉는 도교를 극히 칭송한 글이다. 당나라 황실은 노자老子의 후손을 자청했으니, 이 글을 지어 올린 목적도 명확하다. 황실에 잘 보여서 벼슬을 얻어볼 심산이었다. 그러나 평범한 관리가 되기에 그는 지나치게 시감詩感이 풍부했고, 또 예민한 사람이었다.

두보가 여기서 그쳤다면 그저 그런 속물에 지나지 않았을 것이다. 천하에 으뜸이라고 자부한 시로 출세하지 못했으니 상심이 컸을 텐데, 이후 그의 시에 어떤 질적인 변화가 감지된다. 시의 목적이 출세가 아닌 인간 자체로 바뀐 것이다. 출세하지 못하면서 그의 시는 더욱 완숙해진다. 그는 자신의 소임을 자각한다. '나는 시인이다.'

세상을 품은 인정 많은 시인

거두절미하고 시 한 편을 감상해보자. 〈남린南鄰(남쪽 이웃)〉이라는 시다. 이 시를 지을 때 두보는 초당에서 살았다. 지인들에게 부탁해 어렵사리 초당 하나 지은 덕에 시인은 한결 여유가 있다.

금리錦裡 선생은 오각건 쓰고,
과수원에서 토란이며 밤을 거두니 완전히 가난하지는 않네.
자주 보던 손이라 아이도 좋아하고,
섬돌 위에 먹이 얻은 새들도 얌전하네.
가을 물은 겨우 네댓 자 깊이,
조각배는 두 사람 타기에 꼭 맞고.
흰 모래에 푸른 대나무 있는 강 마을의 저녁,
서로 사립문까지 바래다줄 때 달빛이 새롭네.
錦裡先生烏角巾 園收芋栗不全貧
慣看賓客兒童喜 得食階除鳥雀馴

秋水才深四五尺 野航恰受兩三人

白沙翠竹江村暮 相送柴門月色新

《구당서》에 이런 내용이 나온다.

"두보는 천한 사람들과 마음껏 어울렸고, 지인이자 후견인인 엄무에게도 굳이 예를 차리지 않았다."

금리 선생은 오각건(처사가 쓰는 두건)을 쓰고 밤나무 있는 밭도 있으니 가난뱅이는 아니다. 그렇다고 겨우 둘이 앉을 만한 배를 가진 노인이니 부자에 이름난 사람도 아니다. 두보의 사람 사귐은 원래 진솔하지만, 이 시에서는 더욱 진솔한 맛이 난다. 금리 선생에게 맑은 호감이 생길 정도다.

두보는 어떻게 이러한 경지에 도달한 것일까. 담박하고도 아름다운 시를 쓰기 위해 그는 완전히 시 속의 인물이 되는 방법을 찾아냈다. 상대방의 마음으로 생각하는 방법을 익힌 것이다. 그의 시는 서사성이 커서 단 한 편 안에서도 감정의 진폭이 크다. 〈전출새구수지육前出塞九首之六(병사를 위한 노래 여섯 번째 수)〉을 한번 살펴보자.

활을 당기려면 응당 센 걸 당겨야지,

화살을 쓰려거든 당연히 긴 것을 잡아야지.

사람을 쏘려거든 먼저 말을 쏘고,

적을 잡으려거든 먼저 왕을 잡아야지.

사람 죽이는 데 한도가 있고,

땅 넓히는 데 경계가 있는 법이지.

침략을 막을 수 있으면 그뿐이지,

어떻게 많이 죽이는 데 뜻을 둘까.

挽弓當挽強 用箭當用長

射人先射馬 擒賊先擒王

殺人亦有限 立國自有疆

苟能制侵陵 豈在多殺傷

이 시의 화자는 두 명이다. 한 명은 출정하면서 마음을 다잡는 병사다. 나머지 한 명은 누구인가. 바로 싸움이 못마땅한 수많은 사람이다. 강한 활에 긴 화살을 메겨 말을 타고 달리는 오랑캐를, 그것도 왕을 잡으라고 말하다가, 갑자기 어째서 사람을 많이 죽여야 하느냐고, 땅을 넓히느라 안달이냐고 되묻는다. 싸우는 것은 나라님이 시킨 것이라 어쩔 수 없다지만, 그것이 좋은 것인지 모르겠다는 뜻이다. 이처럼 두보는 국가라는 좁은 테두리를 벗어날 마음을 품고 있었다. 물론 그는 영원히 국가라는 한계를 벗어나지 못한다. 그러나 그것이 그의 잘못이겠는가. 누구라도 시대적 한계를 벗어난다는 것은 애초에 불가능하다. 다만 그는 시의 의미를 시 속 화자와의 공감에서 찾기 시작한다.

희대의 명문 〈병거행兵車行(전투용 수레의 노래)〉, 〈무가별無家別(작별할 식구도 없다•)〉, 〈석호리石壕吏(석호 마을의 관리)〉에서 두보는 시적

• 흔히 '집 없는 이의 작별'이라고 번역하기도 하는데, 옳지 않다. 시 속의 주인공이 쇠락한 집을 찾아가기 때문이다. 따라서 '작별할 집도 없다', 즉 '작별할 사람도 없다'는 뜻이다.

화자와 완전히 일치하는 경지에 오른다. 모두 사료로서 가치를 인정받는 시들이다. 먼저 〈병거행〉의 일부를 옮긴다.

......

길가의 과객이 행인에게 물으니,

가는 사람 말하기를 징집이 너무 잦다네.

어떤 이는 열다섯에 북으로 황하를 지키다가,

나이 마흔에 서쪽에서 둔전을 개간한다고 하오.

......

변방에는 피가 흘러 바닷물이 되었는데,

한나라 무제 땅 넓히려는 욕심은 끝이 없구려.

그대는 못 들었소. 한나라 산동 이백 고을,

마을마다 다 가시밭 된 것을.

......

그대는 못 보았소. 청해 언저리에,

백골이 나뒹굴 지 오래되어 거두는 사람도 없어서.

갓 죽은 귀신은 원망하고 오래된 귀신은 흑흑 흐느껴,

흐리고 비 오는 날이면 그 소리 처량함을.

......

道旁過者問行人 行人但雲點行頻

或從十五北防河 便至四十西營田

......

邊亭流血成海水 武皇開邊意未已

君不聞 漢家山東二百州 千村萬落生荊杞

……

君不見 靑海頭 古來白骨無人收

新鬼煩冤舊鬼哭 天陰雨濕聲啾啾

이 시에서 두보는 행인이 되고, 어떤 병사가 되고, 결국 원혼이 된다. 그래서 '흑흑' 소리 내어 운다. 그러면 한나라 무제에 빗댄 전쟁 일으키는 사람을 비난하는 이는 누구인가. 바로 백성이다. 시인 혼자 이야기하는 것이 아니라, 수많은 사람이 하는 말을 시인이 공감해 시로 쓴 것이다. 두보 시의 독보적인 정신이란 바로 이 공감이다. 공감은 동정의 수준을 넘어 상대방과 완전히 동일시하는 수준으로 승화한다. 〈무가별〉은 이렇게 노래한다.

영원히 아파라. 오랜 병으로 가신 어머니,

오 년이나 진구렁에 버려둔 일.

날 낳아 도움도 받지 못하고,

우리 둘은 평생 흐느꼈네.

사람이 되어 이별할 이도 없는데,

사람의 삶이라 할 수 있을까.

永痛長病母 五年委溝谿

生我不得力 終身兩酸嘶

人生無家別 何以爲蒸藜

시에서 두보의 정은 민초의 마음에까지 닿는다. 이백에게 쓴 시 〈증이백贈李白(이백에게)〉은 어떠한가. 개인적인 정이 사무친다. '그는 이 가을에 잘 지내고 있을까.'

가을이 와도 우리는 여전히 떠돌이,
단사 아직 취하지 못해 갈홍이 부끄럽네.
통쾌하게 마시고 미친 듯 노래하며 공허하게 날을 보내고,
날뛰고 넘어지고 누구를 위해 잘난 체하는가.
秋來相顧尙飄蓬 未就丹砂愧葛洪
痛飮狂歌空度日 飛揚跋扈爲誰雄

이백도 두보 못지않게 시련을 겪었다. 당시 그의 명성은 두보보다 높았지만, 호방한 성격으로 적이 많아 반란에 연루되어 귀양까지 갔다. 두보는 친구를 그리워한다. 곽말약은 첫 수의 '상고相顧'라는 단어가 서로 돌아본다는 뜻이므로, 이 시는 이백에게만 하는 말이 아니라, 자신에게도, 또 모든 사람에게도 하는 말이라고 해석하는데, 탁월한 안목이다. 물론 이백이 미친 듯이 행동한다고 해석해도 무방하지만, 그러기에는 두보의 안타까운 심사가 강하게 느껴진다. 그는 생각한다. '심지어 세상 사람이 모두 이백을 죽이려고 해도, 내 마음으로는 오로지 그의 재능이 아깝다.' 그의 사람 대하는 마음은 이백을 대하는 마음과 다르지 않다.

이렇게 두보는 세인들이 손가락질하는 사람과 사귀는 것을 두려워하지 않았다. 그래서 울분을 참지 못하고 반란에 가담한 반골 시

인 소환蘇煥에게도 무한한 애정을 보낸다. 혹자는 그가 간신배들과의 관계를 끊지 못했다고 비판하지만, 사람을 대하며 누가 간신인지 아닌지 따지는 것이 오히려 모질지 않은가. 그는 말년에 이르러 "굶주리면 쌀 빌리고, 울적하면 술을 찾는다." 그러다가 취중에 말에서 떨어지면 지인들이 술을 들고 문안을 온다. 그의 친구들은 이런 사람들이었다.

시의 정신을 세우다

약관의 나이부터 벼슬에 뜻을 두고 달리던 두보는 좌절을 겪고 시인으로 거듭난다. 그를 바꾼 힘은 무엇일까. 그를 위대하게 만든 또 하나의 비결은 바로 부지런함이다. 그가 시에 자유자재로 감정을 이입하고 여러 이야기를 풀어낼 수 있었던 것은 모두 부지런함 때문이다. 부지런하지 않고서는 공감을 표현할 길이 없다. 이백은 그에게 이런 시를 지어주었다.

> 반과산 언저리서 두보를 만났는데,
> 머리엔 초립 쓰고 해는 이미 중천이네.
> 헤어진 후로 왜 그리 수척해졌느냐 물으니,
> 오로지 매일 시 쓰는 고통 때문이라고 하네.
> 飯顆山頭逢杜甫 頂戴笠子日卓午
> 借問別來太瘦生 總爲從前作詩苦

문인들은 시대를 불문하고 늘 창작의 고통을 이야기한다. 두보는 창작 때문에 몸이 여월 정도였다. 연상인 이백이 보기에 얼마나 안타까웠겠는가. 애초에 두보는 설렁설렁 시 쓰는 사람이 아니었다. 물론 이백도 그러했다. 다만 그는 더 호방하게 감정을 드러냈을 뿐이다. 이제 두보가 "벼슬하려 시 올리던 일이 유독 부끄러워"라고 고백하고, 벼슬이 있을 때는 "매일 관복을 저당 잡히고" 술 마신 이유를 알 것이다.

　〈기이십이백이십운奇李十二白二十韻(이백에게 보내는 시 스무 운)〉에서 두보는 이백을 생각하며 이렇게 노래한다. 물론 그를 위해 쓴 시들이 다 그렇듯 자기 자신을 위한 노래이기도 하다.

> 어느 해나 대붕을 만날까,
> 홀로 기린을 향해 우네.
> 幾年遭鵬鳥 獨泣向麒麟

　중원을 떠난 말년에 지었다는 시 〈희위육절구戱爲六絶句(재미 삼아 지은 절구 여섯 수)〉의 마지막 절은 이렇다.

> 선현에 미치지 못함을 의아하게 여기지 마라,
> 서로 옛글 배우며 내려왔는데 또 누가 먼저란 말이냐.
> 삿된 체제 도려내면 풍아에 가까워지리니,
> 갈수록 배울 이 많아지니 모두 내 스승이라.
> 未及前賢更勿疑 遞相祖述複先誰

別裁僞體親風雅 轉益多師是汝師

두 시 모두 내용이 진지하다. 시는 숨기고 감출 수 없다. 앞의 시에서 기린은 공자가 말하는 성세와 공자 자신을 모두 가리킨다. 따라서 기린을 향해 운다는 것은 삿됨과 바름을 가리기 위해 《춘추》를 지을 필요가 없는 시대를 뜻하기도 하고, 또 완전한 지인을 만나고 싶다는 뜻이기도 하다. 뒤의 시는 공자의 말 "서술하되 짓지 않는다"를 원용한 것이리라. 그렇다면 의미는 명확하다. '공자가 《시경詩經》을 편찬하고 학문의 체제를 만들었듯이 나도 시의 체제를 만들고 싶다.'

그래서 후인들은 공자에게만 주어지는 수식어인 집대성集大成, 즉 모아서 크게 이룬다는 뜻의 수식어를 두보에게도 주어 시의 집대성자라고 불렀다. 그가 만든 시의 체제는 이처럼 시로 세계를 짓기 위해 큰 뜻을 품고 몸이 수척하도록 노력한 결과였다.

두보의 인생은 화려하지도 고고하지도 않았다. 그는 생활인의 삶에 충실했다. 그의 철학은 도가도 불가도 유가도 아닌 잡탕이었고, 무엇 하나 제대로 이룬 것 없었지만, 아주 단순한 가치 몇 가지를 들고 삶을 밀고 나아갔다. 그가 품은 단순한 가치는 한마디로 정情이었고, 삶을 밀고 나아가는 원동력은 시詩였다. 그는 끊임없이 시로 자화상을 그렸다. 비록 경제적으로나 정치적으로나 아무것도 이루지 못한 못난이의 자화상이지만, 그 못난이의 이름은 천고에 길이 남았다. 거창한 이념보다는 오히려 작은 인정이 사람들의 마음에 오래 남는 법이다. 그의 걸작은 모두 작은 인정에 관한 것들이다. 연꽃은 진흙탕에서 피는 꽃이다. 누추한 생활과 구차스러운 사념 속에서도 한

가지 뜻이 있다면 연꽃은 핀다. 연꽃은 원래 그런 곳에서 핀다.

경제적인 고통을 겪어본 사람들은 알 것이다. 먹고산다는 것이 사람을 얼마나 구차하게 하는가. 그러나 대부분의 사람이 그렇게 살고 있다. 인정人情에 대한 공감이 있으면 그 속에 희망이 있고 행복이 있는 듯하다. 두보의 시는 바로 그런 구차스러움 속에서 나온 공감의 결과다.

아프기에 위로한다

이달

화가들과 거리를 산책하다가 한 사람을 바라보고 있는데, 그들은 "아, 저 지저분한 사람 좀 봐. 저런 유의 인간이란" 하고 말하더구나. 그런 표현을 화가한테서 듣게 되리라고는 상상도 못 했지.

－빈센트 반 고흐Vincent van Gogh

이달李達(1539~1612)

조선 중기의 시인이다. 본관은 신평新平으로 원주의 손곡에 은거했다고 한다. 어머니가 기생이다. 시 짓는 능력이 특출해 최경창崔慶昌, 백광훈白光勳과 더불어 삼당시인三唐詩人이라고 불린다. 평생 제대로 된 관직을 얻지 못하고, 시를 지어 먹고산다. 그의 시는 매우 서정적이고, 일반 백성의 비참한 삶을 회화적으로 잘 포착한다. 평생 가난했지만, 시로 대단한 명성을 얻는다.

—

조선의 프로페셔널

무엇 하나 가진 것 없이 태어난 이는 아무리 사소한 것이라도 일단 '소유'하게 되면 그 자체로 자기 존재를 형성한다. 약 400년 전 조선에도 소유 자체가 존재를 이루도록 자기 자신을 절박하게 몰아친 사람이 있다. 대단히 모순된 사람이자, 천재나 영웅이라고 하기에도 결함이 있는 사람이다. 그런데도 나름대로 성취를 이룬 것은 별 볼 일 없는 조건에서 시작했기 때문이다. "아무것도 가진 것 없는 이에게 시와 노래는 애달픈 양식"이라는 어떤 노래 가사처럼 그에게는 시만 있었다. 그래서 그에게 시는 삶의 도구이면서 그 이상의 것, 즉 존재 자체가 되었다. 그가 바로 이달이다.

시란 복잡한 존재다. 특히 이달이 구사했던 당시는 중국어가 모국어가 아닌 사람에게는 매우 까다로운 장르라고 해도 무방하다. 당시를 지으려면 음音의 규칙과 변화에 능숙해야 한다. 물론 그 음이란 당음唐音, 즉 당나라 때의 중국어 발음으로 후대인이 완벽히 소화하기가 쉽지 않다. 그다음은 뜻의 이어짐과 반전이다. 뜻이 잘 이어지지 않으면 생경하고, 반전이 없으면 맛이 떨어진다. 그러니 당시란 정형성과 창의성을 동시에 요구하는 아주 까다로운 장르라고 할 수 있다. 이달은 이처럼 까다로운 당시의 대가였다.

서자라는 사회적 굴레로 출세하지 못한 시인이 당시의 까다로운 형식미 속에서 자아를 실현한다는 것은 모순이라고 할 만하다. 모순으로 고뇌하며 시를 지어 먹고사는 예술인. 그렇다. 이달은 오늘날 기준으로 보면 '프로'다. 프로가 택한 길을 왈가왈부하는 것은 촌스럽다.

제자인 허균許筠이 쓴《손곡산인전蓀穀山人傳》을 보면 이달은 양반인 아버지와 기생인 어머니 사이에서 태어났다. 그래서 크게 쓰일 가능성이 적었다. 그러나 사람이 워낙 영민해 글을 읽고 쓰는 데 유달리 재주가 있었던 모양이다. 한때 한리학관漢吏學官이라는, 서출들이 주로 하는 벼슬을 받기도 했지만, 맞지 않아 곧 그만두었다고 한다. 다만 시재詩才가 뛰어나 최경창, 백광훈 등 당대의 대문인들과 시사詩社를 맺었다.

이달은 당시의 예법을 따르지 않은 것으로도 유명하다. 그래서 그를 극진히 아끼는 사람만큼이나 미워하는 사람도 많았던 것 같다. 허균은 말한다.

"이달의 이름은 우리나라를 흔들었다. 그러나 그의 시는 귀중하게 여기면서 사람은 버리고 쓰지 않았다. 끝까지 그를 칭찬한 이들은 문단의 대가 서넛뿐이었고, 평범한 사람 가운데 그를 미워하고 질투하는 자들이 숲처럼 늘어서 있었다."

그러나 이달의 재능에 대해서는 이견이 없었다. 허균의 말처럼 고려 때부터 조선 중기까지 당시로는 그를 당할 사람이 없었다. 그런데도 미움받고 쓰임 받지 못했다. 조선 사회의 모순뿐 아니라 그 자신의 모순 때문이었다. 그러나 이러한 모순 덕에 시 자체가 삶이 되는 프로로 살았으니 이 또한 모순이다.

밥을 빌어먹는 굴욕

이달은 좋게 말하면 방랑시인이고 나쁘게 말하면 비렁뱅이로 시를 팔아 끼니를 해결하며 살았다. 그가 평생 한 일이라고는 지방관이나 성공한 친구들을 찾아가 술 얻어먹고 시 짓는 일이었다. 그의 시 중에 절이라거나 남의 집이라거나 하는 구절이 많은 것도 정처 없었기 때문이다.

이달이 제 한 몸 건사하는 데 얼마나 많은 재물이 필요했을까. 한 달에 쌀 한 섬이면 그럭저럭 버텼을 것이다. 그런데도 그의 시는 밥과 잠자리 걱정이 중요한 모티프다. 시를 지어주고 몇 푼 받으면 곧장 술 마시고, 기생과 놀고, 여비로 썼으니 남는 돈이 있을 리 만무했다. 물론 그래야 또 시가 나왔다. 그래서 그의 생은 밥과 잠자리 걱정 때문에 비루했다. 시에도 문득문득 그 고단함이 엿보인다.

이달은 사대부가 보기에 시에서 주자학의 높은 도를 보이지 않는 삿된 인간이었고, 먹고살기 바쁜 백성이 보기에 초라한 몰골로 밥을 구걸하는 얼빠진 인간이었다. 그는 서얼이라는 출신 탓에 당상관이 될 수도 없었지만, 그렇다고 반역을 꿈꾸는 열혈남아도 되지 못했다. 그의 시를 보면 고고하다고 할 수도 없고, 피를 들끓게 하는 혁명적인 심상도 보이지 않는다. 그렇다고 신분을 초월할 만큼의 고매한 인격을 지녔던 것 같지도 않다.

그러나 이달은 높이 평가받을 만한 사람이다. 공자는 《시경》의 시는 삿됨이 없다고 평가했다. 《시경》의 시는 먹는 것부터 남녀의 사랑까지 온갖 주제를 다룬다. 이달의 시도, 밥을 먹기 위해 지은 것이 태반이지만, 삿됨이 없다. 또 그의 시는 배부른 채로 배고픈 자를 연민하는 가짜 도학의 삿됨 대신 정말 배고픈 시인 자신이 화자가 되는 공감이 녹아 있다.

그런 감성을 끌어내기 위해 시인은 무엇을 해야 할까. 바로 밥을 빌어먹더라도 시에 묻히는 것이다. 프로가 되기 위해 기술을 익히고, 내용을 채우기 위해 방랑하는 것은 꼭 필요한 일이었는지 모른다. 이달은 5년 동안 칩거하며 당시를 익혔다고 한다. 그때의 곤궁함은 말로 다 할 수 없을 것이다. 이후 그는 평생 떠돌아다녔다.

이달의 시대에는 시가 밥 먹여주지 않았지만, 오늘날 매우 많은 사람이 그의 시로 먹고산다. 그를 공부하느라, 기리느라, 또는 그처럼 되고자 꽤 많은 사람이 노력하고 있다. 그의 시를 읊으면 먹지 않아도 포만감을 느끼는 사람이 적지 않을 것이다. 그가 밥을 빌어먹어야 하는 굴욕의 대가를 생전에 다 받지는 못했지만, 지금 보니 그게 꼭 대가 없는 고통이었다고는 할 수 없을 것 같다.

시인은 시로 말한다

허균의 《학산초담鶴山樵談》에 기록된 일이다. 한번은 강릉부사 양사언楊士彦이 이달을 스승의 예로 대접하고 있는데, 그를 미워하는 사람들이 기생이나 차고앉아서 부모 공양이나 부부의 도리를 지키지 않는다고 허균의 부친께 고했다. 양사언이 그의 후견인을 자처해 자신의 관할지에서 함께 지냈다고 하더라도, 당시의 예교로 보면 탐탁지 않은 일이었다. 그러니 양사언으로서는 비방하는 사람들의 말을 매일 들어가며 그를 돌봐주기가 쉽지 않았을 테고, 관직에 있는지라 구설수를 피하려는 마음도 있었을 것이다. 무위도식하는 그는 불안해졌다. 대접이 은근히 달라지니 〈상양명부上楊明府(양 명부께 올리다)〉•라는 시를 쓴다.

> 나그네가 길 떠나고 머무는 것은,
> 집주인의 얼굴빛에 달려 있다오.
> 오늘 아침에 보니 환한 빛이 없어졌기에,
> 오래지 않아 푸른 산을 생각해냈지.
> 노魯나라에서는 거위를 대접했고,
> 남쪽에서 돌아오는 날 마원馬援은 율무를 가져왔다네.
> 가을바람이 부니 떠돌이 소진蘇秦은
> 또 나서노라, 목릉의 관문을.
> 行子去留際 主人眉睫間
> 今朝失黃氣 未久憶靑山
> 魯國爰鷗饗 征南薏苡還
> 秋風蘇季子 又出穆陵關

마원은 남방을 평정한 한나라의 명장이고, 소진은 전국시대를 주름잡은 유세가다. 장수는 출정할 때 들이는 노력보다 얻는 것이 적

• 허경진, 《국역 손곡집》, 보고사, 2006.

다는 이유로 반대에 부딪히고, 유세가는 출사할 때 오직 강단과 세치 혀에 의지한다. 특히 시에서 소진은 쓰임 받지 못해 거지처럼 행세하고 목릉관을 나서는 중이다. 비유는 고상하지만, 이달 자신의 몰골이 처량함을 잘 보여준다. 이보다 더 직설적인 시 〈낙중유감洛中有感(한양에 갔더니)〉에는 이런 구절이 있다.

장안의 길 위에서 헛되이 발길 돌리니,
지척에 그대 집 문이건만 아홉 겹이나 막혀 있네.
長安陌上時回首 咫尺君門隔九重

아는 이를 찾았다가 문지기에게 박대당한 모양이다. 문을 아홉 겹으로 막은 집에 살고 있다니 아마도 권세가였나 보다. 옛 친구였을지도 모른다. 들어가지 못하고 말머리를 돌리는 마음이 어떠했을까. 자조를 참지 못했을 것이다. '가난한 처를 부양하지도 못하고 어린 딸을 건사하지도 못하면서 사대부들의 집을 돌며 시를 읊었다. 그러나 옛 친구는 문도 열어주지 않는구나. 시는 밥이 아니지 않은가. 매일 나를 반기기도 어렵겠지.' 그저 비방하는 사람이나 적으면 하고 바랄 뿐이었다.《손곡산인전》은 이달이 구걸까지 했다고 전한다.

허균이 이달의 시 297편을 모아 엮은《손곡집蓀谷集》을 보면 3분의 1이 밥을 얻어먹고 사례하기 위해 쓴 것이다. 음률은 하나같이 아름다우나 내용이 구태의연한 것도 있고, 또는 아부하는 것도 있다. 몇몇 시인이 이달의 뒤를 봐준다고 하더라도 천덕꾸러기였음이 틀림없다. 그는 구걸까지 하는 서출 출신 시인이었다.

이달에게 시는 생활 그 자체였지만, 그렇다고 그가 달관한 것은 아니었다. 끼니를 걱정하거나 병을 한탄하고, 또는 삶의 고통에서 벗어나 장생하기를 꿈꾸었다. 길 위에서 고향을 그리워하기도 했다.

서출로 살았기에 한이 많았다고 하면 이달을 모욕하는 것이다. 그는 준비되지 않은 사회에서 준비된 시인으로 살아간다는 내적 모순을 일찍이 받아들였다. 그는 시를 운명으로 여겼다. 출신으로만 이야기한다면, 서자로 글 읽은 자의 슬픔으로야 임꺽정만 할 것이며, 시대적 모순에 맞설 정신으로야 이지함李之菡을 따를 수 있었겠나.

게다가 시조도 아니요, 가사도 아닌 당시라니. 당운唐韻이란 애초에 우리와 맞지 않는 것이다. 당시가 크게 평가받는 것은 당나라 사람들의 감정이 깊이 새겨져 있기 때문인데, 감정이란 시간이 지나면 옅어지는 법이다. 이달이 활동했을 때는 당시의 융성기가 1,000년도 넘게 지난 후였다. 특히나 중국도 아닌 조선에서 어떻게 당나라 사람들의 감정을 펼칠 수 있단 말인가.

그런데도 이달은 높이 평가받을 만하다. 특히 각 분야의 프로가 인정받는 오늘날이야말로 그의 가치를 제대로 평가할 수 있다. 시란 무엇인가. 시는 인간의 성품을 언어로 드러내는 가장 효과적인 수단이다. 다만 그의 생활이 비루했던 것은 시로 살아갈 수 없는 시대에 그것을 택했기 때문이다. 시를 선택한 이상 삶의 굴욕은 이미 예견된 것이다. 그도 그 정도는 알았으리라. 그가 생전에 시의 값을 제대로 받았다고 생각해보라. 아마도 여느 사대부 정도의 요족은 누렸을 것이다. 하지만 그의 시대는 그렇지 않았다. 시를 알아주는 이가 기생이면 기생에게 가고, 사대부면 사대부에게 가는 것이 시인의 운명 아니겠나. 이런 마음이 〈봉기월정대인奉寄月汀大人(월정 스님에게 올리다)〉에서 넌지시 드러난다.

하늘 끝 먼 곳에서 밥을 지으며 청명을 맞아,
타향 땅에 머물며 나그네 마음을 보입니다.
한양에서는 여러 해 소식 끊기고,
이별로 한밤중에 꿈에서도 놀란답니다.
높은 벼슬자리는 이미 훈신들에게 돌아가고,
조물주는 끝내 빛나는 명성 주기를 꺼리는군요.
이제부터 봄바람이 무한히 좋아질 터인데,
산 있으면 어딘들 돌아가 농사짓지 않겠습니까.
天涯熟食適清明 異地淹留見客情
京洛數年消息斷 別離中夜夢魂驚
高官已自歸勳業 造物終須忌盛名
從此春風無限好 有山何處不歸耕

그런데 왜 하필 당시인가. 이것이 바로 시인으로서 이달이 겪은 모순이다. 당시가 아니라 시조였다면 더 크게 일가를 이루었을지도 모른다. 그러나 고도의 기교가 들어간 당시가 아니라면 누가 그를 쳐다보겠는가. 당시는 그에게 자기 증명 같은 것이었다. 그나마 수년간 공부해 체계적으로 당시의 요체를 파악했기에 밥이라도 얻어먹을 수 있었으리라. 허영도 있고 생활인으로서의 필요도 영향을 미쳤을 테다. 시인에게 장르를 규정할 수는 없다. 곰곰이 생각해보면 당시라는 장르를 택함은 프로의 길을 가겠다는 의지를 보인 것이다. 이달은 프로가 되기 위해 가장 어려운 길을 택했다.

시인은 시로 말하는 법, 이달의 시는 긴 호흡으로 삶의 고단함을 넘어서는 가치를 보여준다. 그의 시를 읽다 보면 그 속에 묻혀 눈물을 줄줄 흘리기도 하고, 쓴웃음을 짓기도 하고, 파안대소하기도 한다. 스스로 침잠해 넋두리를 늘어놓다가도 타인에게 거의 무한한 애정을 쏟아낸다. 이것이 이달 시의 본질이다. 잡품이 많다 하더라도 그중에 진품이 숨어 있는 것이 특징이다.

이달은 표범과 호랑이가 무서워 저녁이 되기도 전에 사립을 닫는 궁벽한 곳에서 어린 딸과 아내에게 미안한 마음을 전하고(〈불석不夕(저녁도 아닌데)〉), 먼저 간 아내 때문에 슬퍼하고(〈도망悼忙(죽은 그대를 기리며)〉), 신세를 한탄하다가 문득 스스로 책망하고(〈영유가고안詠柳家孤雁(유가네 외로운 기러기를 읊다)〉), 술을 마시고 싶은데 돈이 없어 입맛만 다시고(〈구일황강九日黃岡(중양절 황강에서)〉), 기생한테 비단 한 자 끊어줄 돈이 없이 궁상맞게 굴고(〈금대곡증고죽사군錦帶曲贈孤竹使君(비단 띠 그대에게 선물하고프지만)〉), 수행에 정진하는 스님들을 부러워한다(〈증감상인贈鑑上人(감 스님에게 주다)〉). 이처럼 분방하고 풍부한 시상을 가진 사람이 몇 명이나 되겠는가. 이달은 〈강행江行(강 따라 가는 길)〉에서 이렇게 노래한다.

강줄기 둘러 길은 십 리,
떨어진 꽃 뚫고 가느라 말발굽도 향기롭네.
공연히 강호산야를 떠다닌다고 하지 말게,

비단 주머니는 새로 지은 시로 가득하니.

路繞江千十裏長 落花穿破馬蹄香

湖山莫道空來往 贏得新詩滿錦囊

이달은 프로다. 시인은 시로 말하면 그만이다. 시로 말하기 위해 떠나는 것이다. 남들 눈에는 공연하고 어리석어 보일 수 있다. 그러나 어찌 소득이 없을쏜가. 떠나는 길에 시 한 주머니 얻었는데 말이다. 남들의 시선을 아랑곳하지 않는 자부심이 멋지다.

서글픈 내용, 아름다운 소리

이제 이달 시의 절정을 느껴보자. 다음 시를 읽으면 시인이 배곯은 채 유랑한 것이 어떤 가치를 지녔는지 알 수 있다. 또한 비록 남의 배(당시)를 탔지만, 얼마만큼 멀리 갈 수 있는지도 보여준다. 그의 시 중에서 특히나 많이 읽히는 〈이가원移家怨(이사하는 사람의 원망)〉이다.

할아비는 솥을 지고 숲속으로 가고,

할미는 아이를 끄느라 쫓아가질 못하네.

사람 만날 때마다 집 떠나는 고통을 늘어놓는데,

육 년이나 종군하느라 부자간도 끊어졌다오.

老翁負鼎林間去 老婦攜兒不得隨

逢人卻說移家苦 六載從軍父子離

집이 이사하는데 왜 어미와 아비는 없고 할미와 할아비만 있는가. 두 세대의 부자지간이 끊어졌다. 어미와 아비가 없으므로 깊은 정 두 개가 동시에 끊어진 것이다. 합쳐서 28자에 어찌 이렇게 깊은 감정을 담아낼 수 있는가. 입버릇처럼 애민을 말하는 위정자라도 이런 감정을 느낄 수 있을까. 이달은 임진왜란을 겪으며 도처에서 일어난 일들을 직접 보고 시를 지었다. 그가 아니면 솥을 지고 가는 노인의 원망을 누가 들어줄 것인가. 임진왜란으로 어육이 되어도 백성은 글을 읽고 쓰지 못하기에 기록을 남길 수 없다. 적이 오면 맞아 죽고, 적이 가면 굶어 죽는 것이 백성의 처량한 신세다. "바람보다 먼저 눕고 바람보다 먼저 일어나는" 정도의 기력도 없었던 것이 당시 백성이다. 그래도 그들은 말이 없다. 백성의 고통은, 그 고통을 야기한 고관대작들이 쓴 《실록》이나 문집 등을 뒤져야만 겨우 가늠이나마 해 볼 수 있다.

이 시를 어느 중국인에게 현대 중국어 발음으로 읽어주고 평을 청했다. 시에 문외한인 그는 "내용은 서글프나 소리는 너무나 곱다"라고 평했다. 이달의 시는 소리가 고와서 더 서럽다. 쓰인 지 400년이 지났지만, 앞으로도 400년 이상 남아 후세에 전해질 것이다. 허균은 《손곡집》에 이렇게 썼다.

이달을 우리나라의 여러 이름난 시인과 비교하면 그들은 놀라 구십 리나 물러날 것이다. (그러나) 그는 신분이 미천해 여러 사람이 귀하게 여기지 않아 지은 시 천여 편이 모두 흩어져 남은 게 없다. …… 남겨진 시를 모아 천 년 후까지 전하는 것이 나의 마음이다.

《손곡산인전》에서는 이렇게 밝힌다.

이달은 가난과 어려움 속에서 늙었으니 이것도 그의 시 때문이리라. 하지만 몸은 피곤하고 가난했지만 그의 시는 영원할 것이다. 어찌 한때의 부귀와 그 이름을 바꿀 수 있겠는가.

이달이 '시인'으로서 '시'로 어려움을 겪었다면, 그것은 프로가 얻을 수 있는 최고의 명예다. 삶이 모순으로 가득하다고 해도 그것이 영원하지는 않다. 이는 살면서 한번 감내해볼 만한 굴욕의 또 다른 모습인지도 모른다. 진정한 프로의 세계를 가는 이에게 다른 모든 사람을 이해시켜달라고 하는 게 오히려 모순이다. 비록 생활은 힘들고 비루하지만, 자신의 선택과 운명을 도도하게 받아들이는 사람만이 진정한 프로의 세계에 입문할 수 있다.

〈화학畫鶴(그림 속의 학)〉이라는 시는 마치 이달 자신의 자화상 같다. 이 시가 어떤 배경에서 지어졌는지는 모르지만, 술이 깬 새벽 마음속 깊이 숨겨놓은 감정을 끄집어내 썼으리라는 생각이 떠나지 않는다.

외로운 학 먼 하늘을 바라보며,
밤은 찬데 한쪽 다리 들고 있네.
서풍이 대숲을 괴롭힐 때,
온몸에 가을 이슬 떨어지네.
獨鶴望遙空 夜寒擧一足

西風苦竹叢 滿身秋露滴

　이달이라고 매일 눈치 보며 시 지어주고 밥 빌어먹는 일이 좋았겠는가. 시를 택한 것이 자신의 선택이며 운명이었다고 하더라도 그의 내면에 외로운 학 같은 고결함이 없었다면 어찌 남의 따가운 눈총을 견디며 살아갈 수 있었겠는가. 그도 한쪽 다리를 든 학처럼 외롭고 위태롭게 살았다. 그의 삶은 가난과 주위의 모멸에 시달렸다. 하지만 그는 이슬을 맞으며 오롯이 서 있다. 마치 고흐처럼. 고흐가 생전에 평온하고 부귀했다면 그의 작품이 불후의 가치를 얻을 수 있었을까.

　타고난 재능이 뛰어난 사람은 시기를 잘못 만나면 보통 사람보다 훨씬 굴곡진 인생을 살아가기 쉽다. 특히 예술적으로 높은 경지에 오른 사람들이 그러하다. 이들에게 시대와의 불화, 또는 부적응은 결국 자신만의 새로운 세계를 창조하는 커다란 자극이 되고 동기가 된다. 고난과 좌절을 겪으며 생겨난 인간에 대한 깊은 이해와 애정이 작품 속에 녹아들면서 깊은 공감을 끌어내는 것이다. 진정한 프로의 길을 가는 사람이라면 남이나 시대를 탓하기보다는 자신의 옹골찬 의지에 기대는 태도가 필요하다.

7장
사랑은 굴욕당한 마음을 치유한다

굴욕을 대하는 일곱 번째 태도: 애민

굴욕 앞에 인성을 지키다
이장곤

그대는 보지 못했습니까, 왼쪽의 언관과 오른쪽의 사관이 아침엔 은총을

받다가 저녁에 사약을 받는 것을.

가는 길의 험난함은 물에 있지 않고 산에 있는 게 아니지요.

이리저리 변덕스러운 사람 마음에 달린 것입니다.

君不見 左納言右納史 朝承恩暮賜死

行路難 不在水 不在山

只在人情反覆間

— 백거이 白居易, 〈태행로太行路(태행산 길에서)〉

이장곤李長坤(1474~?)

조선 초기의 정치인이다. 본관은 벽진碧珍이다. 유능한 문신으로 촉망받다

가, 갑자사화 당시 연산군燕山君의 의심을 받아 귀양 간다. 유배지에서 목숨

을 건지기 위해 탈출하고는, 중종中宗 반정으로 정계에 복귀한다. 문관이면

서도 무술에 탁월하고 기백이 있어 문무 요직을 두루 거치나, 기묘사화 때

신진파를 죽이는 일에 반대해 다시 삭직削職된다. 이후 고향에 내려가 은거

하며 일생을 보낸다.

목숨이 최고다

성리학에서 기강紀綱은 세상을 다스리는 기본이다. 그래서 군주와 신하 간의 기강[君爲臣綱], 부자간의 기강[父爲子綱], 부부, 즉 남녀 간의 기강[夫爲婦綱]은 세상 모든 질서의 근본이다. 성리학은 기강을 바탕으로 세상의 질서를 정밀하게 읊어놓은 사상 체계다. 그러니 이 세 기강을 어긴 자들은 쉽사리 용서받지 못했다.

그런데 이처럼 중요한 기강을 어기고도 대사헌大司憲, 병조판서兵曹判書, 이조판서吏曹判書, 좌찬성左贊成 등 요직을 두루 역임하고, 용케 천수를 누린 사람이 있다. 바로 이장곤이다. 그는 갑자사화 때는 연산군의 손아귀에서 벗어나기 위해 유배지에서 달아났고, 또 기묘사화 때는 그런대로 기개가 있다는 사람들이 스러져가는 중에도 용케 버텨냈다. 그가 살았을 때는 성리학이 자기 이익을 지키고 상대를 공격하는 수단으로 변질되면서, 지금 보면 말도 안 되는 이유로 피를 뿌리던 시대였다. 성리학 자체가 변질되었으니, 그것을 기준으로 이장곤을 평가하는 게 합당할까. 물론 정통 성리학의 관점에서 보면 그는 지조를 버린 기회주의적인 인간이었다.

이장곤은 성리학에 대항한 지사가 아니다. 그러나 벼리(기강)를 심하게 당기면 그물눈이 찢어지는 법이다. 가치도 없는 일에 자기 목숨을 바칠 필요가 있을까. 그는 임금이 무고한 죽음을 강요하자 당당히 도망친다. 지금도 남을 괴롭히는 일에 기쁨을 느끼는 사람이 많다. 인간의 원초적 가학성 때문일까. 자신에게는 관대하면서 남에게는 혹독한 사람이 얼마나 많은가. 굳이 이런 사람들의 희생양이 될 필요가 있을까. '내가 왜 그런 어처구니없는 명분에 목숨을 건단 말인가.' 모든 걸 떠나 이장곤은 개죽음을 피했다는 사실만으로도 충분히 평가받을 자격이 있다.

어버이와 임금을 버리고 달아나다

이장곤은 1495년 약관의 나이에 진사시에 장원으로 합격하고 서른에 교리校理에 임명된 인재였다. 그러나 그도 갑자사화의 화를 피하지는 못했다.

갑자사화는 연산군이 폐위된 친모의 복권을 반대하는 관리들을 핍박한 사건이다. 연산군의 어머니 윤씨尹氏는 행실이 바르지 못하다는 이유로 폐비되었지만, 사실 궁중 여인들의 암투가 한몫했다고 한다. 연산군이 폐비된 윤씨를 복위復位시켜 왕비로 추숭追崇하고 성종의 묘에 위패를 모시려 하자 권달수權達手 등이 반대했고, 임금은 그들을 닥치는 대로 참수했다. 또 예전에 윤씨 폐비를 찬성했던 사람들까지 무더기로 죽였다.

어머니의 복위를 내걸었지만, 사실은 임금의 학정과 방탕함을 견제하려는 사대부들에게 연산군과 그에게 붙은 임사홍任士洪 등의 일부 모리배가 선제공격을 감행한 것이다. 임사홍은 연산군에게 윤씨 폐비의 내막을 일러바친 장본인이다. 게다가 연산군은 사치와 무절제로 국고가 거덜 나자 이참에 공신들의 재산을 몰수할 생각까지 하고 있었다. 이장곤도 이 갑자사화로 곤욕을 치른다.

연산군은 남을 괴롭히는 데 재미 들린 사람이다. 《실록》에 기록된 그의 패악은 이루 말할 수가 없다. 특히 사람들을 마구 죽이는 통에 누구도 함부로 그를 비난할 수 없었다. 혹자는 어머니의 죽음 때문에 난폭한 사람으로 바뀌었다고 하지만, 사실 그는 원래부터 굉장히 포악했다. 이처럼 패악한 그도 임금 자리의 맛은 잘 알고 있었던 모양인지, 역모가 일어날까 봐 늘 전전긍긍했다. 그래서 이극균李克均처럼 문신이면서 무재武才가 있는 사람들을 특히나 미워했다. 말하자면 과대망상증 환자였다.

문제의 발단은 연산군이 역적으로 낙인찍은 이극균이 이장곤을 추천한 일이다. 도대체 사람을 추천한 일과 역모가 무슨 관련이 있는지는 모르겠지만, 이극균과 이장곤이 공범이라고 결론 내린 상태에서 고문을 해대는데 누가 견딜 수 있겠는가. 《실록》에 이런 기사가 나온다. 고문 중에 이장곤은 이극균과 아무 관련이 없다고 목소리를 높인다.

"저는 과거에 급제한 뒤 8개월 동안 여러 번의 활쏘기 시험에서 수석을 차지해 천거된 것이지, 세력에 의지한 것이 아닙니다."

연산군의 반응이 차갑기 그지없다.

"더 고문하라."

이에 이장곤의 머릿속이 복잡해진다.

'저자를 어떻게 감당할 수 있을까. 잘못을 인정하지 않으면 나를 죽일 것이다.'

이극균이나 이장곤의 잘못이라면 문무에 모두 능했다는 점이다. 결국 이장곤은 관직을 빼앗기고 귀양 가게 된다. 그러나 사태는 여기서 끝나지 않는다. 《실록》에는 임금이 사람들을 귀양 보낸 후에도 마음이 놓이지 않아 모두 죽이려고 했다는 내용이 자세히 나온다. 실제로 귀양 간 사람들을 다시 붙잡아 국문할 때는 그들의 목숨을 아까워하지 말라는 특명을 내린다. 상황이 이러하니 달아나는 수밖에 없었다.

'다시 국문을 받는다면 분명히 살아남지 못하리라.' 결국 이장곤은 사대부로서 매우 특이한 결정을 내린다. 바로 도망가는 것이다. 그는 다시 끌려가기 전에 유배지 거제도를 벗어나 함흥으로 달아난다. 시쳇말로 죽기 아니면 살기 식으로 달아났을 것이다. 그를 잡아들일 요량으로 사람을 보냈다가 도주 소식을 들은 연산군의 분노가 하늘을 찔렀다. 당시 지은 시에서 임금의 격한 감정이 잘 느껴진다.

부모 임금 다 버리고 어디서 붙어먹을 것인가.
고금에 독하고 무지한 놈 이놈 위에 없겠다.
離親棄主容何地 今古難逾此惡頑

임금뿐 아니라 부모까지 버렸다는 격한 표현에서 이장곤 일족을 그냥 두지 않겠다는 임금의 잔혹함이 느껴진다. 실제로 연산군은 이장곤의 족친族親을 가두고, 그의 형 이장길李長吉과 무술이 뛰어난 사람들을 보내 식솔들을 잡아 오게 한다. 이때 도망치는 사람이 나올까 봐 손바닥에 구멍을 뚫어 끈으로 꿰니, 터져 나오는 울음소리와 비명에 호송 길은 아수라장이 되었다. 제 한 몸 살겠다고 동생을 잡으러 가는 형의 마음도 지옥이었으리라.

공자는 효가 충보다 우선한다고 누누이 강조한다. 형은 이 모든 사달을 야기한 동생이 미웠을 것이다. 그러나 이장곤의 처지에서 생각해보자. 생목숨 버리기가 그리 쉬운가. 그는 삶을 택했다. 어찌 순순히 형장으로 끌려간단 말인가. 고문은 또 어떻게 감당한단 말인가.

인간이 해서는 안 되는 일

이장곤의 인생 전반을 살펴보면 상황을 보는 안목이 뛰어났던 듯하다. 또한 그는 기본적으로 인정이 있는 사람이었다. 그런데도 가족을 버리고 달아난 데는 틀림없이 나름의 이유가 있었을 것이다. 패악스러운 임금에 대한 불만이 조정과 민간에 가득했고, 그도 이러한 분위기를 감지했다. 당시 그는 30대 초반의 창창한 나이였다. 나름의 꿈도 있었을 것이다. 그런 꿈이 패악질을 일삼는 무도한 임금 때문에 좌절된다고 생각해보라. 가만히 있을 수 있겠는가. 결국 그는 달아났고, 그해에 연산군은 중종에게 임금 자리를 내준다.

반정이 성공하자 그간 핍박받은 사람들이 사면된다. 이장곤도 사면받고 크게 쓰인다. 사료에 따르면 중종은 북방 방어의 중요한 일을 논할 때 거의 항상 그를 부른다.

그렇다면 이장곤이 도망한 것은 어떻게 평가해야 할까. 유명한 문인 허균의 평을 살펴보기 전에 조선을 뒤흔든 사건 하나를 먼저 알아보자.

중종에게 발탁된 조광조趙光祖는 반정 공신들이 하는 일 없이 국가의 녹을 축내는 것이 못마땅했다. 엄격한 성리학적 도학 정치를 펴고자 했던 이 골수 성리학자는 반정 공신들의 공이 과장되었다면서 위훈삭제僞勳削除를 주창한다. 즉 반정 공신들에게 부당하게 챙긴 몫을 뱉어내라고 한 것이다. 이 일로 무려 76명이 공을 빼앗겼다고 하는데, 그들이 가만있었을 리 없다.

당시 벼슬하는 가장 큰 목적은 사대부끼리 잘 먹고 잘살자는 것 아닌가. 평소에는 도덕군자인 척해도 막상 밥그릇을 위협당하면 온갖 방법을 동원해 지키려는 자들이 사대부다. 결국 위훈이 삭제된 이들과 비판받은 이들이 주축이 되어 조광조와 그가 등용한 사림士林 세력을 대거 숙청하는 사건이 일어난다. 바로 기묘사화다. 기묘사화를 일으킨 사람들은 당시의 기득권층이었던 훈구파勳舊派였다.

이장곤은 당시 훈구파에 속해 있었으니 기묘사화의 책임을 완전히 벗을 수는 없다. 그러나 그는 유혈극에 반대했다. 그도 한때 유혈극의 피해자였기 때문이다. '나도 모질게 당했는데, 처지가 바뀌었다고 똑같이 모질게 굴 수는 없지 않나. 이는 인간이 해서는 안 되는 일이다.' 생각이 다름을 확인한 훈구파는 임금을 압박해 그의 관직을 빼앗는다. 이 일로 그는 기묘사화의 여덟 현인, 즉 '기묘팔현'이라는 호칭을 얻게 되지만, 당사자로서는 쓸쓸한 결과였다.

의견이 다르다고 피를 뿌린 일은 당시 사대부 사회에 큰 충격이었다. 이런 맥락에서 허균은 《성소부부고惺所覆瓿稿》에서 이장곤을 이렇게 비판한다.

기묘사화는 소인들이 군자들을 미워해서 일어난 사건이다. 이장곤은 소인들과 합심해서 기묘사화를 일으킨 자다. 그러면서 나중에는 거짓으로 군자들을 구원하는 체했다. 그는 현인이 아니다. 또 갑자사화 때는 달아나서 목숨을 구했는데, 임금이 아무리 무도해도 임금은 임금이다. 그는 군신의 예를 어겼다.

유혈극에 반대했다고는 하나, 기묘사화를 일으킨 사람으로서 이장곤은 위선자일 뿐이라는 것이다. 허균은 그가 기묘사화에 가담한 행위를 참을 수 없었다. 여기까지는 충분히 이해할 만하다.

하지만 이장곤이 임금의 명을 어기고 도망쳤음을 비판하는 것은 조선의 천재 허균과 당시 성리학적 사고의 한계를 그대로 보여준다. 맹자孟子도 폭군 주紂를 신하들이 죽인 일에 "필부 하나를 죽였다는 말은 들었지만, 임금 하나를 죽였다는 말은 듣지 못했다"라고 하지 않았나. 기묘사화의 책임 논란과 연산군에게서 도망친 일은 다른 각도에서 바라보아야 한다. 연산군은 맹자의 말에 따르면 한 사람의 필부에 불과하다. 이장곤은 한 필부의 박해를 피해 달아났을 뿐이다.

조선 시대의 사대부들이 이처럼 구호적인 명분론에 깊이 물들어 있었던 까닭은 무엇일까. 역설적이게도 허균 자신 또한 역모를 꾸몄다는 혐의로 능지처참당하지 않았던가! 이장곤이 기묘사화에 동조한 행위를 미워한 것은 이해되나, 어리석은 임금의 명을 어겼다고 비난하는 것은 유학자의 옹졸한 생각일 뿐이다. 연산군이 갑자사화를 빌미로 사람들을 도륙한 것은 인간의 도를 벗어난 행위다.

이장곤은 자기 목숨을 부지하기 위해 달아났다는 점에서 높이 평가받을 만하다. 임금의 부당한 핍박에서 도망쳐 자기 목숨을 지키는 것이 신하의 올바른 도리다. 그가 무예를 익히지 않고 여느 유생들처럼 고루한 생각에 젖어 있었다면 아마도 탈출은 생각조차 하지 못했을 것이다. 그러나 문신이면서 무예를 겸비한 그는 애초에 '자유인'의 기질을 품고 있었다. 이러한 기질은 《청구야담靑邱野談》에 극적으로 표현되어 있다.

진짜 굴욕은 인간다움을 버리는 것

이장곤은 거제도를 탈출한 후 곧장 북쪽으로 달린다. 거기서 그는 2년간 버드나무 그릇을 만드는 천민인 양수척楊水尺들과 살아간다. 심지어 천민 여인과 가정까지 꾸린다. 그의 생명력이 보통이 아님을 알 수 있다. 이 천민 여인은 연산군이 물러나 그가 다시 한양으로 올라올 때 문제가 된다. 버리거나 첩으로 삼는 게 당시 세태였다면, 이장곤은 과감하게도 그녀를 후後부인으로 맞는다. 참으로 파격적인 결정이다.

이는, 죽음을 피해 달아난 것에서 알 수 있듯이, 쉽게 사람의 정을 끊지 못하는 이장곤의 성정 때문에 가능한 일이었다. 당시 사대부들은 조롱을 퍼부었겠지만, 보통 사람이 쉽게 할 수 있는 결정이 아니었다. 물론 이 이야기는 야사로만 전한다. 그가 유배지에서 탈출하자마자 중종반정이 일어났으므로 2년이나 양수척과 어울렸을지 의문이다. 다만 야사라고는 해도 그의 사람됨이 잘 묻어난다. 그는 어려울 때 자신과 어울린 사람을 버리지 않았다.

임금을 버리고, 천민과 어울리기까지 한 이력 때문인지 《실록》에는 이장곤을 무뢰배無賴輩라고 비난하는 대목이 나온다. 무뢰배란 누구인가. 흔히 근본을 가볍게 여기는 사람을 무뢰배라고 한다. 하지만 그를 무뢰배라 한다면, 그건 당시의 일반적인 상식을 벗어난 자유인의 기질 때문일 것이다.

일단 다시 등용된 후에는, 문무를 겸비한 이가 워낙 부족한지라, 이장곤은 중종의 신임을 얻는다. 그는 병조판서로 기묘사화에 개입했으니, 피해를 본 사람들에게는 원수나 마찬가지였다. 그러나 그는 죽이는 일에는 반대했으므로 현인이라는 평가 또한 받았다. 그러니 훈구파의 거두 심정沈貞이나 사림파인데도 훈구파에 동조한 남곤南袞처럼 가혹하게 군 일로 불안에 떨거나, 사사賜死되는 일은 겪지 않았다. 쫓겨나기는 했지만, 그래서 더욱 안전했다. 1522년 복권된 뒤에는 창녕으로 내려가 유유자적하며 천수를 누렸다. 그래서 혹자는 중종반정 이후 그의 평탄한 행보를 두고 기회주의적이라고 폄하한다. 그러나 당시 또 어떤 선택지가 있었을까.

이장곤의 행동은 인간의 본성이라는 측면에서 보면 너무나 상식적이다. 그는 젊은 나이에 못 볼 꼴을 너무 많이 보았다. 연산군은 문관이면서도 무재가 있다고 한동안 그를 총애하더니 갑자기 죽이지 못해 안달한다. 형 이장길은 아무리 임금의 명이라지만 제수弟嫂의 손바닥에 구멍을 뚫어 묶는 패악을 저지른다. 연산군이나 이장길의 이런 패악은 인간 본성의 어떤 측면에서 비롯된 것일까. 그것을 지지하는 것이 과연 도이며 군신의 의리일까. 무뢰배라는 오명을 뒤집어쓰더라도 피하거나 저지하는 것이 도가 아닐까.

기묘사화로 화를 입은 조광조는 도학을 주장했지만, 민생은 챙기지 못했다. 유일하게 민생을 위해 한 일이라면 백성의 토지를 보호하자고 주장한 것인데, 실제로는 실행되지 못했다. 산전수전 다 겪은 이장곤이 보기에 도학으로 무장한 조광조가 그렇게 호감 가는 인물은 아니었을 것이다. 그러나 그는 자신과 생각이 다르다고 사람을 죽이는 일에는 반대했다.

당시 임금의 명을 따르지 않고 자신의 본성을 따르는 파격을 감행한 사람이 몇이나 있었을까. 이이李珥 같은 사람도 당쟁 가운데 욕을 먹는 상황에서, 어느 세력에서든 심한 미움을 받지 않은 사대부가 몇이나 있었을까. 이장곤은 비록 대단히 고결한 선비라고는 할 수 없어도 인성만은 바른 사람이었다. 잔혹한 임금 밑에서 인성을 더럽히느니 천민들과 함께했다. 오히려 진정한 굴욕은 이러저러한 이유로 인성을 버리는 것이 아닐까. 그는 임금의 박해와 도망으로 온갖 고생을 겪었고, 또 그런 이유로 당시 사대부들에게 비난받았지만, 자신의 인성을 버리지 않고 참고 버텼다. 그리고 결국 복권되었다. 인성을 버리기보다는 차라리 고생을 택한 결과다. 때를 기다리며 인내할 줄 알고 사람들에게 모질게 하지 않으니 결국 좋은 날을 맞이한 것이다. 루이제 린저Luise Rinser는《생의 한가운데Mitte des Lebens》라는 책에서 이렇게 말한다.

조급함이란 것이 인생을 해결하는 가장 적합한 해답인 것처럼 보일는지 모르지만, 인생은 역시 우리에게 참는 자만이, 즉 길게 숨 쉬는 자만이 결국 승리자가 될 수 있다는 것을 가르쳐주고 있습니다.

복수 대신 사랑을 택하다

이익

스스로 생각해보니 나는 큰 난리 없이 밭 갈며 생을 마치게 되었다. 이것이 첫째 낙이다. 또 극한의 북극도 아니요 혹서의 적도도 아닌 서늘하면서 따스한 우리나라에서 태어나서 사는 것이 둘째 낙이다. 또 백성은 등이 휘도록 일해도 입에 풀칠하기 힘든데, 나는 굶주림을 면하게 되었으니 이것이 셋째 낙이다.

-《성호사설星湖僿說》〈인사문人事門〉

이익 李瀷(1681~1763)

조선 후기의 실학자다. 본관은 여주로, 아버지가 대사헌을 지낸 명문가 출신이다. 아버지와 형이 당쟁의 소용돌이에 유명을 달리하자 실학을 공부하기로 마음먹는다. 사상의 근본은 민본주의이고, 관제官制, 전제田制, 인사人事 등 다양한 분야를 넘나들며 폭넓은 개혁을 주장한다. 특히 노비제와 적서嫡庶의 차별 등을 신랄하게 공격한다. 문집《성호사설》에서 매우 엄격한 비판자인 동시에 자애로운 민본주의자의 면모를 보여준다.

낙타는 바늘구멍에 들어가지 않는다

태어날 때부터 운명이 정해지는 것보다 더 괴로운 일은 없다. 가령 능력이 출중해도 뜻을 펼치지 못하거나, 조용히 살고 싶어도 끊임 없이 호명되면 괴롭다. 조선 시대 노비의 삶이 바로 그렇다. 그렇게 고통당하면 평범한 사람보다 용렬해지게 마련이다. 어디에 하소연 할 수도 없어 어떤 이는 혁명을 꿈꾸지만, 대부분 참으며 산다. 이런 사회가 만들어지는 근본적인 이유는 가난이다. 즉 먼저 부를 축적 한 사람들이 그러지 못한 사람들과 자신들을 구분하고자 하기 때문 이다.

민주주의 사회가 되었다지만, 기득권을 지키려는 인간의 욕망은 예나 지금이나 마찬가지다. 물론 개인의 욕망을 완전히 막으면 사회 는 정체된다. 한때 사회주의 국가들이 이를 시도했다가 큰 실패를 맛보았다. 그러나 특정 개인, 또는 특정 세력의 욕망이 너무 비대해 진 사회 또한 불행하다. 당파나 계층 간의 극단적인 대립이 발생해, 사회가 혼란에 빠지기 때문이다. 그래서 사회의 정체나 혼란을 막는 동시에 다수를 행복하게 하는 것이 정치의 목표가 되었다. 이 일이 쉬웠으면 모든 사회가 정치적으로 성공하고 성숙했을 것이다. 그러 면 제2차 세계대전이나 냉전 같은 인류사의 비극은 발생하지 않았 을 것이다.

총명한 사람이 기득권을 지닌 소수에게 핍박받는 일은 적지 않다. 이때 많은 사람이 자신도 기득권을 쥐려고 아등바등한다. 반대로 진 흙탕에 빠지지 않고 뛰어넘는 사람도 있다. 인간의 이기적인 본성을 인정하면서도 한 발 더 나아가는 것이다. 마치 들쥐와 낙타가 함께 걷는데, 들쥐는 길에 파인 구덩이에 빠지지만, 보폭이 넓은 낙타는 구덩이를 넘어가는 것과 마찬가지다. 낙타는 구덩이를 피하는 것이 아니다. 애초에 구덩이에 발을 넣지 못한다. 낙타가 어떻게 바늘구멍으로 들어갈 수 있겠는가.

우리 역사에도 그런 인물이 적지 않다. 안정복安鼎福, 정약용 등 실학의 대가들이 어버이로 추앙한 이익이 대표적이다. 그는 고난을 맞닥뜨렸을 때 낙타처럼 구덩이를 넘어갔다.

아버지와 형을 잃다

조선 중후기는 누가 뭐래도 당쟁의 시대였다. 동인, 서인, 남인, 노론, 소론, 사화, 출척黜陟, 환국換局 등의 단어가 이 시기 역사의 키워드임을 부정할 사람은 없을 것이다. 1674년 예송禮訟논쟁에서 이겨 잠깐 득세했던 남인들은 숙종肅宗의 등장으로 긴장한다. 아니나 다를까 1680년 다시 피바람이 분다. 남인 온건파의 지도자 허적許積의 아들이 왕이 쓰는 용봉차일龍鳳遮日을 마음대로 쓴 일이 구실이었고, 김석주金錫冑 등의 고변이 발단이었다. 피바람이 부는 와중에 대사간大司諫이던 이익의 아버지 이하진李夏鎭은 허적을 두둔하다가 숙종의 진노를 사, 진주목사牧使로 좌천된다. 이후 사면될 뻔하지만, 정적들에게 공격받아 평안도 운산으로 귀양 간다.

이듬해인 1681년 10월 이익이 태어나니, 이하진의 부인 권씨權氏

는 유배지에 도착하자마자 그를 임신한 것이다. 어려움 중에 경사였다. 하지만 얼마 지나지 않아 이하진이 병사한다. 남편을 잃고 과부가 된 권씨는 조상들이 살던 경기도 광주로 돌아온다. 북으로 1,000리 길을 걸어 올라가 이익을 낳고, 남편을 잃어 다시 남으로 1,000리 길을 걸어 내려온 그녀의 고충이 오죽했으랴. 그런데 비극은 끝나지 않고 계속된다.

1709년 형 이잠李潛이 장희빈張禧嬪의 아들인 세자를 옹호하고 집권당 노론의 김춘택金春澤을 탄핵하려다가 오히려 숙종의 진노를 산다. 《실록》에는 "흉악한 인간 이잠이 상소를 올렸다"라고 기록되어 있다. 끔찍하게도 그는 맞아 죽었다. 이러한 시련 앞에 이익은 자기 자신에게 묻는다.

'아버지를 죽인 자와는 같은 하늘을 지고 살 수 없다는데, 임금이 아버지를 죽였다. 이를 어떻게 해야 하는가. 김석주와 서인들에게 어떻게 복수해야 할 것인가. 형은 마음의 스승이었는데, 피붙이 스승을 죽인 자를 어떻게 해야 할 것인가. 군주는 무결하다고 하니, 군주를 부추긴 노론을 공격해야 하는가. 나 자신 또한 그 구렁텅이에 빠져야 하는가.'

따뜻한 개혁의 길로 나아가다

그러나 이익은 완전히 다른 길로 나아간다. 야인의 길을 가기로 마음먹은 것이다. 그는 제 한 몸 살기 위해 땅을 파는 들쥐가 아니었다.

낙타였다. 낙타는 구덩이에 빠지지 않고 건너뛴다.

당쟁의 한복판으로 들어가 복수하는 것은 이익의 표현을 빌리자면 "벌레가 죽음을 무릅쓰고 움츠렸다가 나아가는 것"과 같다. 그 속에 들어가면 물들 수밖에 없다. 왜 그런가. 그가 보기에 당쟁은 끝나지 않는다. 벼슬의 수는 정해져 있는데, 벼슬로 권세를 얻으려는, 또는 유지하려는 양반이 너무나 많기 때문이다. 밭도 갈지 않고 물건도 팔지 않으니, 따로 살길이 없는 양반들이 떼를 지어 벼슬을 노리는 것은 당연한 일이다. 이를 꿰뚫어 본 그는 들쥐가 되어 구덩이로 들어가는 대신 다른 방법으로 고통을 해소하고자 한다. 즉 현실의 한정된 권력을 차지하기 위해 싸우는 대신, 인간과 사회를 움직이는 원리를 탐구함으로써 현실을 질적으로 개선하고자 한 것이다.

어느 날 북한산을 오르다가 숙종의 친필을 보았다. 글자는 반듯하나 중심이 약하고 가지로 중심을 잡으니 줏대 없어 보였다. 정말로 숙종은 갈대처럼 흔들리는 임금이었다. 반면 이익의 초상화를 보면 강인한 인품이 그대로 드러난다. 입을 정갈하게 다문 채 검고 깊은 눈으로 정면을 응시하는 모습, 바로 텃밭을 일구며 안분安分하는 학자의 모습 그대로다. 비록 밭을 갈면서도, 그는 뜻을 세우지 못하는 임금과 벼슬자리에 목숨 건 사대부들을 얼마나 연민했을까.

이익은 대단한 실학자지만, 항상 낙타처럼 느릿느릿 이야기해 누구나 쉽게 그의 말을 알아들었다. 그의 붓은 개혁을 쓰면서도, 칼날처럼 차갑지 않고 털옷처럼 따뜻해 누구나 거부감 없이 받아들였다. 마치 영욕을 넘어선 시골 할아버지가 손자에게 옛날이야기를 들려주는 듯했다.

《국부론》과 《성호사설》

스코틀랜드 출신 정치경제학자 애덤 스미스Adam Smith는 1776년 《국부론An Inquiry into the Nature and Causes of the Wealth of Nations》을 출간한다. '자유방임주의', '보이지 않는 손', '야경국가' 등의 개념을 제시한 이 책은 이후 경제학의 주류를 차지하는 고전파 경제학의 모태가 된다. 초판이 출간된 지 거의 250년 가까이 흘렀지만, 경제학에서 이론적으로 이 책을 넘어서는 저작은 손에 꼽을 정도다.

《국부론》의 내용을 간단히 정리하면, 첫째, 사람이 잘살고자 하는 욕망을 억제해서는 안 된다는 것이다. 즉 모든 사람이 이기적으로 자신을 위해 일하므로 사회 전체가 발전한다. 둘째, 사람들이 자신이 잘할 수 있는 일에 집중함으로써 생산력을 높일 수 있다는 것이다. 이때 증가하는 총생산량이 곧 국가의 부가 된다. 지금은 이러한 원리를 당연하게 받아들이지만, 당시에는 굉장히 파격적인 생각이었다. 스미스의 사상을 좀더 압축해서 말한다면 '자본주의'와 '공업'이다. 가장 많은 사람이 자기 자신을 위해 일할 수 있는 경제 체제로 자본주의를, 가장 생산력을 늘릴 수 있는 경제 분야로 공업을 지목한 것이다.

이익도 비슷한 내용을 책에 담았다. 《성호사설》 곳곳에서 이러한 내용을 찾아볼 수 있다.●

● 이하 《성호사설》의 내용은 다음 책에서 인용했다. 민족문화추진회 엮음, 《국역성호사설》, 민족문화추진회, 1977~79.

우리나라 노비제는 천하 고금에 없는 것이다. 한번 노비가 되면 백 세가 되도록 고역을 겪는다. …… 옛날에 원 아무개는 자녀들에게 훈계하기를 "자기 일에 부지런하고 남의 일에 게으른 것은 누구나 다 같은 심정인데, 노비는 젊어서부터 늙을 때까지 매일 하는 일이 모두 남의 일이니 어찌 일마다 마음을 다할 수 있겠느냐"라고 했다.

-《성호사설》〈노비奴婢〉

사람들은 대부분 이기적이다. 최소한 먹고살려는 점에서 이기적인데, 이 본성을 막으면 일할 의욕을 잃는다. 남의 일을 하는 노비가 행복할 수 없는 것은 당연하다. 그런데 노비제는 사대부가 만들었다. 이익이 보기에 사대부는 벼슬 외에 딱히 벌이가 없으므로, 일단 관직에 오르면 아득바득 자리를 보전하고 축재蓄財하는 데 몰두한다. 즉 남을 억눌러서 자신만 잘살겠다는 것인데, 바로 스미스가 비판한 태도다. 개인들을 자유롭게 내버려 두어야 국가가 발전한다.《국부론》의 핵심 내용은 좀더 생산하려는 사람들을 내버려 두라는 것이다. 이익과 스미스는 살던 시대와 나라는 다르지만, 주장하는 내용은 똑같다.

"농민을 쥐어짜지 말고 내버려 두라. 그리고 노비, 양반도 농사짓게 하라."

또한 이익이 보기에 생산되는 자원의 양과 벼슬의 수는 한정되어 있으니 싸움이 발생한다. 그래서 그는 당론黨論, 즉 붕당의 의론을 하나의 커다란 송사라고 잘라 말한다.

당론黨論은 하나의 큰 옥송獄訟이다. 극악한 사람이 선한 사람을 치고, 어진 사람이 흉한 사람을 배격한다면 모든 사람이 시비를 분명히 판단할 수 있다. 그러나 옳은 가운데도 그름이 있고 그른 가운데도 옳음이 있으며, 옳은 듯하면서도 그르고 그른 듯하면서도 옳을 수 있는 것이다. 사람들은 다만 자신의 옳음과 남의 그름만 보기 때문에 당파가 생기게 된다.

-《성호사설》〈당론黨論〉

당쟁으로 시비를 따지는 건 매우 어렵다는 말이다. 그 원인은 무엇인가. 바로 이익利益 때문이다. 그래서 책만 읽고 일하지 않으면 가난한 것이 당연하다. 그런데 일하지 않으면서도 잘살고자 하므로 당쟁이 생기는 것이다. 글도 읽고 밥도 먹으려면 책을 쓰든 농사짓든 해서 돈을 벌어야 한다. 이것이 이익이 말하는 핵심이다. 많은 사람이 놀고먹으면 반드시 싸움이 벌어진다. 그런데 양심을 갖춘 학자로서 어찌 그 무리에 들어갈 수 있단 말인가.

이제 이익이 왜 벼슬길에 오르지 않고 고향에 은거했는지 이해할 수 있다. 그는 아버지와 형제를 당쟁의 구렁텅이에서 잃었다. 여느 양반들처럼 벼슬을 차지할 요량으로 당파에 속해 싸우기에는 겪은 고통이 너무 컸다. 그는 고통 속에서 당시 사회의 문제를 뼈저리게 느꼈다. 그래서 당시 사회의 모순을 하나하나 파헤쳐 근본적으로 개혁하고자 했다.

애민, 실학 하는 마음

이익의 주장은 일일이 세기 어려울 정도로 많지만, 모두 사람의 본성을 해치는 것들을 버리자는 것으로 귀결된다. 노비도 사람, 사대부도 사람이다. 그런데 사대부가 노비를 억눌러 사람 구실 못 하게 하고, 마음을 다해 일하지 않게 하니, 생산력이 늘지 않는 것이다. 만드는 양은 정해져 있는데, 모두 차지하려고만 하면 싸움이 벌어진다. 싸움을 없애려면 생산량을 늘려야 한다. 그 목적은 '모두' 잘살기 위함이다.

《국부론》을 잘 아는 사람들도 1759년 스미스가 출간한 《도덕감정론 The Theory of Moral Sentiments》이라는 책은 잘 모른다. 내용인즉 사람들이 다 비슷함을 인정하라는 것이다. 즉 내가 부자 되기 위해 남이 부자 되는 것을 막지 말고, 남의 고통을 조장하지 말라는 내용이다. 그 책은 〈공감(동정)에 대해 Of Sympathy〉라는 장으로 시작한다. 여기서 그는 "얼마나 많은 사람이 탐욕스러운 부자 몇 명 때문에 희생되는가"라고 묻는다. 모두 부자 되라고 하면서도 부자의 도덕을 질타하니 의아하다. 그 이유는 무엇인가. 부자가 가난한 사람들의 처지에 '공감'하지 않으면 그 이기심이 사회를 해치기 때문이다. 이익은 《국부론》과 《도덕감정론》을 한데 묶은 듯한 글을 썼다.

이익의 글 중 인사를 다루는 것은 대부분 인간의 도덕감정에 대한 성찰을 담고 있다. 그래서 '모두에게 공정하게 법을 집행하라', '자의적으로 가혹하게 법을 적용하지 말라', '고문은 증거가 될 수 없다,' '연좌제를 없애야 한다'는 등의 주장을 총론으로 삼는다.

그다음은 인재 등용이다. 능력 있는 사람에게만 길을 열어주어야한다. 평생 아무 일도 안 하고 과거 공부만 하는 사람은 '좀벌레'에 지나지 않는다. 이익은 이렇게 생각한다. '진정한 위정자라면 백성의 고락을 중시해야 한다. 남들이 못 먹는데 사치하는 것은 인성을 해친다. 농민은 평생 일해도 세 끼를 먹지 못하는데 사대부는 판판이 놀면서 노비를 부린다. 그런 행동은 모두 인간의 본성을 해친다.' 한 마디로 도덕감정을 해친다는 말이다.

유학자 이익은 도덕적인 면에서 스미스보다 더욱 엄격하다. 그래서 오늘날 기준으로는 사회주의에 가까운 토지 제도를 주장한다. 바로 농민들에게 농토를 균등하게 분배하고, 토지의 과도한 사유화를 막자는 것이다. 물론 이런 주장이 당시 사회의 추세를 막을 수는 없었지만, 그 마음만은 여실히 느껴진다. 여러 글에서 그는 이런 의견을 피력한다.

일찍이 깊이 생각해 한 방법을 얻었는데, 그것은 농지를 균등하게 소유하는 것이다. 내 생각대로 시행해서 오래도록 행한다면 다소의 효과가 있을 것이다.

-《성호사설》〈한민명전限民名田〉

이렇게 주장한 후 매매, 등기 등에 관한 각종 제도를 제시한다. 사실 이 제도들은 이익이 독창적으로 고안한 것들이 아니다. 과거 문헌 또는 개혁가의 주장에 종종 등장했지만, 잘 시행되지 못한 것들이다. 이것들을 다시 모아 제시하는 그의 우려는 크다. 행간에서 오래도록 시행하는 일 자체의 어려움을 예감한 듯한 안타까움이 느껴지는 것은 왜일까.

이익의 실학 하는 마음은 항상 백성과 함께했다. 그는 아름다운 문장이나 시에만 매달리지 말고, 백성에게 유용하고 실효성 있는 학문을 해야 한다고 말한다. 〈해거방축海居防築(바다에 둑을 쌓다)〉이라는 시는 그의 실학 하는 마음을 잘 보여준다.

물길 뚫고 포구를 옮기고 둑 쌓아 조수 막고,

염분을 빼내면 벼가 자라 다 옥토 된다네.

마을이 생기고 집들이 바둑판처럼 들어서고,

호미질 써레질하면 잡초가 무성할 걱정도 없지.

누가 산과 펄 쓸모없다고 했나,

황무지가 물결 덮치는 걸 면하는 것 보는데.

푸른 바다도 쉬 뽕나무밭 되는데,

좋은 계획 알려주려 꼴 베고 나무하는 이에게 가보세나.

穿渠移浦築防潮 鹹減禾生盡沃饒

聚落仍成居井井 鋤穫何患莠驕驕

誰敎山澤無遺利 可見平蕪免浪抛

碧海桑田容易變 良謀輸與訪蒭蕘

이익은 평생 점성리占星里에서 농사짓고 학문에 힘썼는데, 시에 나오는 펄도 그곳에 있던 갯벌이라고 한다. 200여 년이 지난 오늘날 그가 보던 바다는 메워져 밭이 되지 않았지만, 아파트가 들어서 시민들의 보금자리가 되었다고 하니, 이를 본다면 무어라 말했을까.

패업보다는 의리가 낫다

이익의 사상은 개혁적인 면이 다분하나, 그는 천성이 유학자였다. 유학의 참뜻을 현실에서 이루는 것이 그의 목적이었다. 그는 관중보다 포숙鮑叔을 좋아하는 사람이었다. 공자가 왕업을 이룬 태공망太公望보다는 유학의 근본을 지킨 주공周公을 더 높이 평가했듯이, 패업을 이룬 관중보다는 의리를 지킨 포숙이 더 나은 사람이라고 보았다. 그는 이렇게 묻는다.

"관중이 싸움에서 달아나도 겁쟁이라고 여기지 않고, 출사해서 인정받지 못해도 못났다고 하지 않고, 동업하면서 재물을 더 많이 챙길 때도 탐욕스럽다고 하지 않았으니 얼마나 포용력이 큰가."

포숙을 이야기하는 것은 당시의 풍속을 비웃기 위해서다. 세도가 있으면 모이고, 세도가 떨어지면 흩어지는 것이 사대부의 사귐이라니, 농민이나 장사치보다도 못하다. 이익은 관중에 버금가는 후진들을 길렀으니, 포숙이 더 친근하게 느껴지기도 했을 테다. 시절이 너무 위태로우면 포숙의 역할조차 하기 어려운 법이다. 그래서 그는 이렇게 말한다.

무릇 언론에서 양편을 다 그르다고 하는 것은 나무라는 것과 가깝고, 양편을 다 옳다고 하는 것은 아첨에 가깝다. 만약 시비를 정확히 따지기 힘들다면 아첨보다는 차라리 나무람을 좇겠다. 그러나 어지러운 나라에 살면서 사물을 대할 때 언어를 조심하지 않으면 화를 입는다.

-《성호사설》〈어묵語默〉

이익은 엄격한 학자로서 양비론兩非論과 양시론兩是論을 모두 거부한다. 다만 그가 침묵하는 것은 시절이 위태로워서일 뿐이다. 정말 바른말 하기도 어려운 시절이었다.

이익은 대단히 입체적인 사상을 품고 있다. 그는 새 학문을 주장하면서도 주희의 견해를 넘으려 하지 않는다. 그에게 주희는 성리학의 근간을 세운 사람이기 때문이다. 그러나 인간의 본성을 고찰함으로써 은근히 주희의 설을 넘어선다. 그 근간에는 "자기가 하기 싫은 일을 남에게 시키지 말라"라는 공자의 주장이 놓여 있다. 충과 효가 원래 나쁜 것이겠는가. 먹을 것이 적고 물자가 돌지 않으므로 이익을 좇으면서 충과 효를 나쁘게 이용할 뿐이다.

참으로 깨끗한 사람들은 세상의 쓰임을 받을 수 없을지도 모른다. 그러나 훗날 보기에 쓰이지 못한 것이 얼마나 다행인가. 이들은 당대의 작은 부름 대신 역사의 큰 부름을 받은 것이다. 정약용은 "해와 달이 밝은 것을 아는 것조차 모두 이 선생 덕분"이라며 이익에게 무한한 찬사를 보낸다. 이익이 "나는 고기보다 채소가 낫다"라는 자부심을 품고 초야에 묻히지 않았다면 어떻게 이런 업적을 남길 수 있었을까. 원래 낙타는 바늘구멍으로 들어갈 필요가 없고, 또 그럴 수도 없는 것이리라.

한정된 전리품을 얻기 위해 아군끼리 싸운다면 훌륭한 사령관은 어떻게 할 것인가. 불세출의 명장 한니발Hannibal은 이렇게 말했다. "언제까지 우리는 이용당할 것인가. 우리의 적은 로마다." 대제국을 세운 칭기즈칸은 이렇게 말했다. "우리끼리 더는 싸울 수 없다. 우리의 진정한 적은 장성 너머 금나라다." 가끔 자기가 속한 환경이 '작은 판'인지 돌아볼 필요가 있다. 구름 밖에는 낭떠러지가 아니라 푸른 하늘이 있음을 기억하자.

8장

자신을 믿는 자가 굴욕을 이긴다

굴욕을 대하는 여덟 번째 태도: 확신

큰 나무는 큰비를 맞는다

혜능

—

세상살이에 어려움 없기를 바라지 말라. 어려움이 없으면 교만하고 사치하
는 마음이 생기나니.

—《보왕삼매론寶王三昧論》

혜능慧能(638~713)

당나라의 승려다. 영남嶺南 출신이다. 선종禪宗의 제5조 홍인선사弘忍船師의
법맥을 이은 제6조라고는 하나 사실상 선종의 기풍은 그가 세웠다고 해도
과언이 아니다. 원래 그는 나무꾼으로 일해 먹고살았다. 글도 읽을 줄 몰랐
는데, 홍인선사 밑에서 득도한 후 '단번에 깨닫는다[頓悟]'는 선종의 기풍을
세운다. 그가 남긴《육조단경六祖壇經》은 선계禪界의 최고 경전으로, 내용이
매우 파격적이다.

—

누구도 고난은 피할 수 없다

서양에서 출간된, 동양 사상을 소개하는 책 중에 '선禪'이 나오지 않는 것은 거의 없다. 선이란 불교를 상당히 이해하고 있는 사람도 잘 모르는 주제인데, 서양에서까지 바람을 일으킨 이유는 무엇일까.

선에 깊은 조예가 없는 나도 한국 사상이나 중국 사상을 소개해야 한다면 선을 머리에 놓겠다. 특히 한국에서 선이란 바로 불교 자체를 가리킬 정도로 중요한데, 실제로 지눌知訥부터 휴정休靜을 거쳐 이후의 대법사들까지 모두 선종의 수행자들이다. 중국 불교의 주류도 선종인데, 마조馬祖, 임제臨濟 등 초기 거두들이 뽐낸 강력한 개성과 품격은 당대의 유학자들을 압도했다.

그런데 이 독특하고 아름다우며 아주 현실적인 선 공부의 체계를 연 사람은 누구일까. 그에게는 이른바 동양 사상의 큰 흐름을 연 위대한 인간이라는 칭호를 붙여도 무방하리라. "단번에 깨치고 닦는다", "문자에 있지 않다" 등 선종에 문외한이라도 한 번쯤 들어본 이 경구들을 지은 사람은 누구일까. 바로 영남의 '오랑캐'로 홀어머니 밑에서 자란 일자무식의 나무꾼 혜능이다.

풍운아 혜능의 사상이 얼마나 깊은지 논하는 것은 이 글의 범위를 넘는다. 다만 그의 극적인 삶은 몇 가지 깨우침을 주는데, 위인이라 할지라도 당장 눈앞에 놓여 있는 현실의 제약을 벗어날 수 없다는 점, 그러나 사람의 위대함은 시간이 지나면서 서서히 빛을 발한다는 점이다. 더불어 열정이 있으면 고난은 가을바람에 온갖 모기와 벌레가 사라지듯이 스스로 무릎 꿇는다는 정직한 진리를 음미하게 한다.

선종의 문을 연 대선사의 삶을 살펴보면 일상의 고난은 누구도 피할 수 없다는 것, 그러나 고난은 열심히 정진하는 사람에게 결국 고개를 숙인다는 것을 알게 된다. 길게 보면 시간이란 인간에게 무척 정직한 친구다.

단번에 깨치는 뿌리 깊은 나무

선종의 수행자끼리 문답할 때는 종종 '몽둥이찜질'이 등장한다. 선사가 문답을 나누다가 갑자기 몽둥이로 후려치는 것이다. 지금이라면 당장 교도소 신세를 면치 못할 것이다. 그러나 선사가 개나 고양이에게 몽둥이찜질한다는 말을 들어본 적 있는가. 개나 고양이는 몽둥이찜질의 의미를 알 턱이 없다. 단지 사람만이 그 의미를 알 수 있으니, 그리하는 것이다. 이때 '찜질'은 '몽둥이'의 의미를 알려주는 하나의 방법이다. 또한 선종은 '뿌리가 강한 사람[上根氣]'과 '뿌리가 약한 사람[下根氣]'을 나누어 다르게 가르친다. 뿌리가 깊은 나무에는 큰 바람을 불어 시험하고, 뿌리가 약한 나무에는 물도 주고 거름도 주어 가꾸는 것이다. 혜능은 뿌리가 강한 사람이었던 듯하다.

혜능은 영남 사람이다. 《육조단경》에 따르면 그의 아버지가 좌천되어 그곳으로 갔다고 한다. 당시 영남은 오랑캐들이나 살던 곳이다. 이후 혜능은 홍인선사의 대법을 이어받아 선종의 제6조가 되고, 영남에서 설법을 펼친다. 운귀雲貴고원에서 흘러나온 서강西江과 북동쪽에서 흘러오는 동강東江이 광주廣州에서 만나 바다로 흘러 들어가는 아름다운 풍광의 영남. 그러나 여름만 되면 너무나 덥고, 온갖 벌레가 들끓는다. 그런 곳에서 어떻게 참선했을까. 혜능을 위시한 선사들과 도가의 기인들이 영남의 후덥지근한 땅에서 난 데는 어떤 이유가 있을까.

혁명적인 사고는 관학에 물든 중심부보다 주변부에서 나오는 경우가 많다. 중심부인 중원의 사찰을 책임지는 조사祖師는 오늘날로 말하면 '프로젝트 매니저'다. 그들이 왕족과 귀족들에게 두둑이 시주를 얻어와야 그 아래 사부대중四部大衆(스님과 신도)이 먹고산다. 그런 환경에서는 혁명적인 사고를 키우기 어렵다. 반면 주변부인 남방의 사찰들은 그런 체제에서 훨씬 자유로웠다.

어려서 아버지를 여읜 혜능은 어머니를 모시고 나무꾼으로 일하며 어렵게 생계를 유지했다. 그러던 어느 날 나뭇짐을 팔려고 객사에 갔다가 누군가《금강경金剛經》읽는 것을 듣는다. 그리고《금강경》의 한 구절에 퍼뜩 깨치는 바가 있어 바로 스승을 구하게 된다.《금강경》이란 지혜를 다룬 경전 중에 특히나 난해한 책이다. 구절이 아름답지만, 모두 모순화법으로 되어 있어 논리적으로 선뜻 이해되지 않는다. 그런데 일자무식의 그가《금강경》을 듣고 문득 깨우쳐 일어난 것이다.

혜능은 홍인선사가《금강경》을 설한다는 말을 듣자마자 곧바로 어머니에게 하직 인사를 올린다. 영남부터 홍인선사가 있다는 황매산까지, 오늘날로 따지면 광둥성부터 후베이성湖北省까지 먼 길을 한걸음에 내처 갔으니, 당시 그의 마음이 깨도의 즐거움으로 가득했음은 두말할 필요가 없다. 바로 이 젊은이가 향후 수백 년간 동양에서

선의 물결을 일으키는 대선사가 된다.

재미있는 것은 혜능이 단박에 어머니를 떠났다는 사실이다. 마음을 일으키면 당장 행동으로 옮긴다! 이것이 바로 선의 정신이다. 선에서 본다는 것은 깨닫는다는 것이다. 들으면 멈출 수 없다. 듣고도 움직이지 않으면 거짓이다. 이렇게 직선적인 것이 바로 그의 매력이고 선의 미학이다. 그의 말에는 수식이 없고, 행동에는 꾸밈이 없다. 먼 길을 달려 홍인선사를 뵈니 하시는 말씀이 가관이다.

"그대는 어디 사람이기에 나에게 와서 절하고, 또 뭘 얻으려고 하시오?"

혜능이 답한다.

"저는 영남 신주新州 사람으로 오로지 부처가 되는 법을 구하고자 합니다."

홍인선사에게 혜능의 모습이 얼마나 당돌하게 보였을지 짐작이 간다. '부처가 되고자 먼 길을 당장 달려왔다니!' 홍인선사는 단박에 그의 그릇을 알아보았다. 그때부터 홍인선사의 제자 사랑이 시작된다.

"네가 영남 사람이면 오랑캐인데, 어떻게 감히 부처가 되겠다고 하느냐."

홍인선사가 슬쩍 떠보자, 혜능은 다양한 표현으로 변주되어 전해지는 유명한 답을 내놓는다.

"사람에게는 남북이 있지만, 부처에게는 남북이 없습니다. 이 오랑캐의 몸이 선사와 다르오나 부처가 어떤 차별이 있겠습니까."

혜능의 비범함을 알아본 홍인선사는 좀더 말을 나누고 싶었지만, 주위의 시선을 살펴 대화를 끝내고 다만 그를 절에서 잡일하게 한다. 이후 그는 여덟 달 동안 방아를 찧으며 절 일을 거든다.

홍인선사는 부처의 경지에 오른 사람인데, 무엇이 두려워 혜능을 내쳤을까. 부처의 경지에는 차별이 없지만, 인간세계에는 차별이 있기 때문이다. 게다가 그는 수천 명의 제자를 거느린 큰 조직의 수장이었다. 견고한 조직에 갑자기 굴러 들어온 커다란 돌은 자리 잡기가 쉽지 않음을 알았다. 그에게는 큰 법기法器가 세상사의 틈바구니에서 깨지지 않게 보호할 의무가 있었다.

지혜로운 제자 사랑

어느 날 홍인선사는 대법을 전수할 시기가 되었다고 보고 제자들에게 공부를 드러낼 게송偈頌을 지으라고 명한다. 그런데 제자 중에 신수神秀라는 대단히 총명한 스님이 있어 다른 이들은 그가 게송 짓는 것을 기다릴 뿐이었다. 마침내 신수가 게송을 지어 올리니, 도 닦는 태도를 말하고 있었다.

봄은 보리의 나무요,
마음은 맑은 거울의 받침이라.
수시로 부지런히 털고 닦아,
먼지와 티가 묻지 못하게 하리라.
身是菩提樹 心如明鏡臺
時時動拂拭 勿使惹塵埃

홍인선사가 보기에 신수는 근면히 공부해 사람들의 본보기가 되므로 제자들에게 그의 게송을 따라 수행하면 타락하지 않으리라고 칭찬한다. 그러나 그를 따로 만난 자리에서 이렇게 타이른다.

"너의 게송은 문 앞에 다다랐으나 안으로 들어오지는 못했다. 하루 이틀 더 줄 테니 다시 한번 지어 올려라."

신수가 골몰하는 와중에 혜능이 같이 잡일하던 동자에게서 우연히 그의 게송을 듣게 된다. 이에 글을 아는 사람에게 부탁해 그의 게송 옆에 자신의 게송을 적는다.

보리는 본래 나무가 없고,
맑은 거울 역시 받침이 없다.
불성은 항상 맑고 깨끗한데,
어디에 먼지와 티끌이 있을쏜가.
菩提本無樹 明鏡亦無臺
佛性常清淨 何處有塵埃

중생의 머리로는 이 게송의 본뜻을 알기 어렵다. 다만 혜능과 신수의 게송에서 어떤 부분이 대비되는지는 이해할 수 있다. 신수는 보리와 몸, 맑은 거울과 받침을 나누지만, 혜능은 보리와 몸, 거울과 받침을 구분하지 않는다. 정확히 이해할 수는 없지만, 혜능은 불성을 보면 그것을 다시 깨끗이 할 필요가 없다는 이야기를 하고 있다.

홍인선사는 혜능의 게송을 보고 그가 깨쳤음을 눈치채지만, 역시 제자를 보호하고자 "이 게송도 도달하지 못했다"라고 선포한다. 그러나 밤에 몰래 그를 불러 《금강경》으로 깨달음을 확인하고는 가사袈裟를 전하며 이렇게 말한다.

"혜능아, 예부터 대법을 전함에 목숨은 실낱에 매달린 거나 마찬가지다. 여기 있으면 너를 해치려는 사람들이 있을 것이니 속히 떠나거라."

불교 설화는 석가모니가 깨달음을 얻자 천룡팔부天龍八部(불법을 지키는 여덟 신장神將)가 그를 호위했다고 전한다. 그런데 깨달음을 얻은 혜능을 누가 해친단 말인가. 하지만 이는 설화일 뿐, 현실은 전혀 다르다. 특히 종교의 세계에서는 견해 차이로 비일비재하게 싸움을 벌이고 살인을 저지른다. 실제로 법통法統을 이은 조사 중에 살해되었다고 전하는 사람이 한둘이 아니다. 깨달은 자는 '견해'가 없다고 해도 깨닫지 못한 자는 여전히 '견해'를 지니고 질투하며 차별한다. 그러니 갑자기 나타난 기린아麒麟兒는 위험할 수밖에 없다.

홍인선사가 혜능과의 첫 만남에서 일부러 오랑캐라고 운을 띄운 이유가 바로 이것이다. 인간세계에는 질투와 차별이 언제나 도사리고 있다. 천룡팔부보다 무서운 것이 바로 사람이다. 오랑캐 출신에 일자무식이고 곰살맞지 않은 성격의 그는 홍인선사 문하에서 안녕히 지내기 힘들었을 것이다.

홍인선사는 제자를 보낼 때 멀리 구강九江까지 함께 간다. 큰마음을 보인 것이다. 모름지기 참된 스승의 사랑은 이렇다. 겉으로는 엄하나 속으로는 따뜻하다. 이제 혜능이라는 큰 나무는 홍인선사라는 큰 우산을 떠나 큰비가 내리는 곳에 홀로 섰다. 이렇게 그는 깨닫자마자 도피 생활을 시작한다.

역시나 혜능을 쫓아오는 일군의 무리가 있었으나, 빨리 떠난 그를 잡지 못했다고 한다. 그는 출신이 미천하고, 또 글을 모르는 데다가, 매우 직설적이지만, 홍인대사가 혜안으로 가사를 전수해 설법의 길을 갈 수 있었다.

　혜능의 사상을 정리하기는 쉽지 않지만, 크게 '단박에 깨닫는 것[頓悟]'과 '불성을 보아 부처가 되는 것[見性卽佛]'으로 나눌 수 있다. 그 중심에는 '(현재의 마음 상태 이외의) 어떠한 차별도 없다는 것[無差別]'이 있다. 풀어보면 단박에 깨닫는 것은 부처 이외의 깨달음을 인정하지 않는다는 것으로, 스스로 마지막 단계까지 도달해야 함을 말한다. 그 외에는 아무것도 인정할 수 없다는 것이 그의 주장이다. 그러면 일반인 사이의 차별, 또는 천당과 지옥, 이승과 저승, 악인과 선인 따위의 차별은 어떤 의미가 있는가. 그는 차별이 없다고 한다. 즉 깨달음에 이르기 전까지의 차별은 모두 의미 없다는 것이다.

　일체의 무차별이라니. 중생이 이해하기에는 상당히 불편한 내용이라고 하지 않을 수 없다. 불전에 한 푼이라도 더 내면 죽어서 서방세계에 간다고 하는데, 혜능은 "공양은 공덕이 아니고, 서방세계는 현세와 다르지 않다"라고 잘라 말한다. 부자와 빈자의 차별도, 재가자와 수행자의 차별도 그에게는 의미 없다. 그래서 현세의 '작은 성공'을 바라는 사람들에게 그는 상당히 껄끄러운 존재다. 속세의 정교한 차별에 익숙한 사람들에게 이런 주장은 불온했으니, 그는 늘 공격당할 위험에 시달렸다. 홍인선사가 그가 사람들에게 해를 당할까 봐 두려워한 이유다.

　혜능은 이렇게 설법한다.

근기가 작은 사람[小根之人]이 단박에 깨치는 가르침을 듣는 것은, 대지 위의 뿌리 작은 초목이 큰비를 만나면 모두 거꾸려져 (다시) 자라지 못하는 것과 같습니다.●

이후 혜능은 남방에서 선을 크게 발전시킨다. 영남에서 무려 30년간 설법한 그의 명성은 중원에까지 크게 알려져, 범인들이 황실에서 후원받는 신수와 비교한다. 당시에는 신수가 학재學才 덕에 이름을 날렸지만, 결국 역사에 이름을 남긴 이는 혜능이다. 그 까닭은 물론 이후의 조사들이 직설적이고 까탈스러운 무식쟁이 혜능을 선종의 제6조로 인정했기 때문이다. 그러나 기억하라. 그는 깨우친 곳에서 멀리 달아나서야 비로소 설법에 나설 수 있었다.

탁월한 사람은 조건을 따지지 않는다

대개 속세의 사람들은 남보다 앞서고자 하는 욕망이 크다. 나를 드러내기 위해 남을 끌어내리거나, 자기보다 못하다고 생각하는 사람의 입신을 달가워하지 않는다. 인간세계에서는 이런 다툼을 없앨 수 없다. 부처의 경지에 올랐다는 혜능조차도 다툼을 피해 달아날 수밖에 없었다. 그러나 그의 태도는 달랐다. 몸은 인간세계에 있기에 달아날 수밖에 없지만, 마음은 인간세계에 있지 않기에 복수하지 않았

● 성철 스님이 옮긴 《육조단경》에 따르면 〈근기(根氣)〉에 해당하는 부분이다.

다. 그의 임종게臨終偈(고승이 입적할 때 마지막으로 설법한 말이나 글)는 제자끼리 도를 놓고 다투지 말라고 극구 당부하는 내용이다. 도를 좇는 사람들은 모두 친구다. 그의 어법은 언제나 핵심으로 직입直入하는지라 사람들이 부담스러워하지만, 그 뜻은 따뜻하다.

앞에 있는 사람이 응하거든 그 사람과 부처의 말씀을 논하고,
응하지 않거든 그저 합장하고 착한 행동이나 권하라.
이 가르침은 다툼이 없으니, 다투면(다투지 않으면**) 도의 뜻을 잃고,
집착해 법문을 다투면, 성품이 생사의 길로 떨어진다.
前頭人相應 卽共論佛語 若實不相應 合掌令勸善
此教本無諍 無(若)諍失道意 執迷諍法門 自性入生死

홍인선사는 혜능에게 가사를 전했지만, 그는 "대법을 이미 전했으니 가사는 따로 전하지 않는다. 부처의 가르침이 바로 대법이니 가사를 전할 필요가 없다"라고 말한다. 그는 가사를 보지 말고 부처를 보라고 강조한다. 껍질이 아니라 그 속의 열매 그리고 열매를 향한 열정을 강조한 것이다.

열반의 문턱에서 홍인선사는 혜능을 보호하기 위해 떠나보냈고,

●●《돈황본(敦煌本) 육조단경》에 '무(無)'라고 되어 있는데, 많은 번역서가 '약(若)'의 오기로 본다. 그렇다고 해도 뜻은 바뀌지 않는다. 요지는 전법(傳法)의 가사가 누구에게 돌아갈지 다투지 말라는 것이다. 무(無)로 해석하면 '다툼이 없으면 도 닦는 마음[道意]을 잃어버린다'는 뜻이 되는데, 혜능은 번뇌의 힘을 보리로 바꾸라고 주장하는바, 도 닦는 마음은 서로 다투어 분발하되 가사의 소유를 다투지 말라는 뜻으로 이해할 수 있다. 약(若)으로 해석하면 '만약 다툰다면 도 닦는 마음을 잃게 된다'는 뜻이 된다.

그는 다투는 일을 없애려고 아예 가사를 전하지 않았다. 홍인선사는 가사를 전해 세상 사람들에게 미워하는 마음을 일으켰고, 그는 가사를 전하지 않아 세상 사람들에게 의심하는 마음을 일으켰다. 가사를 전하니 시기하고, 전하지 않으니 실력을 의심하는 것이다. 어리석은 마음은 미움과 의심으로 가득하다. 그러나 미움과 의심이 어떻게 홍인선사와 혜능의 본뜻이었겠는가. 다만 세상 사람들의 마음에서 미움과 의심이 일어났을 뿐이다.

이처럼 인간세계에 다툼과 고난은 항상 존재한다. 그러나 영남 촌구석의 나무꾼이 스승을 찾아 불같이 떠나지 않았다면 조사선祖師禪 (조사가 이룩한 선)이 설 수 있었겠는가. 오랑캐라는 핀잔에 순순히 물러났다면 홍인선사의 대법을 받을 수 있었겠는가. 시기하는 사람들에게서 달아나지 않았다면 편벽한 영남에 선의 광풍이 몰아칠 수 있었겠는가. 또 열심히 도를 좇은 열혈 제자들이 없었다면 선종이 지금처럼 동양의 상징으로 떠오를 수 있었겠는가. 마음속에 열정의 불덩어리가 있는 사람에게는 시련이 행운으로 바뀐다.

가끔 무척 근기가 강한 사람들도 좌절하고 자신을 낮추어 본다. 낮은 지위나 부족한 배움 등에서 자격지심을 느낀다. 그러나 혜능을 생각해보자. 그보다 더 낮은 사람이 있었던가. 그와 우리의 차이는 열정뿐이다. 열정의 차이가 결과의 차이를 만든다. 그처럼 듣는 순간 바로 움직이는 사람이 있다면, 그에게는 이미 길이 열린 것이리라.

송곳은 바지를 뚫고 나온다
정도전

독벌이 집을 지어 나쁜 나무 높은 곳에 매달렸네, 행인은 백 보 밖에서 보기만 해도 혼비백산.

장안 대로에 탄환 든 어떤 집 아이, 잔뜩 시위 당길 때는 자신만만했네.

한 발이 명중해서 부서져 내리니 비바람같이 벌 떼가 일어, 온몸에 만 번의 침을 맞은 듯 정신없이 뛰어다니네.

악을 미워하는 마음이 있으면서 어찌 처리할 방법을 몰랐던가.

毒蜂成一窠 高掛惡木枝 行人百步外 目斷魂亦飛 長安大道邊 挾彈誰家兒 右手持金丸

引滿無所疑 一中紛下來 勢若風雨隨 身如萬箭攢 宛轉迷所之 徒有疾惡心 奈何不知幾

- 소환蘇煥

정도전鄭道傳(1342~98)

고려 말, 조선 초의 정치인이자 학자다. 본관 봉화奉化로 고려 말의 신진사대부 출신이다. 이성계李成桂(태조太祖)의 역성혁명을 돕고 각종 개혁으로 조선의 기틀을 닦았다. 사대교린事大交隣 외교의 기반을 놓은 외교관이자, 요동 수복을 기획한 전략가다. 또《불씨잡변佛氏雜辨》부터《조선경국전朝鮮經國典》까지 방대한 저술을 남긴 거유이고, 산문과 시문에 모두 능한 문사다.

"정도전이 국가다"

《실록》을 보면 송시열이 신덕왕후神德王後의 능을 보수하자고 제의하면서 이런 말을 한다. 신덕왕후란 폐위된 세자(의안대군宜安大君)의 어머니로 이방원李芳遠(태종太宗)이 눈엣가시처럼 여기던 현비顯妃 강씨姜氏다.

"태조께서 개국하신 후 간신 정도전이 태종을 태조께 모함해 끝내 신덕왕후 소생인 소도공(이방석李芳碩)을 비명에 죽게 했습니다."

정도전은 과연 간신이었던가. 이성계가 "그대 없이 어떻게 나라를 얻었겠는가"라고 아낄 정도로 대단한 인재였건만, 사후 역적의 신분을 면하지 못했다. 다만 600년도 넘게 지난 오늘날, 한문 서적들이 번역되고 역사에 관심이 높아지면서 많은 사람이 그의 경륜에 놀라고 경탄한다. 혹자는 그를 세계사적 인물로 평가해야 할 의무가 있다고 말한다.

정도전의 거침없는 삶과 생각이 던지는 의미는 적지 않다. 그는 하나라, 은나라, 주나라 삼대의 이상 국가를 골똘히 분석하다가도 어느새 천민들의 일상으로 내려온다. 유학의 '높은' 이론 속에서 이단을 공격하다가도 슬그머니 쓰다듬는다. 그는 자신의 소명을 알고 있었다. 그리고 소명을 이루기 위해 현실적이고도 유연한 방법을 쓸 준비가 되어 있는 실용주의자였다. 그의 소명은 무엇이었을까. 무능하고 부패한 나라를 멸하고 새로운 나라를 세우는 것이었다. 그의 삶은 소명을 이루기 위한 긴 여정이었다.

아무리 살펴보아도 역사는 반복되지 않고, 계속해서 꿈틀꿈틀 앞으로 나아간다. 정도전은 그때 그 사람일 뿐이고, 조선은 그때 그 나라일 뿐이다. 그러나 조선을 평가하는 것은 곧 그를 평가하는 것임을 부인할 사람은 많지 않을 것이다. 제왕들은 "짐이 곧 국가다"라고 스스로 말하지만, 사람들은 잘 믿지 않는다. 그러나 조선의 사대부들은 은연중에 "정도전이 국가다"라는 말을 믿고 있었다.

난세에 영웅이 난다. 임진왜란의 참화는 마음이 섬세하면서도 단단한 이순신을, 병자호란의 굴욕은 노블레스 오블리주를 체화한 최명길을 역사의 무대에 올려놓았다. 시대를 뛰어넘어 이순신은 직함을 가진 자의 책임과 역할을, 최명길은 고난에 처했을 때 더 높은 수준으로 도약하는 인간상을 보여주었다. 그러나 정도전은 인품으로 보아서는 이들과 좀 다르다. 그는 싸움을 두려워하지 않는 전사였다. 혁명가이면서도 수성가守成家의 면모를 지녔고, 관대하면서도 잔혹했다. 그러나 그는 분명히 자신의 사명을 알고 있었다. 오래된 사회의 모순을 깨부수고 백성이 좀더 편하게 살 수 있도록 힘쓰는 사대부의 사명을 잊지 않았던 것이다.

또한 정도전은 수많은 책을 쓴 저술가이자 기획자였다. 그렇게 많은 일을 하면서 어떻게 책을 쏟아낼 수 있었을까. 조선을 반석 위에 올려놓은 각종 기획을 어떻게 설계할 수 있었을까. 그러나 기억할 것이 있다. 그는 조선을 일으켜 세우기 위해 수없이 쓰러졌다. 그가 한번 움직이면 적들이 곳곳에서 일어났다. 그러나 그는 절대 포기하지 않았다. 목표가 있으면 시련은 따라오기 마련이다. 쓰러지면 천연덕스럽게 누워 기다리다가 일어나서 또 달렸다. 그는 넘어져도 씩 웃으며 일어나 다시 도전하는 전사였다. 도대체 그에게 무슨 특별한 힘이 있었을까. 그의 마음속에는 무슨 생각이 있었을까.

뜻을 위해 세 번 넘어지다

정도전은 조선 건국 50년 전인 1342년 태어났다. 아버지 정운경鄭雲敬이 한직을 돌면서도 차근차근 관직을 높여갔지만, 그렇다고 문벌귀족은 아니었다. 외할머니가 문벌귀족이던 우禹씨 집안 종의 딸이었다는 비난에 정도전이 아니라고 부인하지 못한 것을 보면 이는 사실인 듯하다. 문벌귀족 사회에서 정도전은 두각을 드러낼 여지가 하나도 없었다. '도대체 문벌귀족이 무엇이기에 나를 이토록 핍박하는가.'

당시 문벌귀족은 원나라의 후광에 기대 권세를 부렸다. 그러나 세상에 영원한 것은 없으니, 원나라는 내부 분열과 전염병, 가뭄 등 천재지변으로 쇠퇴기를 맞는다. 이에 문벌귀족 세력에 타격을 가하고자 기회를 노리던 공민왕恭潤王의 개혁에 찬동하며 정도전 같은 신진사대부들이 정계로 진출한다. 1360년 그는 약관도 채 되지 않은 나이에 성균시成均試에 합격하고 벼슬길에 오르니 두뇌만은 타고났던 것 같다.

그러나 고려 조정은 젊은 정도전이 생각하는 정치 세계가 아니었다. 주관이 뚜렷했던 그는 사회와 처음부터 화해하지 못했다. 그는 정치적으로는 성리학적 도덕성을 갖춘 유학자가 나라를 이끌어야 한다고 보았고, 경제적으로는 자영농을 기반으로 한 철저한 실용적

중농주의 정책을 지향했다. 외교적·군사적으로는 사대교린을 추구하되, 유사시 요동을 정벌해야 한다고 주장해 논란을 일으켰다. 이른바 고슴도치 전술로, 엎드려 있지만 건드리면 반격도 불사한다는 내용이었다.

성리학적 도덕성으로 무장한 정도전은 개인의 치부에 몰두하던 문벌귀족과 왕실에 기대 국가의 생산력을 좀먹고 있던 불교 세력에 배치되는 철학을 품고 있었다. 외교적·군사적으로는 고려 후기의 자립적 외교 노선을 따른 것이라고 할 수 있는데, 그는 당시 동북아시아의 정세를 좀더 적극적으로 활용하고자 했다. 특히 신흥 강국으로 부상하던 명나라를 주목했다.

자영농에 기반을 둔 중농주의는 유교적 이상 사회의 틀을 바탕으로 한나라를 비롯한 중국 전제주의 국가들의 역사적 사례를 살핀 것으로, 왕과 왕의 정치를 보좌하는 철인들 이외의 모든 특권층을 제거하는 것이 목적이었다. 처음부터 정도전의 생각은 명확했는데, 고려 왕조를 유지하면서 개혁을 성공시키는 일이 사실상 불가능함을 간파하고 있었다. 그는 자기 생각과 배치되는 행동을 극히 혐오했다. 그런 태도는 파란을 예고했다.

첫 번째 시련: 일개 하급 관리가 감히 국사를 논하다

그의 첫 번째 시련은 외교 정책에 대한 생각에서 비롯된다. 1374년 공민왕은 어이없게도 문벌귀족의 자제들에게 살해된다. 그러자 정도전은 공민왕의 시해 사실을 명나라에 보고해야 한다고 주장해 친원파들의 미움을 산다. 그러나 그의 인식은 탁월한 것이었다. 당시 원나라는 중원에서 완전히 밀려났을 뿐 아니라 최후의 거점으로 여기던 서쪽의 운남雲南과 감숙甘肅, 내몽골마저 명나라에 이미 내준 상태였고, 일부 잔여 세력이 몽골고원과 동북쪽에 북원北元을 세우고, 그저 고려처럼 만만한 상대에만 고자세를 취하고 있었다. 중원의 북쪽, 남쪽, 서쪽에서 원나라의 명줄은 이미 끊긴 상태였다. 그러나 이런 국제 정세를 제대로 파악하는 것은 쉬운 일이 아니었다. 원나라의 잔여 세력은 고려가 세력 판도의 변화를 눈치채지 못하도록 끊임없이 교란했다. 하지만 역사를 보는 눈이 무척 뛰어났던 정도전은 요나라와 금나라를 막론하고 중국에서 화북을 잃은 세력이 재기한 경우가 없음을 잘 알고 있었다. 그는 명나라와 친해져야 고려가 생존할 수 있다고 생각했다. 말년에 이르면 요동 정벌로 명나라를 길들일 생각까지 했으니, 그의 외교 정책이 무조건적 사대가 아님은 명백하다. 그러나 고려의 친원파들은 완전히 오판하고 있었다.

이듬해 북원이 명나라 협공을 제안하기 위해 사신을 파견하자 조정은 정도전을 영접사로 임명한다. 이때 그는 첫 번째 정치적 판단을 내린다. '어차피 이대로 가다가는 망한 나라의 유신遺臣밖에 더 되겠는가. 한번 크게 승부수를 띄워보자.' 그는 대신들에게 이렇게 말한다.

"내가 사신의 목을 베겠다. 아니면 체포해서 명나라로 보내겠다."

글이나 쓰는 일개 성균관 사예司藝에게 사신을 접대하라고 시켰더니 감히 국가의 대사를 입에 올린 것이다. 대신들이 듣기에 정도전의 말은 누대에 걸쳐 섬기고 있던 원나라와 군사적 충돌을 일으키자는 망언이었다. 친원파나 관망파나 이런 당돌한 놈을 당장 쫓아내자고 목소리를 높였다. 그러나 그가 보기에 원나라의 잔여 세력은 힘이 없었다.

당시 정도전은 두 가지 생각을 품은 듯하다. 도대체 국제적 안목이라고는 하나도 없고 사리사욕만을 채우기 위해 국가를 멸망의 길로 몰고 가는 문벌귀족들과는 함께 일할 수 없다는 것이 하나다. 실제로 그는 귀양길에 오르면서도 고자세로 "사람은 원래 한 번은 죽는 법이다"라고 한마디 던질 뿐이었다.

다른 하나는 친원파를 끝장내겠다는 것이다. 그래서 유배 생활이 끝나자 동북면 도지휘사로 있으면서 군사적 실권을 쥐고 있던 이성계를 찾아가 정치적 포석을 깔았다. 정도전은 자기 자신을 '첩첩산중에 숨어 있는 거목'으로 비유했으니 귀양 한 번으로 정치적 야망을 접을 그가 아니었다.

그러나 무려 6년간 계속된 유배 생활은 참담했다. 정도전은 이때의 경험으로 향후 주요한 철학이 된 농민 보호의 필요성을 뼈저리게 깨닫는다. 농민들과 어울리면서 권력을 지닌 사람이 괴롭히지만 않으면 그들은 알아서 삶을 개척해낸다는 믿음을 품게 된다. 당시 그가 만난 농민들의 선한 마음가짐이 인간의 심성을 탐구하는 성리학에 대한 믿음을 강화해주었던 듯하다.

반면 문벌귀족들은 정도전에게 책 읽고 학생 가르칠 땅 한 평을 허락하지 않았다. 그는 호구지책으로 만든 작은 사설 서당을 수차례 압류당하고 이곳저곳을 전전해야 했다. 받은 만큼 갚아주는 그의 성격으로 볼 때 이 모욕을 평생 잊지 못했을 것이다.

긴 유배 생활이 끝나자 정도전의 판단이 옳았음이 증명된다. 이색

李穡의 문하에서 함께 수학한 친구 정몽주鄭夢周는 진작에 그의 실력을 알아보았다. 무려 10년 만에 다시 벼슬을 얻은 정도전은 곧바로 정몽주를 따라 명나라로 가는 사신 대열에 서장관書狀官으로 합류한다. 나중에 정도전이 권력을 장악하자 명나라 태조는 그 일파가 사신을 빙자해 간첩 행위를 했다고 끊임없이 비난하는데, 전혀 근거 없는 주장은 아니었을 것이다. 정도전은 실용주의자였다. 명나라를 사대의 대상으로 보는 동시에 잠재적인 적국으로도 보았다. 명나라를 방문한 것도 국제 정세를 보는 안목을 넓히기 위해서였다.

이후 정도전의 정치적 지위는 예전과 비교해 많이 달라졌다. 많은 사람이 그가 개혁파의 두뇌라는 것을 인지하기 시작했다. 토지를 많이 가진 문벌귀족은 그에게 재산을 강탈당할까 봐 한껏 경계했다. 이런 정적들을 의식하지 않을 수 없기에 그는 위화도 회군 1년 전에 스스로 외직을 요청, 남양부사직을 수행한다. 그러나 1399년 위화도 회군으로 실권을 잡은 이성계는 곧바로 그를 불러들여 성균관 대사성大司成으로 천거한다. 힘과 두뇌의 쌍두마차가 드디어 완성된 것이다. 이성계는 그 없이 홀로 설 수 없었다.

두 번째 시련: 반정도전 연합에 포위되다

이성계와 함께 창왕昌王, 공양왕恭讓王 등 허수아비 왕을 세운 정도전은 이제 거칠 것이 없었다. 1391년 문벌귀족의 토지를 몰수하고 관리들에게 차등적으로 토지를 나눠주는 과전법科田法을 시행해 정적들의 손발을 잘랐다. 경제적 기반을 위협당한 문벌귀족은 반反정도전 연합을 결성한다. 구舊세력은 경제적 기반을 빼앗기는 것이 두려웠고, 정몽주 같은 온건 개혁파는 그가 이성계를 부추겨 고려 왕조를 끝장내는 것이 두려웠다. 이들은 그에게 적과 내통했다는 누명을 뒤집어씌웠는데, "출신이 미천한 자로서 참람하게 높은 자리에 올랐다"라는 사실이 분명 더 못마땅했을 것이다. 결국 같은 해 10월 그는 나주로 유배된다. 이듬해 공교롭게도 이성계가 낙마해 부상하는 사건이 발생하고, 이 기회를 틈타 몇몇 정적이 그를 제거하려고 한다. 그의 삶은 완전히 끝난 듯했다. 진정 목숨 걸고 만든 기회가 여기서 끝나는가.

그러나 이성계에게는 야심이 굉장한 아들 이방원이 있었다. 그는 도덕이라는 거추장스러운 가면을 벗어던지고 선죽교에서 정몽주를 때려죽인다. 역성혁명이 시작된 것이다. 이로써 정도전의 두 번째 시련도 끝난다. 짧았지만, 위험한 시련이었다.

돌아온 정도전에게 이성계는 나라의 병권부터 재정권과 외교권 그리고 건국 이념까지 모두 아우르는 외우기도 힘들 정도로 긴 명칭의 직책을 내린다. 일인지하 만인지상의 재상에 버금가는 지위였다. 이후 그는 개국 작업에 몰두한다. 사병을 해체해 국가의 군대를 조직하고, 새로운 도성을 축조하고, 법 체제를 개정하고, 토지를 파악하고, 왕의 자질을 높이도록 교육과 언론 체제를 정비한다. 이후 조선 왕조는 500년 내내 그가 쓴 《조선경국전》의 이념과 체제를 크게 벗어나지 않는다. 태조가 된 이성계가 이 책을 금으로 만든 상자에 보관했을 정도로, 그가 곧 조선이라는 말은 결코 과장이 아니다. 그러나 또 다른 시련이 기다리고 있었으니, 명나라와 훗날 태종이 되는 이방원이었다.

세 번째 시련과 피할 수 없는 죽음

조선과 명나라는 모두 신흥국으로 서로 껄끄러운 상대였다. 조선의 임금은 명나라 건국의 주체 세력인 홍건적이 고려를 침공했을 때 무찌른 경험이 있고, 비록 맞붙지 않고 회군했지만 요동을 정벌하러 나서기도 했다. 옛 고려의 무인들은 명나라에 그렇게 호락호락한 존재가 아니었다.

반면 명나라는 원나라의 잔여 세력과 싸우고 있을 때 고려 조정이 모호한 태도를 보이며 애태웠던 것을 기억했다. 그들은 조선의 신흥 세력을 견제할 필요가 있었는데, 그중 가장 두려운 이는 물론 정도전이었다. 명나라는 그가 사신으로 왔다가 "명나라와의 관계가 틀어지면 조선이 먼저 선제공격할 것이다"라고 한 말을 잊지 않았다. 그는 확신을 품고 행동하는 인간이다. 따라서 근거 없이 이런 말을 하지는 않았을 것이다.

당시 명나라는 요동을 완전히 장악하지 못한 상태였다. 명나라 군대는 온갖 잡다한 세력을 급조해 꾸려졌기에 전투력이 한심한 지경이었다. 원나라가 멸망한 것은 한족 농민들이 지배를 거부했기 때문이지 명나라 태조의 무력 때문이 아니었다. 또 명나라 군대는 기본적으로 농민들로 구성되어 원정에 적합하지 않았다. 실제로 명나라는 산해관山海關 등 해안선을 따라 난 관문들을 보강하는데, 조선 군대가 침략할 경우 대회전을 벌이는 대신 거점 방어에 몰두할 생각이었기 때문이다. 또 명나라와 조선 사이에 있는 여진족의 동태도 심상치 않았다. 정도전도 요동 정벌의 실패를 염두에 두고 변방에 성을 쌓는 등 방비를 강화했다.

물론 정도전이 요동을 점령했다고 해서 방어할 수 있었을지는 의문이다. 다만 그는 조선을 경제적으로, 법제적으로, 이념적으로, 또 군사적·외교적으로 반석에 올려놓고자 했다. 그는 토지 개혁과 농민 보호, 도성 축조, 팔도의 관제 확립,《경제문감經濟文鑑》,《조선경국전》,《불씨잡변》 등의 저술로 어느 정도 국가의 윤곽을 그려놓은 상황이었다. 마지막은 신흥국 조선을 외세에서 보호하는 것이었다.

당시 조선은 고려 말의 비참한 외교 상황에서 벗어나지 못하고 있었다. 명나라 태조는 걸핏하면 사신들을 모독하고 때로는 귀양 보내거나 죽였다. 동시에 끊임없이 조선의 내정에 간섭했는데, 태자를 승인하지 않는 등의 방법으로 길들이려 했다. 명나라도 동쪽에 완전히 믿을 수 있는 친명 정권을 세우는 일이 시급했던 것이다. 이를 위해 이방원 일파에 힘을 실어주어 노련하면서도 실용적인 정도전 일파를 제거하고자 했다. 이렇게 이방원 일파가 집권한다면 그들은 명나라의 손아귀를 벗어나지 못할 것이 분명했다.

그러나 가만히 앉아서 당할 정도전이 아니었다. 그는 기선을 제압하는 일의 중요성을 잘 알고 있었다. 요동의 혼란을 틈타 선제공격한 후 물러난다고 해도 명나라는 조선까지 손을 뻗치기 힘들다는 것을 꿰뚫어 보았다. 이 계획이 성공한다면 조선을 흔들리지 않는 반석에 올릴 수 있으리라 생각했다.

그러나 정도전의 계획은 결국 그의 죽음을 불렀다. 그는 요동 정벌 훈련에 태만한 장수는 왕자들의 수하라도 봐주지 않았다. 왕자들로서는 그가 태조의 신임을 얻어 조선을 마음대로 휘두른다고 생각했을 것이다. 게다가 제대로 된 군사 훈련에 익숙하지 않은 군인들도 바로 불만을 드러냈다. 사실 이들은 농민 반란이나 진압할 수준의 군인들로 원정은 언감생심이었다.

왕위에 오르기 위해 사병이 꼭 필요했던 이방원에게는 더 기다릴 여유가 없었다. 마침 정도전이 훈련에 불참한 이방원을 대신해 그의 부장에게 태형 50대의 형벌을 내린다. 이 일을 계기로 이방원은 그를 살려둔 채로 왕위를 노릴 수 없음을 다시 한번 깨닫는다. 1398년 8월 26일 결국 이방원은 친구의 첩 집에서 술을 마시던 그를 붙잡아 왕자 살해를 계획한 죄를 묻고는 죽여버린다. 조선 건국을 설계한 풍운아는 이렇게 어이없이 생을 마감한다.

사람이 차마 하지 못하는 마음

정도전은 왜 이렇게 허무하게 당했을까. 또한 이 죽음을 과연 실패라고 할 수 있을까. 일단 《실록》은 그를 형편없는 인간으로 묘사한다. 최후의 순간 이방원 앞에 설설 기면서 "예전에 나를 구해주셨듯이 한 번 더 살려주시오"라고 빌었다는 것이다.

물론 죽음 앞에서 어떻게 행동할지는 아무도 알 수 없는 일이다. 그러나 이 기록은 거짓으로 보인다. 정도전은 명석해 이방원이 살려주지 않으리라는 것을 단박에 알아챘을 테다. 실제로 이방원은 그를 죽인 다음 곧바로 태조까지 물러나게 했던 인물이다. 태조는 이방원의 이러한 잔혹함을 항상 두려워했다. 이것을 모를 리 없는 그가 과연 목숨을 구걸했겠는가. 물론 그는 왕자들을 죽이려고 하지 않았다.

태조가 이방원보다 더 모진 사람을 곁에 둘 리 없다. 태조가 아들들을 죽일 마음이 없는데, 정도전이 그렇게 할 까닭은 더욱 없다.

이방원과 무척 유사한 사람으로 당나라 태종이 있다. 그도 형제들을 죽이고 황제의 자리에 오른 사람이다. 그러나 《당서》의 기록은 엄정하다. "태종은 친히 형제들을 죽였다." 그리고 정적들의 행위도 가감 없이 기록한다. "태자는 싸웠으나 패했다." 그런데 조신의 《실록》은 패자에게 왜 이렇게 혹독할까.

물론 정도전은 마음만 먹었으면 충분히 선수를 칠 수 있었다. 혹자는 그가 기회를 놓쳤다거나, 너무 안일했다고 한다. 하지만 그런 비판은 그를 몰라서 하는 말이다. 그는 본인이 금과옥조로 여기던 '불인인지심不忍人之心', 즉 '사람이 차마 하지 못하는 마음' 때문에 죽었다. 왕자들을 죽인다면 자기 마음을 거스르는 꼴이다. 그는 차마 그러지 못하고 죽음을 맞이했다.

《조선경국전》은 "차마 하지 못하는 마음으로 정치를 하는 것"을 군주의 의무로 규정한다. '이방원이 굳이 나를 죽이려 든다면 어쩔 수 없다. 그러나 내가 어찌 차마 하지 못할 짓을 하겠는가.'

발이 넓으면 늪에 빠지지 않는다

앞에서 정도전이 곧 조선이라고 했다. 그렇다면 인간 정도전은 어떻게 만들어졌을까. 또 그는 어떻게 수많은 정적과의 싸움을 헤치고 개국에 성공했을까. 이제 그의 발언에서 한반도 역사상 가장 광범위하고 치밀한 개국 프로젝트를 성공시킨 의지와 지혜를 가려보자.

태조의 말처럼 정도전이 "학문도 최고요, 공도 최고"인 경지에 이른 비결로는 그의 광범위한 사고 체계를 들 수 있다. 그를 알면 알수록 독일의 사회사상가 카를 마르크스Karl Marx가 생각난다. 마르크스의 저작들은 사회를 전체로 보고 각 요소를 차례차례 분석한다. 이러한 분석은 매우 광범위해 사회의 모든 범주를 아우른다. 《헤겔 법철학 비판을 위하여Zur Kritik der Hegelschen Rechtsphilosophie》와 《독일 이데올로기Die Deutsche Ideologie》는 정도전의 《불씨잡변》과 그 의도가 놀랄 만큼 유사하다. 둘은 모두 자신이 파괴하고자 하는 사회의 이념적 기반을 공격한다. 《경제학-철학 수고Die Ökonomisch-philosophischen Manuskripte aus dem Jahre 1844》와 《자본론Das Kapital》 그리고 《경제문감》의 체제는 어떠한가. 마르크스는 왜 수 권의 책으로 프랑스혁명의 역사를 정리하고, 정도전은 왜 《고려국사高麗國史》 편수에 참여했는가. 마르크스와 정도전은 둘다 사회의 바닥부터 상층까지를 한꺼번에 분석하려고 했다.

정도전은 실로 강고한 국가 체제를 설계해냈다. 그의 잘못이라면 그 체제가 지나치게 강고했다는 점이다. 서양사를 보면 1453년 동로마가 멸망함으로써 거의 2,000년간 계속된 로마 제국의 시대가 끝난다. 세계사적으로는 르네상스라는 변화의 물결 속에서 절대왕정 국가가 등장하던 때였다. 조선 건국도 바로 이때의 일로, 전 세계가 종교와 국가가 분리된 새로운 국가 체제를 염원하던 시기였다. 그의 사상은 이러한 역사적 배경에서 성숙했다.

정도전의 사상 근저에는 맹자가 있다. 그는 자신이 설계한 국가 체제를 이상적으로 실현할 이데올로기로 맹자의 민본주의를 내세운다. 또 불교라는 중세의 적을 공격하기 위해 주희를 끌어들인다. 주자학은 기존 유학의 포괄적 인성론에 바름과 삿됨이라는 이분법적 명료함을 추가한 것이다. 옛 나라의 삿됨과 새 나라의 바름을 주장하는 데 주희의 이단론異端論보다 더 적합한 논리는 찾기 어려웠을 것이다. 게다가 주희의 이기론理氣論은 하늘의 운행이라는 천명天命을 기반으로 삼으니 건국을 정당화하기에 효과적이었다. 물론 역성혁명과 개혁을 기氣나 이理로 설명하면 사실상 현실의 논리를 벗어나는 것이다. 그러나 정도전은 이러한 한계를 인정하지 않음으로써 '이단 논쟁'의 불씨를 지폈다. 물론 이 잘못이 그에게만 있는 것은 아니다.

정도전은 맹자가 주장하는 민본주의를 따르면서도 그 방법론은 훨씬 자유로웠다. 구체적으로는 제민지배의 이념과 부국강병이 목적인 법가法家의 사상을 조화롭게 섞었다. 그의 강점은 민본주의를 다른 실용적 학문과 결합해 국가론으로 발전시켰다는 점이다.

기본적으로 정도전은 유학을 공부하는 철인의 판단을 군주의 판단보다 위에 둔다. 군주야 세습되지만, 철인은 검증을 거쳐야 하기에 더 현명하다는 것이다. 이런 사고가 이방원을 자극했음은 물론이다. 이방원은 국가의 권력이 분산되면 왕조는 바로 멸망한다는 사실을 잘 알고 있었다. 유학자야 그래도 상관없지만, 왕조에 속한 이들에게는 끔찍한 일이다. 따라서 정도전은 폭군이 무섭다고 생각하고, 이방원은 간신이 무섭다고 생각했다. 다만 정도전의 민본주의는 이방원보다 훨씬 투철했다. 토지 개혁과 노비 해방은 그의 결심이 없었다면 불가능했을 일이다. 그래서 혹자는 그를 성리학자의 한계를 넘어선 이상적인 정치가로 본다. 성리학자의 한계란 무엇인가. 백성의 권리는 사대부에게 넘겨야 한다고 보는 것이다. 이러한 전통 사상의 한계를 깨뜨렸는지는 차치하더라도, 그는 최소한 탐욕스러운 군주를 두려워했다.

정도전은 관자管子에게서 가장 실용적인 민본주의의 요체를 파악하고, 상앙商鞅 등 진秦나라의 건국자들에게서 부국강병의 요체를 파악했다. 군사적으로는 손자, 오기吳起 등의 병법에서 용병술을 익히고, 외교적으로는 첩보를 바탕으로 화친하는 일과 싸우는 일을 병행토록 한 종횡가縱橫家의 이론을 흡수했다. 법제는《대명률大明律》등 중국의 각종 법전을 광범위하게 참고했다. 또한 맹자에게서 인성론의 핵심을 발견했다.《불씨잡변》에서는 불교의 핵심 경전인《반야경般若經》과 방온龐蘊을 비롯한 선종의 거사居士들을 조목조목 비판하니 이단에도 조예가 깊었음을 알 수 있다. 무엇보다 이 모든 것을 공자의 인仁으로 묶으려고 했다.

이런 사상적 광범함은 고난 중에도 목표를 잃지 않고 끊임없이 재기할 정신적 토대가 되었다. 현실 상황에 근거해 이론을 구성했으므로 후대의 조광조 같은 외골수 기질을 극복할 수 있었다. 정도전은 부조리한 현실을 개혁하기 위해 이론을 수립했지 이론에 맞추기 위해 현실을 개혁하려 하지 않았다. 그리고 그 목표를 단 한 번도 잊지 않았다.

인생을 좌우한 기세

최후의 죽음을 제외하고 정도전은 항상 재기했다. 그는 과연 무엇으로 오뚝이처럼 매번 일어섰을까. 그것은 바로 꺾이지 않는 기세다. 그는 기가 무척 센 사람이었다. 아무리 수세에 몰려도 형형한 기세를 잃지 않았다.

기세의 근저에는 대단한 자기 확신이 있었다. 기껏 종7품 주부注簿로 있으면서 쓴 〈고의古意(옛 뜻)〉라는 시를 보자.

푸른 소나무 길가에 있으니,
도끼날에 상할 수밖에.
......
때를 만나 집을 지을 적이면
우뚝 솟아 우람한 대들보감이 될 터인데,
누가 이 뜻을 알아
손 안 닿는 최고봉에 옮겨줄까.
......
풍성의 두 자루 신검
돌 상자 속에서 세월을 보냈으나,
두성과 우성 사이에 기이한 기운이 있어
어느 날 뇌공雷煥을 만났었지.
백아伯牙는 지금 어디 있나,
온 세상에 나를 알아주는 이 없구려.

蒼松生道傍 未免斤斧傷

......

時來堅廊廟 屹立充棟樑

夫誰知此意 移種最高岡

......

豊城兩神劍 經年在匣中

有氣幹牛鬥 一朝遇雷公

伯牙今何在 知音四海空

젊은 오기로 호방한 시를 썼을지도 모르지만, 내용이 꽤 구체적이
다. 특히 '풍성의 두 자루 신검'이라는 구절은 뇌공이 별의 기운을 보
고 보검을 찾았다는 《진서晉書》의 고사에서 따온 것으로, 이때 신검
은 국가의 기운이 서린 보물을 뜻한다. 신검은 한때 강성했던 오나
라를 상징하는 신령한 보물로 패업의 상징이다. 보아하니 정도전은
젊어서부터 이미 혁명에 뜻을 두었던 것 같다.

정도전의 시를 한 수 더 감상해보자. 귀양길에 쓴 시로, 자신이 죽
으면 전설적인 충신이자 성인인 하나라의 관용봉關龍逄과 상商나라의
비간比幹에 버금가는 위인으로 기록될 것이라고 말한다. 이들은 각각
걸桀과 주紂라는 패악한 군주에게 직언하다가 목숨을 잃었다.

수레에 기름 치고 만 리 길을 나서 저 험한 태항산을 오르니,
황하가 그 아래로 쏟아지고 삼박 사이의 땅이 굽어 보인다.
아득히 모두 이국인데 무덤 두 개 서로 우뚝하다.

어느 대 사람이냐고 물으니 관용봉과 비간의 무덤이란다.

나라가 망하는 꼴 차마 버려둘 수 없어 충의로 심장과 간을 찢었다.

궐문을 열고 들어가 미친 임금의 얼굴 앞에서 항의했지.

자고로 사람이란 한 번은 죽는 법, 삶을 탐하는 것은 할 짓이 아니지.

천 년이 지난 쓸쓸한 지금도 그 뛰어난 용맹, 가을 하늘을 가로지르네.

膏車邁行役 登彼太行山 黃流奔其下 顧瞻三亳間

茫茫皆異國 雙墳對巍然 且問何代人 龍逢與比干

不忍宗國墜 忠義裂心肝 手排閶闔門 抗辭犯主顔

自古有一死 偸生非所安 寥寥千載下 英烈橫秋天

정도전의 사전에 구걸이란 없다. 임금은 미쳤고 자신은 충신이면 그만이다. 이 시가 과연 귀양 가는 사람이 지은 것이란 말인가. 그는 자신이 새 시대의 서막을 여는 특별한 충신이라고 말한다. 그러나 막상 귀양살이가 시작되자 아내부터 성화였다. 아내는 그에게 이런 편지를 보낸다.

처자 형제 굶주리고 헐벗게 하는 것이 사대부의 도리입니까.

정도전의 회답이 굉장하다.

그대가 나를 사랑해 책망하고 근심하는 것은 당연한 일이오. 이처럼 내가 나라를 근심하는 것도 당연한 일이오. 이처럼 각자 맡은 일을 다하면 될 일이고 성패는 하늘에 달렸소.

친구들이 떠나고 가족들이 비난해도 별로 개의치 않겠다는 것이다. 물론 정도전도 인간인데, 어찌 항상 호기롭게 기세를 세웠겠는가. 그는 비감에 빠질 때마다 마음을 달래기 위해 익살을 부렸다. 역시 유배지에서 쓴 〈사리매문謝魑魅文(도깨비에게 사과하는 글)〉은 정도전식 해학의 극치다. 유배지는 음산해 음기가 가득한데, 홀로 귀양와 있다고 도깨비가 희롱한다. 그러자 이렇게 답한다.

집으로 돌아오면 울적한 생각이 들어 마음이 혼란하다. 피로에 지쳐 잠자리에 나아가 머리를 숙이고 눈을 감으면 잠이 든 듯도 하고 들지 않은 듯도 한데, 앞에서 말한 온갖 도깨비가 서로 빈정거리고 탄식하며 홀연히 왔다 갔다 하며, 기쁜 것 같기도 하고 슬픈 것 같기도 하며 웃는 것 같기도 하다. 그러고는 뛰기도 하고 부딪히기도 하고 벌떡 눕기도 하고 비스듬히 의지하기도 한다.

……

선생이 말하기를, "너는 음물陰物이므로 나와 동류同類가 아닌데 왜 오는 것이냐. 그리고 왜 슬퍼하며 어째서 기뻐하고 웃는 것이냐" 하니, 앞으로 나와 이야기하는 것이 이러했다. "집들이 서로 바라보고 관개冠蓋가 날마다 노니는 이곳은 사람들이 사는 곳이며, 유음幽陰한 곳이나 광막한 들판은 도깨비가 사는 곳입니다. 그러고 보면 당신이 우리에게 온 것이지 우리가 당신에게 간 것이 아니거늘 어찌해서 우리더러 가라 합니까. 그리고 당신은 평인平人 축에도 들지 못하고 멀리 쫓겨나 있으므로 사람들이 당신을 만나면 놀라고 당신과 말하려면 마음이 떨립니다. 그리하여 모두 손을 저으며 돌아서고 팔을 흔들면서 돌아갑니다. 그런데 우리는 당신이 오는 것을 좋아해 같이 놀아주거늘, 지금 동류가 아니라고 배척하니 우리를 버리고서 그 누구와 벗을 한단 말입니까."

도깨비의 입을 빌려 자신의 슬픔을 이야기하고 마음을 가다듬는 태도가 자못 멋스럽다. 도깨비의 일갈에 부끄러워진 정도전은 "사람 하나 없이 홀로 사는 내가 너를 버리면 누구와 같이 놀랴"라고 사과한다.

정도전이 도깨비 이야기만 한 것은 아니다. 〈소재동기消災洞記(소재동에서의 이야기)〉에서는 백성의 이야기를 들려준다.

동리 사람들은 순박하고 허영심이 없으며 힘써 농사짓기를 업으로 삼는데, 그중에서도 황연黃延은 더욱 그러했다. 그의 집은 술을 잘 빚고 그가 또 술 마시기를 좋아했으므로, 술이 익으면 반드시 나를 먼저 청해 함께 마셨다. 손이 오면 언제나 술을 내어 대접하는데, 날이 오랠수록 더욱 공손했다.

……

나는 겨울에 갖옷 한 벌, 여름에 갈옷 한 벌로써 일찍 자고 늦게 일어나며, 기거동작起居動作에 구속되지 않았고 음식도 마음대로 먹었다. 그리하여 두세 학자와 강론하다가는 개울을 따라 산골짜기를 오르내리는데, 피곤하면 휴식하고 흥이 나면 걷고 아름다운 경치를 만나면 이리저리 구경하고 휘파람을 불며 시를 읊느라고 돌아갈 줄 몰랐다. 어떤 때는 농사꾼 또는 시골 늙은이를 만나 싸리포기를 깔고 앉아서 서로 위로

하기를 옛 친구처럼 하기도 했다.

동리 사람들은 귀양 온 정도전을 홀대하지 않았다. 그도 풍속에 녹아든다. 때로 심히 슬퍼지지만, 용기를 잃지 않는다. 바닥에 떨어지면 드러누워서 즐기는 것이 그의 정서다. 그는 드물게 기가 센 사람이었다.

관중에게 안영이 되라 할 수 없으니

정도전은 제나라 환공을 보좌해 패업을 이룬 관중과 닮았다. 실력파이면서 직선적이다. 스스로 적이 많다고 말하는 것을 보면 싸움을 피하려고 자신을 꺾을 인물이 아니다. 그는 이방원과 조선의 미래를 두고 기싸움을 벌였으나 결국 지고 만다. 그러나 그의 기개에는 어쩐지 맑음이 있다. 당시 민중의 삶은 도깨비의 처지처럼 불우했다. 그는 그들에게 깊은 연민을 느끼고 있었다.

정도전을 생각하면 최명길이 떠오른다. 기량은 정도전이 낫고 인품은 최명길이 나은 듯하다. 정도전은 자신을 모욕한 상대를 반드시 응징하는 독한 면이 있었다. 그의 신분을 문제 삼은 우씨 가문의 자제들은 결국 모두 피를 흘렸다. 또 태조 앞에서 곱사춤을 추었다는 기록이 있는 것을 보면 아마 임금에게 아부도 했던 모양이다. 그러나 그는 이상이 있었다. 그것은 새 나라를 세우는 것이었다.

문학은 또 얼마나 뛰어났던가. 사는 세계도 다르고 인간을 대하는 태도도 다르건만 정도전이라면 벗하고 싶다. 그는 위선을 거부하고 실용을 강조했다. 불교에 심취한 양나라 무제武帝가 사형수를 보고 눈물은 흘렸어도 나라는 피폐하게 했다고 꼬집었다. 정치는 천성이 아니라 인위라고 강조한 것이다.《실록》에 있는 그의 졸기를 살펴보면 이런 기록이 있다.

개국할 즈음에 왕왕 취중에 가만히 이야기했다.
"한나라 고조가 장양張良을 쓴 것이 아니라, 장양이 곧 고조를 쓴 것이다."

관중에게 심성이 맑고 청빈하기로 유명한 안영晏嬰(관중에게 비견되는 제나라의 명재상)이 되라 할 수 있는가. 정도전에게 지나치게 겸양을 요구했다면 아마 개성을 잃었을 것이다. 규모가 큰 기획을 진행하는 사람은 자신의 실력을 믿어야 한다. 그리고 사소한 좌절에 기세가 꺾여서도 안 된다. 확신에는 항상 주위의 의심이 따른다. 그 때문에 두루뭉술한 사람보다는 확신 있는 사람이 더 많은 고난을 겪기 마련이다. 그러한 고난이 싫다면 아무 일도 벌이지 않는 것이 좋다.《실록》은 정도전이 오만방자하다고 하지만 그는 오히려 이렇게 되묻는다.

"그대《실록》의 저자들은 과연 도깨비에게 사과할 여유가 있는가. 천민들과 즐거이 어울리며 정을 나눌 수 있는가. 그대들은 내가 만든 체제를 한 치라도 벗어났던가."

목표를 버리지 않으면 기회는 언젠가 오기 마련이다. 기회가 없다고 한탄하는 것보다는 자신의 기량이 부족함을 탓하는 것이 낫다.

목표가 있고 준비된 사람에게는 시기가 중요하지 않다. 다만 그 기세를 잃지 않는 것이 중요하다. 정도전을 보라. 송곳은 언젠가 바지를 뚫고 나온다. 그저 시간문제일 뿐이다.

굴욕당하므로 성공하는

대장부의 길, 성공의 길

천하의 넓은 곳에 살아 가림이 없고, 천하의 바른 자리에 서며, 천하의 큰 도를 행한다. 뜻을 얻으면 민중과 함께하고, 뜻을 얻지 못하면 혼자서라도 자신의 길을 간다. 부귀도 그를 타락시킬 수 없고, 빈천에도 지조를 옮기지 않고, 무위에도 굴하지 않는다. 이를 대장부라 부른다.

−《맹자》〈등문공滕文公〉

세상살이가 맹자의 말씀처럼 그리 간단할 수 있나요. 이 글을 읽으면 갑자기 마음이 울컥해지곤 합니다. 하지만 마음속에 그런 기상을 꼭꼭 숨겨놓고 결코 밖으로 드러내지 않습니다. 그가 말한 것은 이상이고, 실제 역사는 주로 소인배들이 주도해왔음을 알기 때문입니다. 그래서 그도 뜻을 얻지 못하면 혼자 자신의 길을 간다고, 빈천에도 지조를 옮기지 않는다고 이야기한 것 아니겠습니까. 뜻을 얻지 못하고 빈천해진다는 것은 대장부가 항시 겪어야 하는 좌절과 굴욕일 뿐입니다.

오늘날처럼 복잡하고 경쟁이 치열한 사회에서 맹자의 '대장부론'은 참으로 시대에 뒤떨어진 고리타분한 말로 들립니다. 물론 시대가 변한 만큼 대장부가 꼭 남자만을 가리키지는 않습니다. 수많은 여자가 다양한 분야에서 멋지게 활동하고 있습니다. 다만 수단과 방법을 가리지 않고 경쟁에서 승리하는 것을 최고선으로 여기고, 이기기 위해 다양한 전략과 전술을 개발하고 개인의 능력을 키워야 하는 '실용의 시대'에 그가 주장한 '천하의 큰 도'는 여전히 요원해 보입니다. 그래서 평범한 우리는 경쟁에서 승리하기 위해, 적어도 경쟁에서 뒤떨어지지 않기 위해 안간힘을 쓰며 살아갑니다. 그리고 성공한 사람들의 이야기에서 무언가 배울 만한 점을 찾기 위해 노력합니다.

요즘 성공했다고 하는 말은 돈, 또는 권력을 얻었다는 말로 이해해도 무방합니다. 돈과 권력을 얻는 것은 물론 좋은 일이고, 성공의 분명한 증표입니다. 이를 비판하는 사람들도 막상 돈과 권력을 손에 쥐면 대부분 생각이 달라지기 마련입니다. 모두 맹자가 말한 대장부가 아니기 때문이지요.

하지만 역사도 과연 그러할까요. 수많은 인간 군상이 명멸해간 역사가 돈과 권력을 얻는 이들의 이야기로만 쓰이고 기억되나요. 아닙니다. 역사에서의 성공은 현실에서의 성공과 차이가 있는 듯합니다. 가령 현실에서의 승리가 역사에서는 패배로 기록되는 경우가 아주 흔합니다. 물론 역사는 경쟁에서 승리한 사람 중심으로 쓰입니다.

그러나 경쟁에서 탈락한 사람의 도전과 슬픔이 또한 배어 있습니다. 그래서 사마천도 《사기》의 첫머리에 〈백이열전伯夷列傳〉을 두고 "착한 이가 곤경에 빠진 것이 하늘의 도인가"라고 물었던 것입니다.

시간이 흐르면 성공을 바라보는 관점도 결국 변하기 마련입니다. 당대에는 누구 하나 성공했다고 생각하지 않은 사람도, 역사에서는 성공한 사람으로 평가받는 경우가 많습니다. 따라서 성공의 개념을 좀더 넓게 해석하는 지혜가 필요합니다.

오늘날 많은 사람이 돈과 권력을 향해 질주하고 거기서 성공의 가능성을 찾지만, 옛사람들의 삶을 더듬어보면 꼭 그렇지만은 않은 듯합니다. 결국 사람은 누구나 자기 나름의 성공이 있기 마련입니다. 사람들을 잘 지도하기 위해 꾸는 꿈이 있고, 이상 사회를 만들기 위해 꾸는 꿈이 있으며, 사랑하는 연인의 행복을 위해 꾸는 꿈이 있고, 예술적 재능을 발휘하기 위해 꾸는 꿈이 있습니다. 물론 돈 벌기 위해 꾸는 꿈도 있습니다. 모두 자신의 타고난 운명과 재능, 노력으로 자신의 세계를 이루는 것이 역사에서의 성공이라는 말입니다.

굴욕 없는 성공은 없다

누구나 살면서 무언가를 이루고 싶다는 꿈을 꿀 것입니다. 가족의 행복이든 자아의 실현이든 아니면 입신양명이든 꿈과 욕망 없는 인생은 없을 것입니다. 하지만 성공이란 게 꿈만 꾼다고 이루어지나요. 목표에 대한 진정성, 강렬한 의지, 낙관적 희망, 삶을 통찰하는 지혜,

타고난 재능과 운명, 남다른 생각의 크기, 주어진 일에 최선을 다하는 태도 등이 꿈을 이루게 하는 키워드일 것입니다.

주몽, 광개토廣開土대왕, 대조영, 정조正祖, 세종대왕 등 우리 역사의 영웅들을 주인공으로 한 텔레비전 드라마가 인기를 끈 적이 있습니다. 이들의 공통점은 모두 대업을 이루기까지 수많은 굴욕을 당했고, 그로써 성장해 결국 영웅으로 우뚝 섰다는 사실입니다.

이들 영웅의 역사와 마찬가지로 각 개인의 인생역정에도 음과 양이 교차하는 소우주의 역사가 있습니다. 성공과 실패, 좌절과 극복, 굴욕과 당당함이 항상 교차합니다. 특히 개인의 불운과 시대의 굴욕을 딛고 우뚝 일어선 사람들의 이야기는 항상 마음을 뒤흔듭니다. 아마도 우리 자신의 꿈과 욕망이 그들의 성공에 닿아 있기 때문일 것입니다. 그래서 그들의 좌절과 굴욕에 위안받고, 그들처럼 당당히 성공한 사람의 반열에 올라서는 날을 꿈꾸곤 합니다.

《굴욕을 대하는 태도》는 역사에 이름을 남길 정도로 성공한 사람들의 이야기를 다루지만, 무엇보다 제목 그대로 굴욕에 대한 태도를 강조합니다. 가혹한 시대가 강요한 것이든, 태생적인 신분의 한계에 갇힌 것이든, 악당의 간악한 술수에 빠진 것이든, 누구에게나 굴욕 없는 삶은 없습니다. 꿈과 욕망이 충돌하는 지점에서 어떻게 굴욕에 대처하는지를 살피는 것이 역사를 읽는 중요한 이유일 것입니다.

다시 맹자의 이야기로 돌아가 보겠습니다.

하늘이 이러한 사람들에게 중대한 임무를 맡기려고 할 때는 반드시 그들의 마음을 괴롭게 하고, 그들의 근육을 아프게 하고, 그들의 육체를 굶주리게 하고, 그 몸에 가진 것이 없게 해서 그 행동을 실패하게 해 그들이 해야 할 일과 어긋나게 한다. 이것은 마음을 분발하게 하고 성질을 참을성 있게 해, 그들이 이제까지 해내지 못하던 일을 더 많이 할 수 있게 해주기 위해서다.

-《맹자》〈고자告子〉

각종 위기에 시달리면서 사회가 참으로 많이 각박해졌습니다. 오늘날 세상 사는 일이 과거에 비해 절대 만만치 않음은 틀림없습니다. 그렇지만 지금 우리 주변에는 좌절과 실패, 두려움과 굴욕 속에서도 자신만의 꿈을 품고 당당히 길을 가는 사람들이 수없이 많습니다. 그들이 바로 오늘날의 대장부 아닐까요.

굴욕을 대하는 태도

역사를 움직인 16인의 굴욕 연대기

초판 1쇄 인쇄 2020년 10월 22일
초판 1쇄 발행 2020년 10월 29일

지은이 공원국, 박찬철
펴낸이 연준혁

출판부문장 이승현
출판1본부 본부장 배민수
출판4부서 부서장 김남철
편집 김광연

펴낸곳 ㈜위즈덤하우스 **출판등록** 2000년 5월 23일 제13-1071호
주소 경기도 고양시 일산동구 정발산로 43-20 센트럴프라자 6층
전화 031)936-4000 **팩스** 031)903-3893 **홈페이지** www.wisdomhouse.co.kr

ⓒ 공원국·박찬철, 2020

ISBN 979-11-91119-40-4 03900

이 도서의 국립중앙도서관 출판예정도서목록(CIP)은 서지정보유통지원시스템
홈페이지(http://seoji.nl.go.kr)와 국가자료종합목록시스템(http://www.nl.go.kr/
kolisnet)에서 이용하실 수 있습니다. (CIP제어번호: CIP2020043341)